02

U0101426

中国制造2025＋精益管理实战丛书

精益企业之 TPM管理实战

图解版

文 川 王凤兰 ◎ 编著

人民邮电出版社

北 京

图书在版编目（ＣＩＰ）数据

精益企业之 TPM 管理实战：图解版 / 文川，王凤兰
编著． —北京：人民邮电出版社，2017.5
（中国制造 2025＋精益管理实战丛书）
ISBN 978－7－115－45049－4

Ⅰ. ①精… Ⅱ. ①文…②王… Ⅲ. ①全面设备管理
—研究 Ⅳ. ① F273.4

中国版本图书馆 CIP 数据核字（2017）第 041177 号

内 容 提 要

随着工业4.0时代的到来，以及"中国制造2025"行动计划的不断推进，许多企业开始更加重视管理的精细化、精益化，希望通过实施精益管理全面提高生产系统的运作效率，保证生产计划的高效执行，有效降低企业的制造成本。

《精益企业之TPM管理实战（图解版）》围绕在企业开展TPM活动这一核心，从对TPM活动的基本认识、设备前期管理、有效开展设备自主保全活动、设备计划保全、个别改善、质量保养、事务改善、环境改善、教育培训以及设备信息化管理等多个方面入手，对TPM管理的方法及细节作出了详细的讲解，给出了有效的执行对策。此外，本书也针对特定问题给出了案例、范本，以供读者参考。

本书适合在企业中从事TPM管理工作的管理人员以及企业培训师、咨询师和高等院校相关专业的师生阅读。

◆ 编　著　文　川　王凤兰
　　责任编辑　张国才
　　责任印制　焦志炜

◆ 人民邮电出版社出版发行　　　北京市丰台区成寿寺路11号
　　邮编　100164　电子邮件　315@ptpress.com.cn
　　网址　http://www.ptpress.com.cn
　　北京隆昌伟业印刷有限公司印刷

◆ 开本：787×1092　1/16
　　印张：19　　　　　　　　2017年5月第1版
　　字数：400千字　　　　　2017年5月北京第1次印刷

定　价：69.00元

读者服务热线：(010) 81055656　印装质量热线：(010) 81055316
反盗版热线：(010) 81055315
广告经营许可证：京东工商广字第8052号

推荐序一

精益管理：中国制造转型升级的一个重要维度

人类社会发展至今，已经历过数次工业革命，每一次工业革命都让社会生产力获得巨大提升，大量产业获得转型升级。探究工业革命背后的主要推动因素，归根结底可以聚焦于一处——技术革命。18世纪蒸汽机等新技术的发明，19世纪电力技术的出现，20世纪空间技术、原子能技术、计算机技术的飞跃，都导致了相关行业的产业革命，进而引发了工业革命。

现在，一场新的产业革命就要到来。一方面，嵌入式系统、移动互联网、人工智能、大数据、云计算等极具潜力的新技术不断发展与突破，与制造业深度融合，正在引发产业变革，形成新的生产方式、产业形态、商业模式。另一方面，美国等发达国家正由原来的"去工业化"转向"再工业化"，利用其原有的先进技术和信息技术优势重塑制造业竞争优势；德国也在探索如何永保在世界制造业的领导地位；中国则正在经历制造业由大到强的转变，即由中国制造向中国创造、中国速度向中国质量、中国产品向中国品牌转变；其他一些国家也在加快谋划和布局，积极参与全球产业再分工。因此，在这一全球产业竞争格局发生重大调整的时期，各国相继提出了工业互联网、新工业法国、英国制造2050、中国制造2025和工业4.0等战略，一场世界范围内的产业革命的大幕正徐徐揭开。

德国提出工业4.0，在全球引起了很大的反响。目前德国建立了由德国经济能源部和教研部领导的工业4.0平台，德国电气电子行业协会发布了"工业4.0的参考架构（RAMI4.0）"，德国教研部发布了"德国工业4.0技术路线图"，德国工业4.0平台正式推出了清晰标注有遍布德国各地的工业4.0应用实例和试验点的"工业4.0平台地图""测试平台""工业4.0中小企业实施指南"和"工业4.0成熟度模型"等。工业4.0正由概念走向工业实践，这对我国实施智能制造具有重要的参考价值。

自2015年5月8日国务院发布《中国制造2025》战略规划以来，为了贯彻落实国家战略，各省、市、自治区针对各自的地域特点及产业优势，陆续制定和发布了《中国制造2025》地方版的行动计划，出台了有针对性的举措，勾画出本地制造业发展的蓝图。2016年8月，工信部发布了以宁波市为代表的"中国制造2025"试点示范城市，这是创建有利

1

于制造业转型升级生态环境的重要探索。目前，我国政府正在通过不断推进《中国制造2025》"1+X"体系，推动《中国制造2025》系统逐渐落地。

然而，在实施《中国制造2025》的过程中，除了需要将新的理念落地之外，还有很多问题需要我们进一步思考。例如，由于工业4.0、智能制造并非纯粹的技术问题，企业还应该思考如何推进精益生产，实施精益管理？在基于CPS的互联互通的数字化、智能化生产车间，企业应该如何进行现场管理？智能工厂不是无人工厂，人的岗位和职责都会发生变化，企业如何在这样的环境下进行人力资源管理？从未来制造模式的横向集成考虑，需要上下游企业共同组成生态圈，在此背景下供应链应该如何管理？

"中国制造2025+精益管理实战丛书"在一定程度上为我们提供了答案。这套丛书分别从精益企业的成本管理、质量管理、人力资源管理、TPM（全员生产维护）管理、安全生产管理、7S管理、五型班组管理、IE（工业工程）管理、现场管理、供应链管理10个方面进行了深入讲解，为读者提供了有价值的指导。而且，这套丛书采用了图解的方式，能够为读者带来更加轻松的阅读体验，帮助读者更加透彻地理解相关内容。

陈　明

同济大学中德工程学院副院长

同济大学工业4.0—智能工厂实验室主任

推荐序二

中国制造需要智能，更需要管理升级

制造业是国民经济的主体，是立国之本、兴国之器、强国之基。没有强大的制造业，就没有国家和民族的强盛！

在新一轮全球产业分工中，我国制造业面临着"双重挤压"。一方面，金融危机使美国、欧盟等发达国家和地区重新重视发展实体经济，加速"再工业化"和"制造业回归"。另一方面，受劳动力成本上升、人民币汇率升值等因素的影响，我国低附加值产品出口的价格优势弱化，其他发展中国家也在加快以更低廉的劳动力成本承接劳动密集型产业的转移。因此，我国以往那种依靠廉价劳动力，过度消耗资源，甚至以牺牲环境为代价的发展方式将难以为继。

为了解决这些问题，2015年我国政府提出了《中国制造2025》行动纲领，明确要求加快发展智能装备和产品，推动制造过程智能化，重点建设数字化工厂，深化互联网在制造业的应用，提供个性化产品，同时提出要普及卓越绩效、六西格玛、精益生产、质量诊断、质量持续改进等先进生产管理模式和方法。

由此可见，在中国推进精益管理已经从个别企业的选择上升为政府部门所倡导的提升企业管理水平的关键手段。一些大中型企业在精益之路上越走越顺畅：中国南车集团采取先试点、后铺开的方式，由易到难，用精益管理实现高端制造和高品质、低成本的发展目标；中集集团在内部实施精益管理后又带领供应商一起学习和实施精益管理，积极构建精益供应链体系；中国兵器装备集团调动全体员工参与精益生产和精益管理，着力培育精益文化；长安汽车则确立了"品质、精细、锐意进取"的发展原则……

当然，尽管有一些企业正在推动精益理念并且使之落地生根，但是以中国制造企业的数量之多和规模之巨来看，大部分中国企业的精益之旅尚处于起步阶段。

基于中国企业精益管理的现状，为适应智能制造和管理升级的需要，广东工商职业学院院长王元良教授组织众多工作在企业一线的实战专家编写了"中国制造2025+精益管理实战丛书"。我认为，这套丛书具有两大特点：其一，讲究实用性、可操作性，与企业的实际管理紧密结合；其二，采用图解的方式，浅显、易懂，使读者阅读起来更轻松、理解起来更容易。因此，这套丛书值得每一位关注中国制造业转型升级的读者认真阅读。

于立新
中国社会科学院对外经贸国际金融研究中心主任

前言 Preface

  "工业4.0"由德国提出和倡导，是以信息物理系统（CPS）为核心技术的制造系统变革。德国借助"工业4.0"已经领跑全球制造业，保持了德国制造业的全球竞争力。

  精益管理源于精益生产。精益生产由美国麻省理工学院詹姆斯·P·沃麦克等专家提出，他们通过国际汽车计划（IMVP）对全世界17个国家90多个汽车制造厂的调查和对比分析后，认为日本丰田汽车公司的生产方式是一种最适合于现代制造企业的生产组织管理方式。精益管理的目标可以概括为"企业在为顾客提供满意的产品与服务的同时，把浪费降到最低程度"，其核心内容就是努力消除浪费。

  精益管理已经由最初在生产系统的成功实践逐步延伸到企业的各项管理业务，也由最初的具体业务管理方法上升为战略管理理念。它能够提高顾客满意度、降低成本、提高质量、加快流程速度、改善资本投入，进而使股东价值实现最大化。

  《中国制造2025》是为应对新一轮科技革命和产业变革，围绕创新驱动、智能转型、强化基础、绿色发展、人才为本等关键环节，以及先进制造、高端装备等重点领域，国家于2015年提出了加快制造业转型升级的重大战略任务和重大政策举措，目标是力争到2025年使我国从制造大国迈入制造强国行列。

  《中国制造2025》行动纲领是中国版的"工业4.0"，其在"战略任务和重点"中论述"加强质量品牌建设"时，特别提到了"普及卓越绩效、六西格玛、精益生产、质量诊断、质量持续改进等先进生产管理模式和方法"，而这正是精益管理的直接体现。

  一言以蔽之，精益方法是管理基础，信息化、智能化的"工业4.0"是发展方向。我们必须打好基础，才能在向"工业4.0"前进的道路上走得更快、更稳。

  我们的咨询老师在辅导制造企业转型升级的过程中发现，很多企业对互联网如何在制造业中落地感到迷茫，也不知道互联网如何能与工厂的生产结合起来。基于此，我们对自己在实际辅导企业中积累的经验进行了归纳、总结，组织众多工作在企业一线的实战专家策划、编写了这套"中国制造2025+精益管理实战丛书"，以帮助企业走出困境，更好地适应复杂多变的市场要求。本丛书共有10本，具体为：

  ◇《精益企业之现场管理实战（图解版）》

  ◇《精益企业之人力资源管理实战（图解版）》

◇《精益企业之安全生产管理实战（图解版）》

◇《精益企业之7S管理实战（图解版）》

◇《精益企业之成本管理实战（图解版）》

◇《精益企业之质量管理实战（图解版）》

◇《精益企业之五型班组管理实战（图解版）》

◇《精益企业之IE管理实战（图解版）》

◇《精益企业之TPM管理实战（图解版）》

◇《精益企业之供应链管理实战（图解版）》

"中国制造2025+精益管理实战丛书"的特点是内容深入浅出、文字浅显易懂，作者将深奥的理论用平实的语言讲出来，让初次接触精益管理的企业管理人员也能看得懂、看得明白。同时，本丛书利用图解的方式，能使读者阅读更轻松、理解更透彻、应用更方便。另外，本丛书特别突出了企业在管理实践过程中的实际操作要领，让读者可以结合自身情况进行学习，并将相关知识直接应用于工作中，因而具有很高的参考价值。

《精益企业之TPM管理实战（图解版）》一书主要说明了企业开展TPM管理活动的重要性，同时对企业如何有效推进TPM管理、如何达成TPM管理目标、全员如何参与TPM管理活动提出了具体的方法和措施。此外，书中还提供了一些TPM管理活动的案例、范本以供读者参考。

本书由文川、王凤兰主编，刘吉松、张卫东、章义、舒冬华、王子飞、王莹莹、邓振华、阮晓华、朱丽娜、代春雷、刘英、敬翠华、唐新宇、白晶、祁小波、严双艳、荀海鹏、李娜、安建伟、齐小娟、刘艳玲、匡仲潇参与了本书的资料收集和编写工作，滕宝红对全书相关内容进行了认真细致的审核。

目录
Contents ·········►

导　论 | **工业4.0与智能制造**

　　一、什么是"工业4.0"　/　/1

　　　　相关链接　工业1.0、2.0、3.0是什么　/1

　　二、"工业4.0"项目的重点应用技术　/2

　　　　相关链接　各界积极响应"工业4.0"项目　/2

　　三、"工业4.0"三大主题　/3

　　四、制造企业如何适应工业4.0时代　/8

　　五、智能制造　/10

第一章 | **认识TPM活动**

　　TPM活动就是通过全员参与，并以团队工作的方式创建优良的设备管理系统，提高设备的利用率，从而全面提高生产系统的运作效率，保证生产计划的高效执行，有效地降低企业制造成本。

第一节　TPM活动的发展和TPM管理体系　/20

　　一、什么是TPM　/20

　　二、TPM的起源　/22

　　三、TPM与TQM的关系　/23

　　四、TPM的目标　/24

　　五、TPM的精髓　/25

　　六、TPM活动的效果　/26

　　七、TPM八大支柱　/27

第二节　TPM的开展过程　/32

　　一、领导层宣传引进TPM　/33

　　二、开展教育培训　/33

　　　　【范本】TPM设备保全培训大纲（2天）　/34

三、建立TPM推进机构 　/35

【范本】某企业TPM活动组织 　/37

【范本】某企业TPM推进委员会组织架构及职责 　/38

四、制定TPM基本方针和目标 　/40

五、制定TPM推进总计划 　/41

【范本】某企业TPM推进程序 　/42

【范本】区域（　）TPM活动推进计划 　/43

六、正式启动TPM 　/44

【范本】某公司TPM活动全面展开仪式 　/44

七、提高设备综合效率 　/46

八、建立操作人员的自主维修体制 　/47

九、维修部门建立维修计划 　/47

十、提高操作与维修技能的培训 　/49

十一、建立设备前期管理体制 　/49

十二、总结提高，全面推行TPM 　/50

第二章　设备前期管理

设备前期管理又称设备的规划工程，是指设备从开始规划到投产这个阶段的管理，它对设备技术水准和设备投资技术经济效果具有重要作用。对设备前期各个环节进行有效的管理，为设备后期的管理打下良好的基础。

第一节　设备前期管理概述 　/52

一、设备前期管理的意义 　/52

二、设备前期管理的内容 　/52

三、设备前期管理的职责分工 　/53

四、设备前期管理程序 　/54

第二节　设备规划 　/57

一、设备规划的依据 　/57

二、设备投资的可行性分析 　/57

三、设备规划中的寿命周期费用估算 　/58

四、规划阶段设备投资的经济性评价 　/60

五、设备的选型决策 　/66

第三节　设备的招标采购与合同签订 　/68

一、设备招标采购管理 　/68

二、设备采购合同的签订 　/73

第四节　设备的验收、安装与移交　/74

　　一、设备的验收　/74

　　二、设备的安装　/77

　　三、设备的移交　/77

第三章　有效开展设备自主保全活动

　　　　自主保全是设备使用部门在设备管理部门的指导和支持下，自行对设备实施的日常管理和维护。实施自主保全是自主管理的最基本要求。

　　　　实施自主保全，坚持对设备进行日常维护，可以减少企业的管理成本。自主保全不但可以减少因设备故障而产生的日常停工，还可以提高企业的生产质量和生产效率。

第一节　自主保全概述　/80

　　一、什么是自主保全活动　/80

　　二、自主保全的范围　/81

　　三、自主管理的三个阶段　/82

　　四、自主保全活动的原理　/82

　　五、自主保全的基本要求　/82

第二节　自主保全的实施步骤　/86

　　一、设备初期清扫　/87

　　二、发生源及清扫困难的改善对策　/91

　　三、制定设备保全基准　/93

　　四、总点检　/96

　　五、自主检查　/100

　　六、自主保全标准化　/103

　　　　【范本】设备润滑基准书　/104

　　七、形成自主管理体系　/105

第四章　设备计划保全

　　　　设备计划保全管理是通过对设备点检、定检、精度管理，利用收集到的产品质量等信息，对设备状况进行评估和保全，以降低设备故障率和提高产品的良品率。这是提高设备综合效率的管理方法，其目的就是使用最少的成本保证设备随时都能发挥应有的功能。

第一节　设备计划保全概述　/108

　　一、计划保全的分类　/108

　　二、正确处理计划保全和自主保全的关联　/109

三、计划保全的适用范围　/110

四、计划保全的设备分级　/111

五、设置专门的保全部门　/113

六、设备保全计划　/113

【范本】××年度设备大修计划表　/116

【范本】××年设备项修计划　/117

第二节　设备计划保全推进流程　/118

一、成立推进小组并对设备进行评价与现状把握　/119

【范本】设备评价基准表　/119

二、对重点设备、重点部位进行劣化复原和弱点改善　/120

三、构筑信息管理体制　/120

四、构筑定期保全体制　/121

五、构筑预知保全体制　/121

六、构筑计划保全体制　/121

第三节　设备计划维修管理　/121

一、设备维修的方式　/121

二、维修实施阶段管理　/123

第四节　建立设备点检制度　/126

一、什么是点检制　/126

二、点检的四大标准　/130

【范本】起吊设备的维修技术标准　/131

【范本】矿石送料设备的给油脂标准　/133

【范本】设备点检标准　/136

【范本】维修作业标准书　/138

三、点检的实施　/138

四、做好设备点检工作应明确的关系　/141

五、精密点检与劣化倾向管理　/142

第五章　个别改善

根据木桶原理，企业如能够迅速找到自己的"短板"，并给予精益化改善，就能够用最小的投入产生最大的效果，从而改善现状。个别改善就是指为了追求设备效率的最大化，最大限度地发挥出设备的性能而采取的消除损耗的具体活动。这些损耗包括影响设备效率的损耗及引起设备综合效率下降的损耗。

第一节　个别改善概述　/148

一、个别改善的效果 ／148

二、个别改善的目标 ／148

三、设备运行的七大损耗 ／149

四、零故障与设备效率改善 ／150

五、设备综合效率 ／152

第二节 个别改善的推行 ／159

一、个别改善的三大支柱 ／159

二、个别改善的整体推行方法 ／159

三、个别改善活动的进行方法与步骤 ／161

第三节 个别改善的方法 ／163

一、why-why分析法 ／163

二、PM分析法 ／173

相关链接 故障的分类 ／174

三、统计分析法 ／181

四、分步分析法 ／181

【范本】××化工有限公司停车分步分析法 ／181

第六章　质量保养

质量保养是为了保持产品的所有质量特性处于最佳状态，对与质量有关的人员、设备、材料、方法、信息等要因进行管理，对废品、次品和质量缺陷的发生防患于未然，使产品的生产处于良好的受控状态。这里强调的是为了保持产品质量而对设备进行的保养，即为了保持完美的产品质量，就要保持设备的完美。

第一节 质量保养概述 ／184

一、质量保养的定义 ／184

二、质量保养的基本思路 ／184

三、TPM对品质的想法 ／184

四、决定质量的4M ／184

第二节 质量保养的步骤 ／189

一、现状确认 ／191

二、发生不良工程调查 ／192

三、4M条件调查分析 ／194

四、问题点对策检讨 ／195

五、解析良品化条件不确定者 ／195

六、改善4M条件缺陷 ／196

七、设定4M条件　／196

八、点检法集中化改善　／196

九、决定点检基准值　／196

十、标准的修订与倾向管理　／198

第三节　提升质量的现场设备管理活动　／200

一、减少设备磨损　／200

二、设备的精度校正　／202

三、禁止异常操作设备　／204

第七章　事务改善

TPM是全员参与的持续性集体活动。没有间接管理部门的支持，企业实施 TPM精益化管理是不可能持续下去的。事务改善是间接管理部门的事务革新活动，其内容包括对生产管理事务、销售管理事务、行政后勤管理事务以及其他间接管理事务的改善。事务改善的目的是改善管理系统，消除各类管理损耗，减少间接工作人员，提高办事效率，更好地为生产活动服务。

第一节　事务改善的内容　／208

一、间接部门损失类型　／208

二、事务改善工作的内容　／209

三、事务改善制度　／211

四、事务改善的形式　／212

五、事务改善的步骤　／213

第二节　改善提案活动　／215

一、改善提案活动的作用　／215

二、改善提案活动的特点　／215

三、改善提案活动的要求　／215

四、实施改善提案活动　／216

第八章　环境改善

环境改善是指创建安全、环保、整洁、舒适、充满生气的作业现场，识别安全环境中的危险因素，消除事故隐患及潜在危险。现场的5S活动是现场一切活动的基础，是减少设备故障和安全事故，拥有整洁、健康工作场所的必备条件，是TPM八大支柱活动的基石，是推行TPM活动的前提。因此，企业要想做好TPM活动，一定要做好现场5S。

第一节　设备5S管理　／220

一、设备整理 ／220

二、设备整顿 ／222

三、设备清扫 ／227

四、设备清洁 ／230

五、员工素养 ／231

第二节 目视管理 ／234

一、目视管理的手段 ／234

二、目视管理的应用 ／238

【范本】××实业有限公司机加工车间6月10日设备停机

状况看板 ／239

三、目视管理的推进 ／241

第三节 设备安全管理 ／242

一、设备安全教育 ／242

二、设备安全制度管理 ／245

三、设备安全操作规程管理 ／247

四、设备伤害防范 ／249

五、电气设备安全管理 ／253

六、设备安全检查 ／256

七、设备事故的处理 ／259

第九章 教育培训

　　教育培训的目的是培养新型的、具有多种技能的员工，这样的员工能够高效并独立地完成各项工作。企业能够为员工提供的教育培训可分为OJT（On the Job Training，在岗训练）与Off-JT（Off the Job Training，岗外训练）。

第一节 企业教育培训的类型 ／264

一、教育培训的层次 ／264

二、维修人员的教育培训 ／264

三、新员工作业指导 ／265

第二节 在岗训练 ／266

一、明确受训对象 ／266

二、确定技能需求 ／267

三、训练的内容 ／268

第十章 设备信息化管理

设备从采购入库到使用变更，再到维修和报废处理，涉及使用、管理、监察、决策等多个部门，环节众多，流程复杂。所以，企业在实施TPM管理的过程中，利用信息化手段实现对设备的精益化管理具有重要意义。

第一节　建立全寿命周期的动态设备资产基础管理体系　/270

一、设备资产树的建立与基础信息结构设计　/270

二、设备全寿命周期管理模型设计　/272

三、设备全寿命周期费用分析的计算机实现方法　/272

四、利用计算机建立设备管理KPI评价体系　/274

第二节　建立以点检和故障分析为核心的设备运行预警体系　/276

一、点检的计算机受控管理　/276

二、故障代码体系设计与故障分析计算机模型　/278

三、利用计算机进行可靠性管理　/279

四、离线监测资料分析处理与状态监测系统数据接口设计　/280

第三节　利用计算机技术建立多元化维修管理体系　/282

一、符合中国实际的多元化维修管理　/282

二、以预防维修为主导的多元化维修管理的计算机模型　/283

三、维修标准的制定与合理维修周期分析　/284

四、合理组织维修资源，最大程度地保障企业生产　/286

导　论　工业4.0与智能制造

一、什么是"工业4.0"

"工业4.0"是德国政府提出的一个高科技战略计划。该计划由德国联邦教育局及研究部和联邦经济技术部联合资助，投资预计达2亿欧元，旨在提升制造业的智能化水平，建立具有适应性、资源效率及人机工程学的智慧工厂，在商业流程及价值流程中整合客户及商业伙伴，其技术基础是网络实体系统及物联网。

说白了，德国所谓的工业四代（Industry 4.0）是指利用信息物理系统（Cyber-Physical System，CPS）将生产中的供应、制造和销售信息数据化、智慧化，最后达到快速、有效、个人化的产品供应。

"工业4.0"已经成为中德合作的新内容。在中德双方签署的《中德合作行动纲要》中，有关"工业4.0"合作的内容共有四条，第一条就明确提出工业生产的数字化，进一步强调了工业4.0对于未来中德经济发展具有重大意义。双方认为，两国政府应为企业参与该进程提供政策支持。

"工业4.0"概念包含了生产由集中式控制向分散式增强型控制的基本模式转变，目标是建立一个高度灵活的个性化和数字化的产品与服务的生产模式。在这种模式中，传统的行业界限将消失，并会产生各种新的活动领域和合作形式。在工业4.0时代，创造新价值的过程正在发生改变，产业链分工将被重组。

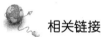 相关链接

工业1.0、2.0、3.0是什么

工业1.0

机械制造时代，这一阶段通过水力和蒸汽机实现工厂机械化，时间大概是18世纪60年代至19世纪中期。

工业2.0

电气化与自动化时代，这一阶段在劳动分工基础上采用电力驱动产品的大规模生产，时间大概是19世纪后半期至20世纪初。

工业3.0

电子信息化时代，这一阶段广泛应用电子与信息技术，使制造过程自动化控制程度大幅度提高，时间从20世纪70年代开始并一直延续至今。

二、"工业4.0"项目的重点应用技术

随着工业4.0时代的到来，许多沿用多年、占据主导地位的工业自动化技术正面临被淘汰和更新换代的命运，而一批以前认为是高端的工业自动化技术也随着新时代的到来快速地走进了实际应用中，成为新时代的宠儿，例如：

（1）以工业PC为基础的低成本工控自动化将成为主流；

（2）PLC进入第六代——微型化、网络化、PC化和开放性；

（3）DCS系统走向测控管一体化设计；

（4）控制系统向现场总线（FCS）方向发展；

（5）仪器仪表向数字化、智能化、网络化、微型化发展；

（6）数控技术向智能化、开放性、网络化、信息化发展；

（7）工业控制网络向有限和无限相结合的方向发展；

（8）工业控制软件向标准化、网络化、智能化和开放性方向发展。

 相关链接

各界积极响应"工业4.0"项目

德国电子电气工业协会（ZVEI）预测，"工业4.0"将使工业生产效率提高30%。德国人工智能研究中心执行长瓦尔斯特尔（Wahlster）也表示，"工业4.0"将会在一些高劳动成本地区具有很强的竞争力。有鉴于此，德国机械设备制造业联合会（VDMA）及德国信息技术、通信、新媒体协会（BITKOM）也已加入，德国三大工业协会决定共同建立一个名为"第四次工业革命平台"的办事处，并于2013年4月在法兰克福正式启动。三大协会共同建立办事处的主要目的在于推动工业的发展、提高工业生产标准、开发新的商业模式和运营模式并付诸实践。

德国企业界也作出了积极响应。例如，西门子积极展示了其推进"工业4.0"的具体行动，该公司凭借全集成自动化（TIA）和"数字化企业平台"，长久以来占据着信息技术集成领域的领导地位。在2013年的汉诺威工业博览会上，西门子展示了融合规划、工程和生产工艺以及相关机电系统的全面解决方案，提出了以全集成自动化TIA v12版本、新一代控制器Sifmatic S7-1500为主的针对电气传动应用的"全集成驱动系统"（IDS）概念，以及以信息技术为基础的服务。另外，西门子公司还与德国弗劳恩霍夫研究院以及大众汽车公司联合展示了他们的智能生产研发成果，他们通过利用产品生命周期管理软件（PLM）进行虚拟生产规划，使生产线上机器人的能耗降低了50%。西门子指出，他们的7 500名软件工程师是其在ICT驱动制造业自动化创新上的最大资本。

目前，智能制造领域的全球化竞争变得愈加激烈，德国也不是唯一一个在制造业部署物联网和行业服务的国家。美国在2011年6月正式启动了包括工业机器人在内的"先进制造伙伴

计划"，2012年2月又出台了"先进制造业国家战略计划"。日本也推出相关计划，希望通过加快发展协同式机器人、无人化工厂提升其制造业的国际竞争力。

三、"工业4.0"三大主题

"工业4.0"项目将从三个方向展开，一是"智能工厂"，重点研究智能化生产系统、过程以及网络化分布式生产设施的实现；二是"智能生产"，主要涉及整个企业的生产物流管理、人机互动以及3D技术在工业生产过程中的应用等；三是"智能物流"，主要通过整合物流资源提升物流效率。该计划将特别注重吸引中小企业参与，力图使中小企业成为新一代智能化生产技术的使用者和受益者，同时也成为先进工业生产技术的创造者和供应者。

1. 智能工厂：智能工业发展新方向

"智能工厂"的概念最早由美国罗克韦尔自动化有限公司CEO奇思·诺斯布于2009年提出，其核心是工业化和信息化的高度融合。智能工厂是在数字化工厂的基础上，利用物联网技术和设备监控技术加强信息管理和服务，未来还将通过大数据分析平台将云计算中由大型工业机器产生的数据转化为实时信息（云端智能工厂），利用绿色智能手段和智能系统，构建出一个高效节能、绿色环保、环境舒适的人性化工厂。目前，有关智能工厂的概念仍众说纷纭，但其基本特征可归纳为系统监管全方位、制程管控可视化及绿色制造三个方面，具体内容如图1所示。

系统监管全方位

> 通过物联网可以使制造设备具有感知能力，系统可以具有识别、分析、推理、决策以及控制功能，可以说，这类制造装备是先进制造技术、信息技术和智能技术的深度结合。当然，这类系统绝对不只是在KS内安装一个软件系统而已，它主要是通过系统平台累积知识的能力来建立设备信息及反馈的数据库，从订单开始，到产品制造、入库的生产制程信息，都可以在数据库中一目了然，遇到制程异常的状况，控制者也可迅速地反应，确保工厂有效运转与生产

制程管控可视化

> 由于智能工厂高度的整合性，在产品制程中的所有细节，包括原料管控及出入流程，均可直接实时展示于控制者眼前。此外，系统机具的现况也可实时被掌握，可以有效减少因系统故障造成的偏差。而制程中的相关数据均可保留在数据库中，让管理者获得完整信息，以便进行后续规划。管理者可以根据生产线系统的现况规划机具的维护，也可以通过信息的整合建立产品制造的智能组合

绿色制造

在绿色制造方面，智能工厂除了在制造上利用环保材料、注意控制污染等问题，还可与上下游厂商形成从资源、材料、设计、制造、废弃物回收到再利用的绿色产品生命周期管理的循环，构建绿色供应链的协同管理、绿色制程管理等，协助上下游厂商与客户共同创造符合环保要求的绿色产品

图1　智能工厂概念的特征

智能工厂的建设主要基于以下三大基础技术，具体内容如图2所示。

无线感测器

无线感测器将是实现智能工厂的重要利器，智慧感测是其基本构成要素。仪器仪表的智慧化，主要是以微处理器和人工智能技术的发展与应用为主，包括运用神经网络、遗传演算法、进化计算、混沌控制等智慧技术，使仪器仪表实现高速、高效、多功能、高机动灵活等性能，专家控制系统（Expert Control System，ECS）、模块逻辑控制器（Fuzzy Logic Controller，FLC）等都将成为智能工厂相关技术的关注焦点

控制系统网络化（云端智能工厂）

随着智能工厂制造流程连接的嵌入式设备越来越多，通过云端架构部署控制系统，无疑已是当今最重要的趋势之一。在工业自动化领域，随着应用和服务向云端运算转移，资料和运算位置的主要模式都已经被改变，由此也给嵌入式设备领域带来颠覆性变革。如随着嵌入式产品和许多工业自动化领域的典型IT元件，如制造执行系统（MES）和生产计划系统（PPS）的智慧化，以及连线程度日渐提高，云端运算将可提供更完整的系统和服务。一旦完成连线，体系结构、控制方法以及人机协作方法等制造规则都会因为控制系统网络化而产生变化。此外，由于影像、语音信号等大数据高速率传输对网络频宽的要求，对控制系统网络化构成严峻的挑战。而且，网络上传递的信息非常多样化，哪些资料应该先传（如设备故障信息），哪些资料可以晚点传（如电子邮件），都要靠控制系统的智慧能力进行适当判断才得以实现

工业通信无线化

工业无线网络技术是物联网技术领域最活跃的主流发展方向，是影响未来制造业发展的革命性技术，通过支持设备间的交互与物联，提供低成本、高可靠、高灵活性的新一代泛在制造信息系统和环境。随着无线技术日益普及，各供应商正在提供一系列软硬技术，在产品中增加通信功能。这些技术支持的通信标准包括蓝牙、Wi-Fi、GPS、LTE以及WiMax。当然，由于工厂需求不像消费市场一样的标准化，因此，在技术方面必须适应生产需求，有更多弹性的选择，因为最热门的技术未必是客户最需要的技术

图2　智能工厂建设的基础技术

 实例

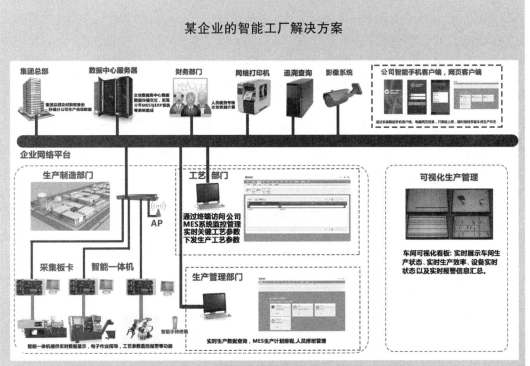

该工业4.0方案采用集现场设备控制以及现场实时数据采集为一体的板卡，作为信息数据和现场设备控制的主要桥梁，设备统一协议，统一控制，方便现场管理；网络结构简单，从软件直接转换到硬件层控制。这一方案对现场布线、环境要求简单，能方便快速实现现场设备的对接。

2. 智能生产：制造业的未来

智能生产（Intelligent Manufacturing，IM）也称智能制造，是一种由智能机器和人类专家共同组成的人机一体化智能系统，它在制造过程中能进行智能活动，诸如分析、推理、判断、构思和决策等，通过人与智能机器的合作共事，扩大、延伸和部分地取代人类专家在制造过程中的脑力劳动；它更新了制造自动化的概念，与传统的制造相比，智能生产具有自组织、超柔性、自律能力、学习能力、自维护能力、人机一体化及虚拟现实等特征。

"智能制造"需要硬件、软件以及咨询系统的整合。那些具有"智能制造"属性的生产线拥有数量众多的控制器、传感器，通过有线或无线传感网架构进行串联，将数据传输给上层的制造执行系统（MES），结合物联网的系统架构，让制造业提升到一个新的阶段。"智能制造"主要服务于产品的生产，现在随着客户个性化需求越来越多，产品生产也逐渐呈现出少量、多样等新特征。这就迫使制造厂商要提升生产线的速度与灵活性，对市场前端的变化作出快速调整。例如，当前一些汽车厂就可以让客户在线指定汽车的颜色，快速调整生产线，快速交付产品。智能制造就是要为使用者带来更多的便利。

近年来，由人工智能技术、机器人技术和数字化制造技术等相结合的智能制造技术正在引领新一轮的制造业变革。智能制造技术开始贯穿于设计、生产、管理和服务等制造业的各个环节，智能制造技术的产业化及广泛应用正催生智能制造业。概括起来，当今世界制造业的智能化发展呈现两大趋势。

（1）以3D打印为代表的数字化制造技术崭露头角

数字化制造以计算机设计方案为蓝本，以特制粉末或液态金属等先进材料为原料，以3D打印机为工具，通过在产品层级中添加材料直接把所需产品精确打印出来。这一技术有可能改变未来产品的设计、销售和交付用户的方式，使大规模定制和简单的设计成为可能，使制造业实现随时、随地、按不同需要进行生产，并彻底改变自"福特时代"以来的传统制造业形态。3D打印技术开创了一个全新的扁平式、合作性的全球手工业市场，而不是传统意义上的层级式、自上而下的企业结构。一个由数百万人组成的分散式网络代替了从批发到零售商的所有中间人，并且消除了传统供应链中每一个阶段性的交易成本。这种"添加式生产"能够大幅降低耐用品的生产成本，从而使数以万计的小型生产商对传统上处于中心位置的大型生产者提出挑战。新的生产方式已经发生了重大改变，传统的生产制造业将面临一次长时间的"洗牌"。有预测指出，未来模具制造行业、机床行业、玩具行业、轻工产品行业都可能被淘汰出局，而取代他们的就是3D打印机。当然，这需要一个过程，主要是人们适应和接受新事物的过程与产业自身完善成长的过程。

（2）智能制造技术创新及应用贯穿制造业全过程

先进制造技术的加速融合使制造业的设计、生产、管理、服务各个环节日趋智能化，智能制造正引领新一轮的制造业革命，这主要体现在四个方面，具体内容如图3所示。

建模与仿真使产品设计日趋智能化

建模与仿真广泛应用于产品设计、生产及供应链管理的整个产品生命周期中，它通过减少测试和建模支出降低风险，通过简化设计部门和制造部门之间的切换流程来压缩新产品进入市场的时间

以工业机器人为代表的智能制造装备在生产过程中的应用日趋广泛

近年来，工业机器人应用领域不断拓宽，种类繁多，功能越来越强，自动化和智能化水平显著提高。汽车、电子电器、工程机械等行业已大量使用工业机器人自动化生产线。工业机器人在制造业的应用范围越来越广泛，其标准化、模块化、网络化和智能化程度越来越高，功能也越来越强大，正朝着成套技术和装备的方向发展

全球供应链管理创新加速

通过使用企业资源规划软件和无线电频率识别（RFID）等信息技术，使全球范围的供应链管理有了更高效率，缩短了满足客户订单的时间，提升了生产效率

智能服务业模式加速形成

先进制造企业通过应用嵌入式软件、无线连接和在线服务，整合成新的智能服务业模式。制造业与服务业之间的界限日益模糊，融合越来越深入。服务供应商如亚马逊公司已进入了制造业领域，消费者正在要求获得产品体验，而非仅仅是一个产品

图3　智能化的四个方面

3. 智能物流：工业4.0的基础

智能物流主要通过互联网、物联网、物流网整合物流资源，充分发挥现有物流资源供应方的效率，使需求方能够快速获得服务匹配，得到物流支持。

以物联网为基础的智能物流是工业4.0的基础，是提升现代物流效率，降低全物流费用率的理想解决方案。物流装备制造商将逐步成为物流系统集成综合解决方案提供商。所以，智能制造系统与智能物流的融合将成为未来发展的大趋势，具体内容如图4所示。

智能物流系统将融入智能制造工艺流程

智能物流是工业4.0的核心组成部分。在工业4.0智能工厂的框架内，智能物流是连接供应和生产的重要环节，也是构建智能工厂的基石。智能单元化物流技术、自动物流装备以及智能物流信息系统是打造智能物流的核心元素。未来智能工厂的物流控制系统将负责生产设备和被处理对象的衔接，在系统中起着承上启下的作用

 智能物流装备服务的市场化和专业化

智能物流装备服务的市场化和专业化主要表现在三个方面：一是对智能物流装备正常运行的保障性服务，如设备的定期维护、故障排除、零备件供应、远程网络监控运营服务等；二是对物流运作或管理的支持服务，如设备运行质量分析、物流各环节绩效与运行情况分析等；三是技术改进和系统升级服务，可以定时提供整个技术改进和信息系统及控制系统的升级服务

 智能物流仓储将进入快速发展期

智能物流仓储系统以立体仓库和配送分拣中心为主体，由立体货架、检测阅读系统、智能通信满足快速消费行业的需求。随着物联网、机器人、无人机等新技术的应用，智能物流仓储系统已成为智能物流方式的最佳解决方案

 依托电子商务而兴起的智能物流云仓系统将蓬勃发展

云仓是伴随电子商务而产生的有别于传统仓储方式的智能化仓储模式，它和传统仓库的最大区别在于智能自动化装备和信息化软件集成应用。国际快递公司的云仓网络主要由"信息网+仓储网+干线网+零担网+载配网"组成，并且和电子商务平台实现无缝对接。依托智能制造兴起的云仓将成为电子商务发展的中坚力量

图4　智能物流与智能制造融合的发展趋势

四、制造企业如何适应工业4.0时代

通向工业4.0的路将会是一段革命性的道路，为了适应制造业中的特殊设备，现有的基础科技和经验将不得不进行改变和革新。而且，对于新领域和新市场的创新解决方案不得不重新探索。因此，企业需要对八个领域进行改进，具体内容如图5所示。

标准化和参考架构

工业4.0涉及网络技术的设计，并通过价值网络集成几家不同的企业。如果一揽子共同标准得以实现，这种合作伙伴关系将成为可能，但需要一个参照架构来对这些标准作出描述并促进标准的实现

复杂系统的管理

制造系统正在变得日益复杂，适当的计划、描述和说明模型可以为这些复杂系统提供管理基础。为了发展这些模型，工程师们应该进行更多的方法创新和工具应用

一套综合的工业基础宽带设施

综合高质量的通信网络是工业4.0的关键要求。无论是在德国国内，还是在德国与其他合作国家之间，宽带网络基础设施需要进一步的、大规模的拓展

安全和安保

安全和安保是智能制造系统成功的关键。保障设备和产品应确保不会给使用者带来危险，也不会对环境造成污染。同时，设备和产品中包含的信息需要加以特别保护，防止这些信息被滥用或者在未授权的情况下被使用。这将对安全和安保的架构与特殊识别码的集成调用提出更高的要求，同时也需要相关人员加强技能培训和职业生涯的持续发展规划

工作的组织和设计

在智慧工厂里，员工的角色将会发生引人注目的改变。越来越多的实时导向性控制将会使工作内容、工作流程和工作环境发生转变。针对组织工作需求的技术方法的实现，将要求工人承担更大的责任，同时获得更多个人发展的机会。当上述内容成为现实，企业必须进行合理的工作设计并为员工提供有助于其职业生涯发展的学习机会。因此，启动参照模型课题就变得尤为必要

培训和持续性的职业发展

工业4.0将从根本上改变员工的工作和职业诉求。而采取合适的培训策略，并用培养学习的方式来组织工作，可以满足员工的个人发展需求。为了达成这个目标，有必要进一步开发和提升模型课题，同时，也应该将立体学习技术应用其中

规章制度

在工业4.0环境下建立新的制造流程和商业网络架构时必须遵守现有法律法规，同时，有必要考虑创新对法律带来的影响。企业面临的挑战包括合作信息的保护、责任、私人信息管理和贸易限制等。这将不仅对规章制度，也对其他代表商务行为的活动提出要求——制度将作为一个涵盖面广泛的适用工具而存在，其中的内容条款包括指导方针、标准合同和企业集体协议，及审计类型的自律行为

资源效率

工业4.0将会使从原材料变为产品的过程更加高效。企业必须权衡"投资在智慧工厂中的额外资源"与"带来的潜在节约"之间的利弊，这对企业来讲是非常必要的

图5　制造企业适应工业4.0时代需改进的八个领域

五、智能制造

　　智能制造以智能加工与装配为核心，同时覆盖面向智能加工与装配的设计、服务及管理等多个环节。智能工厂中的全部活动可以从产品设计、生产制造及供应链三个维度来描述。在这些维度中，如果所有活动均能在网络空间中得到充分的数据支持、过程优化与验证，同时在物理系统中能够实时地得以执行并与网络空间进行深度交互，这样的工厂可称为智能工厂。

1. 智能工厂的基本特征

　　与传统的数字化工厂、自动化工厂相比，智能工厂具备以下几个突出特征。

　　（1）制造系统的集成化

　　作为一个高端的智能制造系统，智能工厂表现出了鲜明的系统工程属性。具有自循环特性的各技术环节与单元按照功能需求组成不同规模、不同层级的系统，系统内所有元素均是互相关联的。在智能工厂中，制造系统的集成主要体现在两个方面，具体内容如图6所示。

企业数字化平台的集成

在智能工厂中，产品设计、工艺设计、工装设计与制造、零部件加工与装配、检测等各制造环节均是数字化的，各环节所需的软件系统均集成在同一数字化平台上，避免了在制造过程中因平台不统一而导致的数据转换等问题

虚拟工厂与真实制造现场的集成

基于全资源的虚拟制造工厂是智能工厂的重要组成部分。在产品生产之前，制造过程中的所有环节均在虚拟工厂中进行建模、仿真与验证。在制造过程中，虚拟工厂管控系统向制造现场传送制造指令，制造现场将加工数据实时反馈至管控系统，进而形成对制造过程的闭环管控

图6　制造系统集成的主要体现

（2）决策过程的智能化

传统的人机交互中，作为决策主体的人有支配"机器"的行为，而智能制造中的"机器"因拥有扩展人类智能的能力，使人与"机器"共同组成决策主体，在同一信息物理系统中实施交互。信息的种类以及交流的方法更加丰富，从而使人机交互与融合达到前所未有的深度。

制造业自动化的本质是人类在设备加工动作执行之前，将制造指令、逻辑判断准则等预先转换为设备可识别的代码，并将其输入制造设备中。此时，制造设备可根据代码自动执行制造动作，从而节省了此前在制造机械化过程中人类的劳动。在这个过程中，人是决策过程的唯一主体，制造设备仅仅是根据输入的指令自动地执行制造过程，而并不具备如判断、思维等高级智能化的行为能力。在智能工厂中，"机器"具有不同程度的感知、分析与决策能力，它们与人共同构成决策主体。在"机器"的决策过程中，人向制造设备输入决策规则，"机器"基于这些规则与制造数据自动执行决策过程，这样可将由人为因素造成的决策失误降至最低。与此同时，在决策过程中形成的知识可作为后续决策的原始依据，使决策知识库得到不断优化与拓展，进而不断提升智能制造系统的智能化水平。

（3）加工过程的自动化

车间与生产线中的智能加工单元是工厂中产品制造的最终落脚点，智能决策过程中形成的加工指令将全部在加工单元中实现。为了能够准确、高效地执行制造指令，企业必须确保智能制造单元数字化、自动化、柔性化。

首先，智能加工单元中的加工设备、检验设备、装夹设备、储运设备等都是基于单一数字化模型驱动的，这就避免了传统加工中由于数据源不一致而带来的大量问题。

其次，智能制造车间中的各种设备、物料等，大量采用如条码、二维码、RFID等识别

技术，使车间中的任何实体均具有唯一的身份标识，在物料装夹、储运等过程中通过对这种身份的识别与匹配，实现了物料、加工设备、刀具、工装等的自动装夹与传输。

最后，智能制造设备中大量引入智能传感技术，通过在制造设备中嵌入各类智能传感器，实时采集加工过程中机床的温度、振动、噪声、应力等制造数据，并采用大数据分析技术来实时控制设备的运行参数，使设备在加工过程中始终处于最佳效能状态，实现设备的自适应加工。例如，传统制造车间中往往存在由于地基沉降而造成的机床加工精度损失，通过在机床底脚上引入位置与应力传感器即可检测到不同时段地基的沉降程度，据此通过对机床底脚的调整即可弥补该精度损失。此外，通过对设备运行数据的采集与分析，还可总结在长期运行过程中设备加工精度的衰减规律、设备运行性能的演变规律等；通过对设备运行过程中各因素间的耦合关系进行分析，可提前判断设备运行的异常，并实现对设备健康状态的监控与故障预警。

（4）服务过程的主动化

制造企业通过应用信息技术、网络技术，根据用户的地理位置、产品运行状态等信息，为用户提供产品在线支持、实时维护、健康监测等智能化服务。这种服务与传统的被动服务不同，它能够通过对用户特征的分析辨识出用户的显性及隐性需求，主动为用户推送高价值的信息与服务。此外，面向服务的制造将成为未来工厂建设中的一种趋势，集成广域服务资源的行业务联网将越来越智能化、专业化，企业对用户的服务将在很大程度上通过若干联盟企业间的并行协同来实现。对用户而言，其所体验到的服务高效性与安全性也随之提升，这也是智能工厂服务过程的基本特点。智能工厂中的主动化服务体系如图7所示。

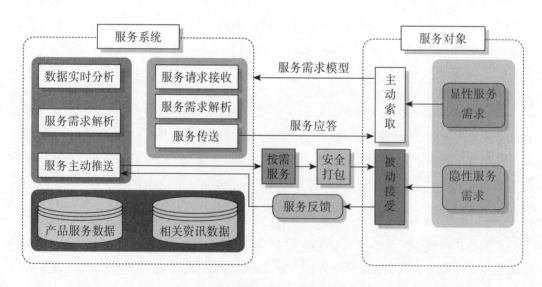

图7 智能工厂中的主动化服务体系

2. 智能工厂的框架体系

智能工厂由物理系统中的实体工厂和网络空间中的虚拟数字工厂构成。其中，实体工厂部署有大量的车间、生产线、加工装备等，为制造过程提供硬件基础设施与制造资源，也是实际制造流程的最终载体；虚拟数字工厂则是在这些制造资源以及制造流程的数字化模型的基础上，在实体工厂的生产之前，对整个制造流程进行全面的建模与验证。为了实现实体工厂与虚拟数字工厂之间的通信与融合，实体工厂的各制造单元还配备有大量的智能元器件，用于制造过程中的工况感知与制造数据采集。在虚拟制造过程中，智能决策与管理系统对制造过程进行不断迭代优化，使制造流程达到最优；在实际制造中，智能决策与管理系统则对制造过程进行实时的监控与调整，进而使制造过程体现出自适应、自优化等智能化特征。

由此可知，智能工厂的基本框架体系包括智能决策与管理系统、企业数字化制造平台、智能制造车间等关键组成部分，如图8所示。

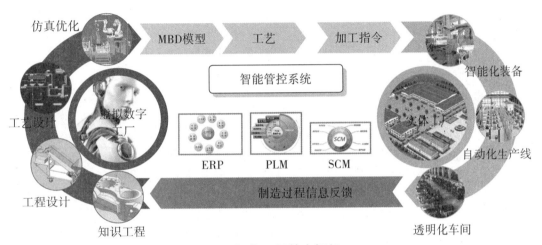

图8　智能工厂基本框架

（1）智能决策与管理系统

智能决策与管理系统如图9所示，是智能工厂的管控核心，负责市场分析、经营计划、物料采购、产品制造以及订单交付等各环节的管理与决策。通过该系统，企业决策者能够掌握企业自身的生产能力、生产资源，调整产品的生产流程与工艺方法，并能够根据市场、客户需求等动态信息作出快速、智能的经营决策。

一般而言，智能决策与管理系统包含企业资源计划（ERP）、产品全生命周期管理（PLM）、供应链管理（SCM）等一系列生产管理工具。在智能工厂中，这些系统工具的最突出特点在于：一方面向工厂管理者提供更加全面的生产数据以及更加有效的决策工具，相较于传统工厂，在解决企业产能、提升产品质量、降低生产成本等方面能够发挥更加显著的作用；另一方面，这些系统工具已达到了不同程度的智能化水平，在辅助工厂管理者进行决策的过程中能够切实提升企业生产的灵活性，进而满足不同用户的差异化需求。

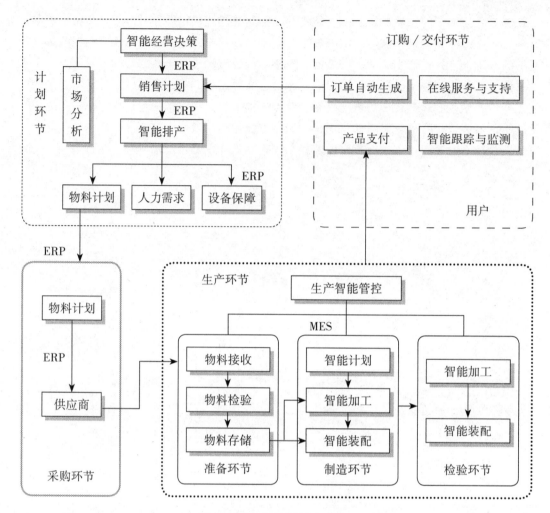

图9 智能决策与管理系统

（2）企业数字化制造平台

企业数字化制造平台需要解决的问题是如何在信息空间中对企业的经营决策、生产计划、制造过程等全部运行流程进行建模与仿真，并对企业的决策与制造活动的执行进行监控与优化。其中的关键因素包括以下两点。

①制造资源和流程的建模与仿真

企业数字化制造平台在建模过程中需要着重考虑智能制造资源的三个要素，即实体、属性和环境。实体可通俗地理解为智能工厂中的具体对象。属性是在仿真过程中实体所具备的各项有效特性。智能工厂中各实体之间的相互作用会改变实体的属性，这种变化通常可用状态的概念来描述。智能制造资源通常会受外界变化的影响，这种对系统活动结果产生影响的外界因素可理解为制造资源所处的环境。企业数字化制造平台在对智能制造资源进行建模与仿真时需要考虑其所处的环境，并明确制造资源与其所处环境之间的边界。

②建立数字化平台与制造资源之间的关联

通过对制造现场实时数据的采集与传输，制造现场可向数字化平台实时反馈生产状况，其中主要包括生产线和设备的运行状态、在制品的生产状态、质量状态以及物料的供应状态等。在智能制造模式下，数据的形式、种类、维度、精细程度等将是多元化的，数据的采集、存储与反馈也需要与其相适应。

在智能制造模式下，产品的设计、加工及装配等环节与传统的制造模式均存在明显的差异。因此，企业数字化制造平台必须适应这些变化，从而满足智能制造的应用需求。

A. 智能制造的产品设计

在智能制造的产品设计方面，企业数字化制造平台应提供两方面的功能：第一，能够将用户对产品的需求以及研发人员对产品的构想建成虚拟的产品模型，优化产品的功能，在产品正式生产之前，通过仿真分析保证产品的功能以满足需求，从而减少研制后期的技术风险；第二，能够支持建立满足智能加工与装配标准规范的产品全三维数字化定义，使产品信息不仅能被制造工程师理解，还能够被各种智能化系统接收并无任何歧义地被理解，从而能够完成各类工艺、工装的智能设计和调整。

B. 智能加工与装配

在智能加工与装配方面，传统制造中人、设备、加工资源等之间的信息交换并没有统一的标准。而数据交换的种类与方式通常是针对特定情况而专门定制的，这就导致了制造过程中会出现大量的耦合，从而使系统的灵活性受到极大的影响。例如，在数控程序编制过程中，工艺人员通常将加工程序指定到特定的机床中，由于不同机床所使用的数控系统不同，数控程序无法直接移植到其他机床中使用。如当前机床上被指定的零件过多，容易出现被加工零件需要等待而其他机床处于空闲状态的情况。

随着制造系统智能化程度的不断提升，智能加工与装配中的数据将基于统一的模型，而不再针对特定系统或特定设备。这些数据可被制造系统中的所有主体识别，并能够通过自身的数据处理能力从中解析出具体的制造信息。例如，智能数控加工设备可能不再接收数控程序代码，而是直接接收具有加工信息的三维模型，根据模型中定义的加工需求自动生成最优化的加工程序。这样的优势在于：一方面，加工工艺数据具有通用性，因而工艺人员不再需要指定特定机床；另一方面，在机床内部生成的加工程序是最适合当前设备加工代码的，进而实现真正的自适应加工。

（3）智能制造车间

智能制造车间及生产线是产品制造的物理空间，其中的智能制造单元及制造装备提供实际的加工能力。各智能制造单元之间的协作与管控由智能管控及驱动系统实现。智能制造车间的基本构成如图10所示。

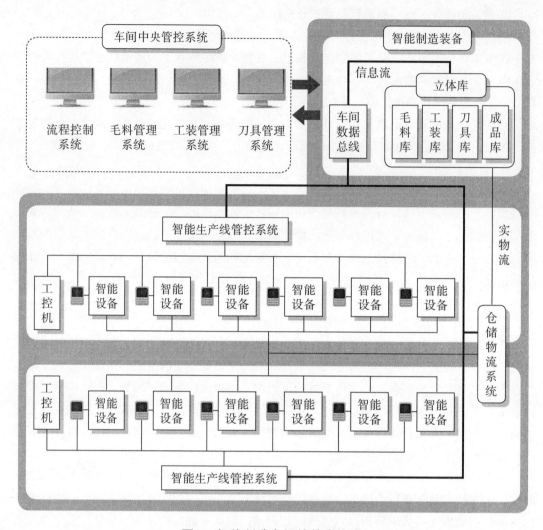

图10 智能制造车间的基本构成

①车间中央管控系统

车间中央管控系统是智能加工与装配的核心环节，主要负责制造过程的智能调度、制造指令的智能生成与按需配送等任务。在制造过程的智能调度方面，车间中央管控系统需根据车间生产任务综合分析车间内设备、工装、毛料等制造资源，按照工艺类型及生产计划等将生产任务实时分派到不同的生产线或制造单元，使制造过程中设备的利用率达到最高。在制造指令的智能生成与按需分配方面，面向车间内的生产线及生产设备根据生产任务自动生成并优化相应的加工指令、检测指令、物料传送指令等，然后根据具体需求将其推送至加工设备、检测装备、物流系统等不同设备中。

②智能生产线管控系统

智能生产线管控系统可实时存储、提取、分析与处理各类数据，包括工艺、工装等制造数据，设备运行参数、运行状态等过程数据，同时，该系统能够通过对数据的分析实时调整设备运行参数、监测设备健康状态等，并据此进行故障诊断、维护报警等行为；对于生产线内难以自动处理的情况，智能生产线管控系统还可将其向上传递至车间中央管控系统。此外，生产线内不同的制造单元具有协同关系，系统可根据不同的生产需求对工装、毛料、刀具、加工方案等进行实时优化与重组，优化配置生产线内各生产资源。

③智能制造装备

从逻辑构成的角度看，智能制造装备由智能决策单元、总线接口、制造执行单元、数据存储单元、数据接口、人机交互接口以及其他辅助单元构成。其中，智能决策单元是智能设备的核心，负责设备运行过程中的流程控制、运行参数计算以及设备检测维护等；总线接口负责接收车间总线中传输来的作业指令与数据，同时负责设备运行数据向车间总线的传送；制造执行单元由制造信息感知系统、制造指令执行系统以及制造质量测量系统等构成；数据存储单元用于存储制造过程数据以及制造过程决策数据；数据接口分布于智能设备的各个组成模块之间，用于封装、传送制造指令与数据；人机交互接口是人与智能设备之间传递、交换信息的媒介和对话接口；辅助单元主要是指刀具库、一体化管控终端等。

④仓储物流系统

智能制造车间中的仓储物流系统主要涉及AGV/RGV系统、码垛机以及立体仓库等。

AGV/RGV系统主要包括地面控制系统及车载控制系统。其中，地面控制系统与车间中央管控系统实现集成，主要负责任务分配、车辆管理、交通管理及通信管理等，车载控制系统负责AGV/RGV单机的导航、导引、路径选择、车辆驱动及装卸操作等。

码垛机控制系统是码垛机研制中的关键，主要通过模块化、层次化的控制软件来实现码垛机运动位置、姿态和轨迹、操作顺序及动作时间的控制，以及码垛机的故障诊断与安全维护等。

立体化仓库由仓库建筑体、货架、托盘系统、码垛机、托盘输送机系统、仓储管理与调度系统等组成。其中，仓储管理与调度系统是立体仓库的关键，主要负责仓储优化调度、物料出入库、库存管理等。

第一章

认识TPM活动

TPM活动就是通过全员参与，并以团队工作的方式创建优良的设备管理系统，提高设备的利用率，从而全面提高生产系统的运作效率，保证生产计划的高效执行，有效地降低企业制造成本。

第一节　TPM活动的发展和TPM管理体系

一、什么是TPM

TPM是英文Total Productive Maintenance的缩写，中文译名为全员生产维护，又译为全员生产保全。它是以提高设备综合效率为目标、以全系统的预防维修为过程、以全体人员参与为基础的设备保养和维修管理体系。

1. TPM的英文含义

TPM的英文含义如图1-1所示。

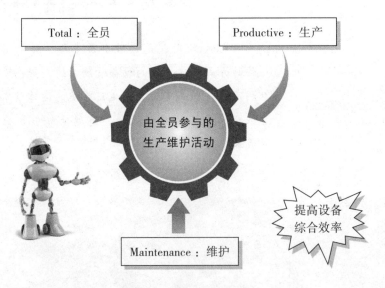

图1-1　TPM的英文含义

2. TPM的其他含义

近来，TPM中的"P"和"M"被赋予了一些新的含义，其中的"Productive Management"具有代表性，可称之为全面生产管理，它是指在传统全员生产维护的基础上扩充至整体性的参与，以追求所使用设备的极限效率而培养出企业抵抗恶劣经营环境的体制，如图1-2所示。

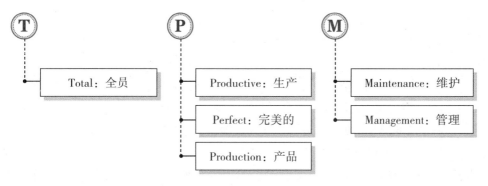

图1-2　TPM含义的扩展

3. TPM定义的进一步解释

TPM是日本企业首先推行的设备管理维修制度，它以达到最高的设备综合效率为目标，确立以设备一生为对象的生产维修全系统。

TPM涉及设备的计划、使用、维修等所有部门，是从最高领导到第一线工人全员参加，依靠开展小组自主活动来推行的生产维修活动。

T——全员、全系统、全效率。

PM——生产维修，包括事后维修、预防维修、改善维修、维修预防。

4. TPM究竟是什么

下面以一个典型事例来说明TPM究竟是什么。

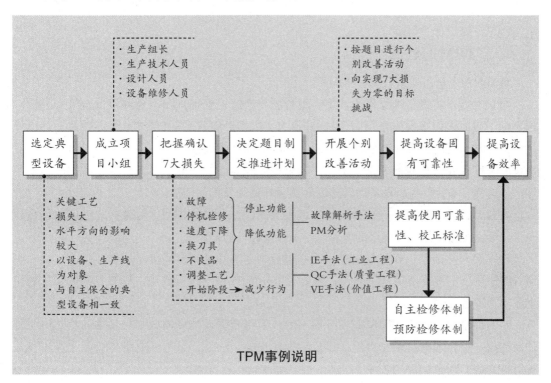

TPM事例说明

TPM的具体含义有下面4个方面：

（1）以追求生产系统效率（综合效率）的极限为目标，实现设备的综合管理效率即OEE的持续改进；

（2）从改变意识到使用各种有效的手段，构筑能防止所有灾害、不良、浪费发生的体系，最终构成"零灾害、零不良、零浪费"的体系；

（3）从生产部门开始实施，逐渐发展到开发、管理等所有部门；

（4）从最高领导到一线操作人员，全员参与。

TPM活动由"设备保全""质量保全""个别改进""事务改进""环境保全""人才培养"6个方面组成，对企业进行全方位的改进。

相关链接

TPM与TnPM

TnPM是在TPM基础上发展起来的，其目标性更强、更加准确，是规范化下TPM的实际应用，具有更加具体的操作要求。

全面规范化生产维护（Total Normalized Productive Maintenance，TnPM）是规范化的TPM，是全员参与的、步步深入的，通过制定规范、执行规范、评估效果、不断改善来推进的TPM。TnPM是以设备综合效率和完全有效生产率为目标，以全系统的预防维修为载体，以员工的行为规范为过程，以全体人员参与为基础的生产和设备保养维修体制。

二、TPM的起源

TPM起源于全员质量管理（TQM）。

当TQM要求将设备维修作为其中一项检验要素时，发现TQM本身并不适合维修环境。这是由于当时人们重视的是预防性维修（PM）措施，而且采用PM技术制定维修计划以保持设备正常运转的技术业已成熟。然而，在需要提高或改进产量时，这种技术时常导致对设备的过度保养。它的指导思想是："如果有一滴油能好一点，那么有较多的油应该会更好。"这样一来，要提高设备运转速度必然会导致维修作业增加。

在日常的维修过程中，很少或根本就不考虑操作人员的作用，对维修人员的培训也仅限于并不完善的维修手册规定的内容，并不涉及额外的知识。

许多公司逐渐意识到仅仅通过对维修进行规划来满足制造需求是远远不够的。要在遵循TQM原则的前提下解决这一问题，需要对最初的PM技术进行改进，以便将维修纳入到整个质量管理过程中。

TPM最早是由一位美国制造人员提出的，但将其引入维修领域则是日本的汽车电子组件制造商——日本电装在20世纪60年代后期实现的。后来，日本工业维修协会干事中岛清一对TPM做了界定并推广应用。

TPM是在全员质量管理（TQM）、准时制生产（JIT）等现代企业管理基础上逐渐形成的，并成为当代企业管理的重要组成部分，其演化过程如图1-3所示。

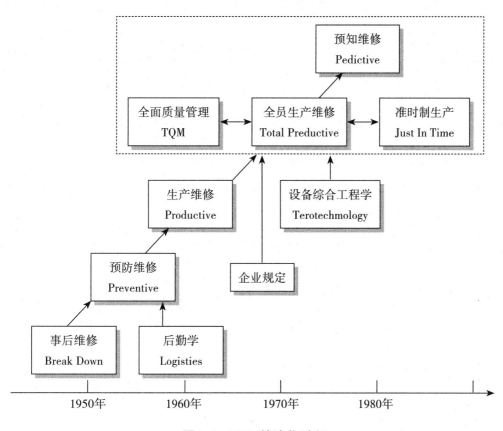

图1-3　TPM的演化过程

三、TPM与TQM的关系

1. 两者的定义

（1）TPM——全员生产维修体制

TPM是以设备综合效率为目标，以设备时间、空间全系统为载体，以全体成员参与为基础的设备保养、维修体制。

（2）TQM——全面质量管理体系

TQM是以顾客需求、工序要求为优先，以预防为方针，以数据为基础，以PDCA循环为过程，以ISO为标准化作业目标的全面、有效的质量管理体系。

2. TPM与TQM的相似点

（1）两者都要求将包括高级管理层在内的企业全体人员纳入体系。

(2)两者都要求必须授权企业员工可以自主进行校正作业。

（3）两者都要求有一个较长的作业期限，因为它们自身有一个发展过程，贯彻二者需要较长时间，而且使企业员工转变思想也需要时间。

3. TPM与TQM的区别

TPM与TQM的区别如图1-4所示。

类型	TPM	TQM
目的	改善企业体质，保证生产效益最大化，增强客户满意度	
管理的对象	设备 （INPUT——输入，原因）	品质 （OUTPUT——输出，结果）
完成目的的手段	现场、现物的理性状态的实现 （硬件）	管理体系化 （系统化、标准化、软件）
培养人才	固有技术中心 （设备技术、保养技能）	管理技术中心 （QC技法）
小组活动	职务活动和小组活动的一体化	自主性的小组活动
目标	损失、浪费的彻底排除 （"0"化）	品质稳定合格

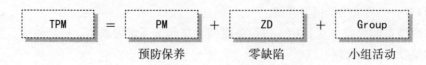

图1-4　TPM与TQM的区别

四、TPM的目标

TPM的终极目标是改善企业的体质，如图1-5所示。

24

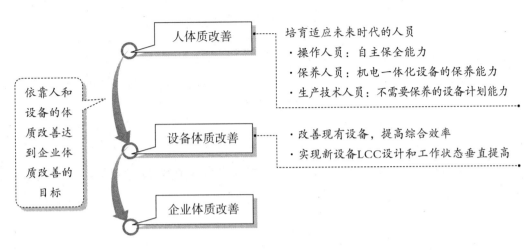

图1-5　TPM的终极目标

LCC（Life Cycle Cost的英文缩写），即设备寿命周期费用，指设备在预期的寿命周期内，为其论证、研制、生产、使用、保障及报废处置和改造所支付的一切费用的总和。

五、TPM的精髓

1. 五大要素

TPM强调以下五大要素：

（1）TPM致力于设备综合效率最大化的目标；

（2）TPM要求在设备生命周期建立彻底的预防维修体制；

（3）TPM由各个部门共同推行；

（4）TPM涉及每个员工，从最高管理者到现场工人；

（5）TPM通过动机管理，即自主的小组活动来推进。

2. TPM的"三全"特点

TPM的特点就是"三全"，即全效率、全系统和全员参加。

（1）全效率，是指设备寿命周期费用评价和设备综合效率。

（2）全系统，是指生产维修的各个侧面均包括在内，如预防维修、维修预防、必要的事后维修和改善维修。

（3）全员参加，是指这一维修体制的群众性特征，从企业经理到相关科室，直到全体操作工人都要参加，尤其是操作工人的自主小组活动。

TPM三个"全"之间的关系如图1-6所示。

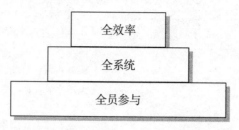

图1-6　TPM三个"全"之间的关系

TPM的主要目标为"全效率"，而"全效率"的关键在于限制和降低以下六大损失：

（1）设备停机时间损失（停机时间损失）；

（2）设置与调整停机损失；

（3）闲置、空转与暂短停机损失；

（4）速度降低损失（速度损失）；

（5）残、次、废品损失，边角料损失（缺陷损失）；

（6）产量损失（由安装到稳定生产间隔）。

有了这三个"全"，生产维修能够得到更加彻底的贯彻执行，生产维修的目标也能得到更有力的保障。这也是日本全员生产维修的独特之处。随着TPM的不断发展，日本把这个从上到下、全系统参与的设备管理系统的目标提到更高水平，又提出了"停机为零！废品为零！事故为零！"的奋斗目标。

六、TPM活动的效果

TPM活动的效果可分为有形效果和无形效果两种。

1. 有形效果

TPM的有形效果表现在以下八个方面：

（1）生产（人和设备）效率的提高；

（2）不良品率降低；

（3）生产及管理周期缩短；

（4）库存量减少，资金积压减少；

（5）各类损耗降低，浪费减少；

（6）生产成本降低；

（7）顾客投诉减少，顾客满意度提升；

（8）员工提案和发明创造能力提高。

2. 无形效果

TPM的无形效果表现在以下六个方面：

（1）员工改善意识、参与意识增强；

（2）员工技能水平提高；

（3）企业形成积极进取的企业文化；

（4）员工精神面貌改观、自信心增强；

（5）企业的凝聚力增强；

（6）企业形象改善（人气上升）。

TPM给企业带来的效益体现在产品成本、质量、生产率、库存周转、安全与环境保护以及员工的劳动情绪方面，如图1-7所示。

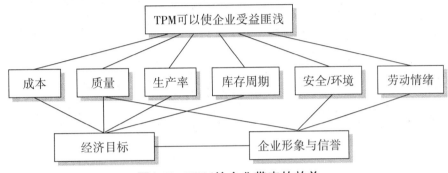

图1-7　TPM给企业带来的效益

Koelsch（1993）通过研究发现，TPM的实行至少有以下五点成效：

（1）减少70%生产损失；

（2）增加50%劳动生产力；

（3）减少50%～90%整备时间；

（4）增加25%～40%产能；

（5）减少60%每单位预防保养成本。

七、TPM八大支柱

要实现TPM的最终目标，企业必须开展以下八项活动，即开展TPM的八大支柱，如图1-8所示。

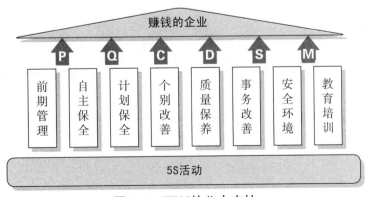

图1-8　TPM的八大支柱

1. 前期管理

为了适应生产的发展，企业必定要不断投入使用新设备。于是，企业会形成一种机制，按少维修、免维修的思想设计出符合生产要求的设备，按性能、价格、工艺等要求对设备进行最优化规划和布置，并使设备的操作和维修人员具有适应新设备的能力，总之，要使新设备自投入使用就达到最佳状态。TPM前期管理如图1-9所示。

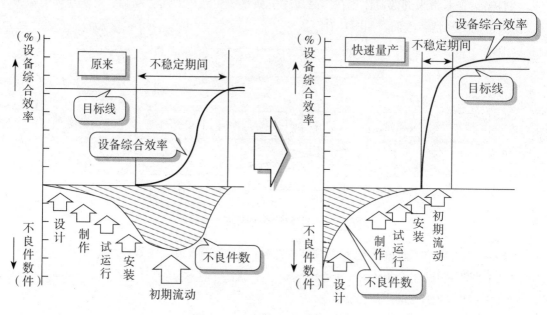

图1-9　TPM前期管理支柱

2. 自主保全

自主保全是以运转部门为中心开展的，其核心是防止设备的劣化。只有运转部门承担了防止设备劣化的活动，保养部门才能充分发挥出专职保养手段的威力，使设备得到有效的保养。具体内容如图1-10所示。

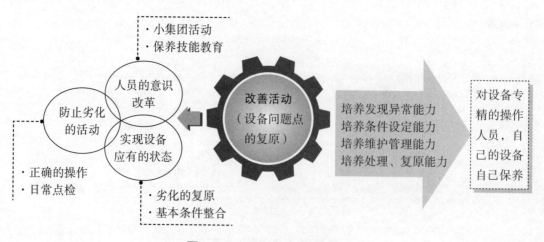

图1-10　TPM自主保全支柱

3. 计划保全

在运转部门自主保全的基础上，设备的保养部门就能够有计划地对设备的劣化进行复原，并进行设备的改善保养，如图1-11所示。

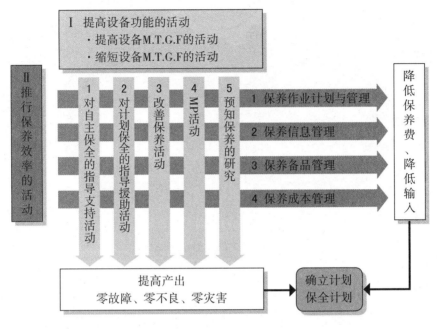

图1-11　TPM计划保全支柱

4. 个别改善

为了追求设备效率化的极限，最大程度地发挥出设备的性能和机能，企业就要消除影响设备效率化的损耗。我们把消除引起设备综合效率下降的七大损耗的具体活动称为个别改善，如图1-12所示。

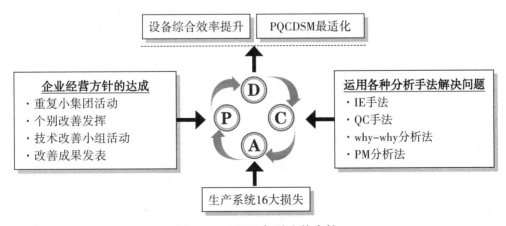

图1-12　TPM个别改善支柱

5. 质量保养

为了保持产品的所有质量特性处于最佳状态，企业要对与质量有关的人员、设备、材料、方法、信息等要因进行管理，防范废品、次品和质量缺陷的发生，从结果管理变为要因管理，使产品的生产处于良好的受控状态。具体内容如图1-13所示。

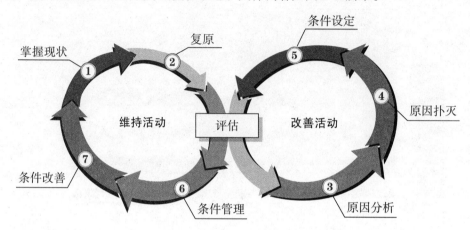

图1-13　TPM质量保养支柱

6. 事务改善

事务改善主要体现在两个方面。一方面，保养部门要有力地支持生产部门开展TPM及其他生产活动；另一方面，保养部门还应不断提高本部门的工作效率和工作成果。具体内容如图1-14所示。

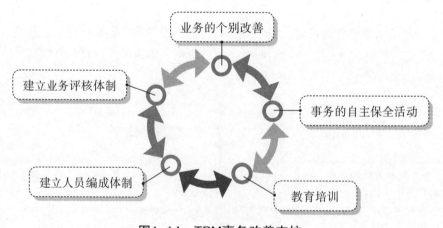

图1-14　TPM事务改善支柱

7. 安全环境

确保安全第一不仅要使员工具有安全意识，还要建立一套有效的管理体制。对环境的要求也一样，企业要在不断提高安全意识的同时，建立起一种机制来确保环境不断得到改善。建立和实施ISO 14000环境管理体系不失为一良策，一方面保护环境是企业对社会应尽的责任，另一方面也可以提升企业形象。

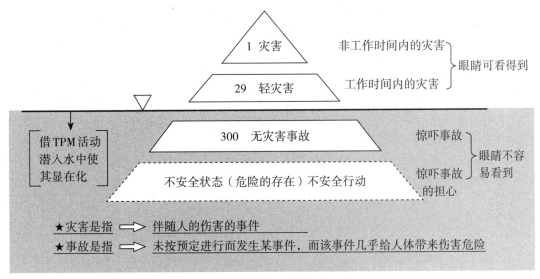

亨利法则（1：29：300的法则）

图1-15　TPM安全环境支柱

8. 教育培训

仅凭良好的愿望难以把设备维护工作做好，企业还必须加强设备维护技能的教育培训。教育培训不仅是企业培训部门的事，也是每个部门的职责，更应是每个员工的自觉行动。随着社会的发展和进步，工作和学习已经不可分割地联系在了一起。学习和培训是工作的新形式，企业员工要把学习融入到工作中去，在工作中学习，在学习中工作。

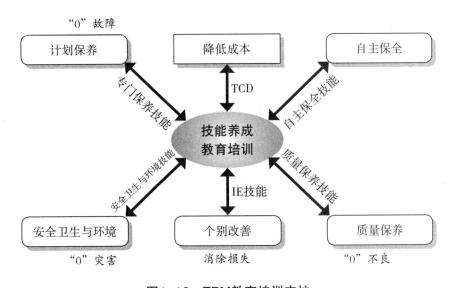

图1-16　TPM教育培训支柱

第二节 TPM的开展过程

开展TPM就是要从提高（操作、工作）技能、改进（工作、精神）面貌、改善（企业、运行）环境三大要素的实现方面下工夫。这不是一件容易的事情，需要企业的领导层下定决心，还要有一套较好的开展程序。开展TPM，大体上可分成4个阶段和12个具体步骤，如表1-1所示。

表1-1 TPM的开展过程

阶段	步骤	主要内容
准备阶段	1. 领导层宣传引进TPM	通过领导讲演宣布TPM开始，表示决心，企业网站、企业微信公众号、企业内部报纸应发布消息
	2. 开展教育培训	按不同层次组织培训，利用投影宣传教育
	3. 建立TPM推进机构	成立各级TPM推进委员会和专业组织
	4. 制定TPM基本方针和目标	找出基准点和设定目标结果
	5. 制定TPM推进总计划	计划从TPM引进开始到最后评估为止
开始阶段	6. 正式启动TPM	举行仪式，开大会请订货、协作等相关公司参加，宣布TPM正式开始
实施、推进阶段	7. 提高设备综合效率	选定典型设备，由专业指导小组协助攻关
	8. 建立操作人员的自主维修体制	步骤、方式及诊断方法
	9. 维修部门建立维修计划	定期维修、预知维修、备品、工具、图纸及施工管理
	10. 提高操作和维修技能的培训	分层次进行各种技能培训
	11. 建立前期设备管理体制	维修预防设计，早期管理程序，寿命周期费用评估
巩固阶段	12. 总结提高，全面推行TPM	总结评估，接受PM奖审查，制定更高目标

上述4个阶段的主要工作和作用如下。

（1）准备阶段的主要工作是引进TPM计划，其作用是创造一个适宜的环境和氛围。该阶段类似产品的设计阶段。

（2）开始阶段的主要工作是举办TPM活动的开始仪式，其作用是通过广告宣传造出声势。该阶段相当于下达产品生产任务书。

（3）实施、推进阶段的主要工作是制定目标，其作用是便于落实各项措施，步步深入。该阶段相当于产品加工、组装过程。

（4）巩固阶段的主要工作是检查评估推行TPM的结果，其作用是制定新目标。该阶段相当于产品检查、产品改进设计过程。

下面分别对TPM推进的12个步骤加以讨论。

一、领导层宣传引进TPM

企业领导应对开展TPM充满信心，下决心全面引进TPM，在全体员工大会上宣布TPM活动的开始，讲解TPM的基本概念、目标、结果，并散发各种宣传资料。动用一切宣传手段，如广播、墙报、标语、企业刊物、宣传材料、座谈会、报告会、知识竞赛、文艺汇演等，向企业员工进行广泛宣传，大造舆论，让广大员工充分看到领导层引进TPM的决心。

二、开展教育培训

为了扎扎实实开展TPM，开展多层次、持续的教育培训是非常必要的。

1. 对领导层的教育培训

对领导层，主要进行开展TPM的意义和重要性教育，使他们能够以战略的眼光看待开展TPM的工作。

2. 对中层管理人员的教育培训

对中层管理人员，进行比较全面的TPM知识的教育培训，让他们深刻理解TPM的宗旨、目标、内容和方法，使他们能够明确各自部门在开展TPM中的位置和作用，并能够将TPM要求与本部门业务有机结合起来，策划开展好本部门的工作。

3. 对各级TPM工作组织的教育培训

对各级TPM工作组织，应进行全方位的培训。高层工作组织应系统学习TPM知识，以便能够给领导层当好参谋，整体策划TPM体系，指导各部门工作；基层工作组织应有针对性地学习某一方面的专业知识，如目视化管理。

4. 对基层操作人员的教育培训

对基层操作人员，一方面进行改变旧观念的教育，树立"我的机器我维护"的意识；另一方面进行设备结构、点检、处理方法等基础知识和技能的培训，使他们能够对机器设备进行自主保全。

除了TPM之外，企业还应进行相关知识的培训，如5S、ISO 9001、14001、TQC、IE等。

　　培训是企业传授知识和规范员工习惯的手段，因此必须持续不断地进行。不同的TPM开展阶段应有不同的培训内容，而且同一内容需要反复培训和训练。

　　教育培训应形式多样，趣味活泼，如开展OPL（One Point Lesson，单点课程）、知识竞赛等。

　　下面是某企业的TPM设备保全培训大纲范本，供读者参考。

【范本】TPM设备保全培训大纲（2天）

．．．

TPM设备保全培训大纲（2天）

　　一、参加人员

　　企业总经理、副总经理、中高层管理者和生产（制造）部经理、主管、设备管理部经理、主管、现场班组长。

　　二、培训目的

　　TPM是现今企业的管理潮流，近年来实施TPM的企业急速增加，TPM的应用展现出了丰硕的成果，实施TPM便可以成为"赚钱的现场"。它是以企业现有设备为中心、以生产现场为核心的管理方法，追求生产系统效率最大化。在TPM实施中，可以分别针对不同的损失进行个别改善，把设备的效率提升到最大，它被高度评价为从保养活动开始的一种由全员参加的管理活动，它彻底改善企业的管理方式，消除损失，不但能提升生产性能，而且能够提升质量和改善企业体质，是生产型企业降低成本、增加效益的最直接、最有效的途径。

　　三、课程大纲

　　（一）TPM的生产力

　　1. TPM活动的定义及目的。

　　2. TPM活动的行动指标。

　　3. TPM活动推行后的有形和无形效果。

　　（二）TPM活动的支柱与5S

　　1. TPM活动的支柱。

　　2. TPM活动的掌握与运用。

　　3. TPM活动的基石——5S活动。

　　（三）TPM活动LOSS（损失）体系图及浪费现象

　　1. 影响生产系统的16大浪费。

　　2. 阻碍设备效率化的8大LOSS（损失）。

　　3. 阻碍人的效率化的5大LOSS（损失）。

　　4. 阻碍原单位效率化的3大LOSS（损失）。

　　（四）从TPM活动看企业6大浪费

　　1. 购买使用方面的浪费。

　　2. 物流与搬运方面的浪费。

　　3. 作业动作方面的浪费。

4. 制造加工方面的浪费。

5. 管理业务方面的浪费。

6. 事务管理方面的浪费。

（五）TPM活动的推进方法

1. 设备自主保全活动。

（1）自主保全活动的5个步骤。

（2）设备管理及改善业务实行的要领。

2. 一般提案活动。

3. 生产效率改善活动。

（六）TPM活动的推进步骤与技巧

1. TPM活动推进的组织形式。

2. TPM活动的推进步骤。

3. TPM活动实践。

（1）标准文件、培训数据的制作要求。

（2）现场改善活动的技巧。

（3）召集推进会议的技巧。

三、建立TPM推进机构

强有力的组织机构是推动TPM管理体系有效运转的重要保证。一般来说，要建立企业、厂矿、车间、班组四个层次的推进组织，其关键是落实各个层次以至每一位员工在TPM活动体系中的职能。

以企业级推进组织为例，企业TPM推进委员会的基本职能是制定TPM方针、批准推进计划书、评价改善效果、召集年度TPM大会、审议和决策企业推进工作的重大事项。

企业TPM推进委员会下设办公室，作为日常管理机构，其基本职能是：制定TPM目标计划，确定推进方法和方案；策划、主导整体推进活动及各项活动任务的部署；制定培训计划，组织实施员工教育培训；制定考核评价标准，并主持评审；协调处理各种与推进活动相关的其他事项。

厂矿、车间的TPM组织职能与企业的相似，总之要分工清楚、责任明确，以形成全员参与的局面。

TPM的推进组织是"全员参加PM"推进组织，如图1-17所示。

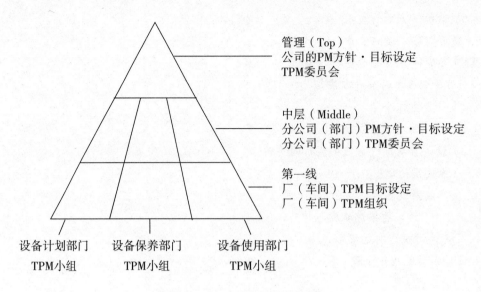

图1-17 TPM的推进组织

TPM推进组织的架构可以在企业层次的基础上加以改造完成，从企业最高管理者开始，一层层建立TPM推进委员会，上一层的推进委员会成员即是下一层次推进委员会的负责人。

TPM的推进组织像一座金字塔，从上到下涉及各个部门。

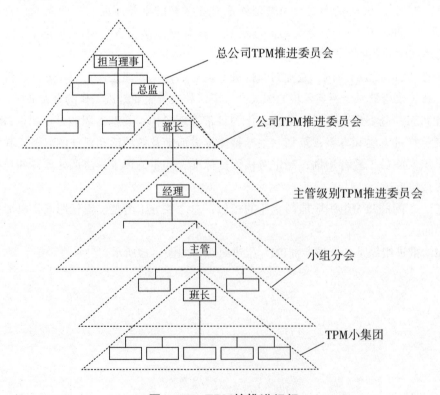

图1-18 TPM的推进组织

下面是某企业TPM活动组织范本，供读者参考。

【范本】某企业TPM活动组织

某企业TPM活动组织

某公司建立的推进TPM组织机构由以下部分组成。

一、全公司TPM推进委员会

全公司TPM推进委员会具有重要的地位，在推进TPM过程中要从大局上把握方向是否正确、推进方法是否合适等。

二、各分厂TPM推进委员会

各分厂TPM推进委员会的成员是隶属各个分厂的车间主任，根据公司的方针结合本厂实际积极贯彻设定的TPM基本方针和目标。

三、车间和工段等中间小组

根据全公司TPM的基本方针，结合本部门实际设定本部门的TPM方针，并把大的目标细化，赋予现场小组具体的目标。

四、TPM小组（现场小组）

现场小组是具体展开自主保全活动的部门，担负着指导小组内成员自觉参与自主保全活动的任务。一般来讲，TPM小组也专指这类现场小组。各小组的命名，则由小组自己决定，以热电厂为例。

热电厂TPM小组

序号	小组名称	人数	所在车间
1	蚂蚁小组	9	热锅
2	蜜蜂小组	10	汽机
3	清道夫小组	10	除尘
4	萤火虫小组	13	电气
5	狼小组	9	供管
6	B-52小组	9	汽机
7	碎媒机小组	9	燃料
8	啄木鸟小组	10	化学
9	春蚕小组	9	化学
10	雪燕小组	6	化学
11	喜鹊小组	9	化学
12	守护者小组	9	化学

（续表）

序号	小组名称	人数	所在车间
13	设备卫士小组	9	化学
14	杜鹃小组	9	化学

通过开展TPM小组活动，该化工企业共建立TPM小组146个，共计1482人。详细资料如下。

化工厂共建立现场小组36个，共324人。

化纤厂共建立现场小组20个，共258人。

乙烯厂共建立现场小组39个，共510人。

热电厂共建立现场小组14个，共130人。

供排水厂共建立现场小组19个，共106人。

空分厂共建立现场小组9个，共77人。

运销部共建立现场小组9个，共77人。

下面是某企业TPM推进委员会组织架构及职责范本，供读者参考。

【范本】某企业TPM推进委员会组织架构及职责

某企业TPM推进委员会组织架构及职责

一、TPM推进委员会组织架构

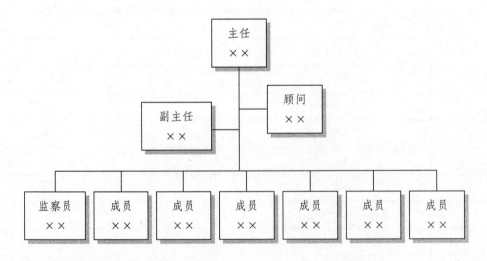

二、TPM推进委员会组织职责与权限

（一）主任

（1）决定公司TPM整体推进方向、目的、目标。

（2）TPM推进委员会成员的选定及运营。

（3）TPM重大改善项目的立项及确认。

（4）定期向公司高层汇报改善成果。

（二）副主任

（1）TPM具体活动的展开召集，必要工具、材料准备。

（2）TPM活动过程的记录，改善事项的立项及发布。

（3）TPM的实施效果确认及优秀成果发表。

（4）全员开展TPM活动的教育开展。

（三）监察员

（1）标准遵守、TPM改善活动的评价。

（2）改善活动的标准化实施与督导。

（四）成员

（1）参与TPM日常改善活动的实施。

（2）研究部门创新活动的推进方法并实施。

三、TPM推进委员会活动流程图

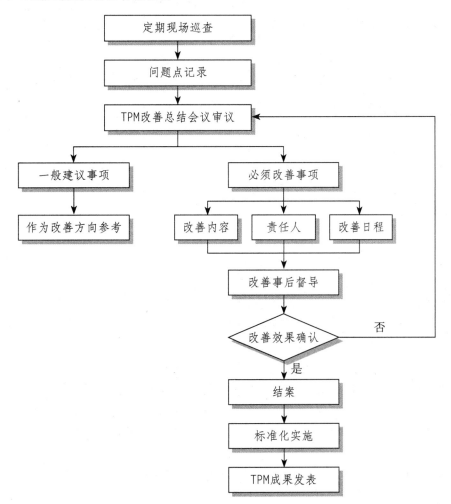

四、制定TPM基本方针和目标

1. TPM的方针

TPM基本方针是阐述推进TPM的宗旨，为全体员工参与TPM活动指明方向。制定TPM基本方针要注意以下几点：

（1）与企业的发展战略和宗旨相适应；

（2）抓住要点，向全体员工表达出推进TPM管理的方向、期望、信心和决心；

（3）尽量使用简明易懂的语言，使全体员工理解明白；

（4）TPM基本方针应为制定TPM目标提供框架。

企业应对已制定的TPM方针进行广泛宣传，使全体员工充分理解。

 实例

××公司TPM方针

挑战最高的生产效率，建立一流的企业

1. 整洁有序的生产现场——改良环境。

2. 精良可靠的技术设备——改善设备。

3. 文明高效的员工团队——提高人的精神面貌。

2. TPM的目标

（1）TPM的目标表现

TPM的目标表现在三个方面：

①目的是什么（What）；

②量达到多少（How much）；

③时间表，即何时（When）。

也就是说，什么时间在哪些指标上达到什么水平。这一阶段所考虑的问题依次是外部要求、内部问题、基本策略、目标范围、总目标。其中，总目标包括故障率、非运行操作时间、生产率、废品率、节能、安全及合理化建议等。

（2）TPM目标的制定

TPM目标是企业或部门推进TPM活动某一阶段应达到的目的，它应在TPM基本方针的基础上展开，并与TPM基本方针保持一致。企业不但要制定企业级的TPM目标，还应制定相关职能和层次的TPM目标，并不断调整。此外，企业还应制定考核办法，定期对TPM目标的达成情况进行考核。

制定TPM目标要符合以下原则，如图1-19所示。

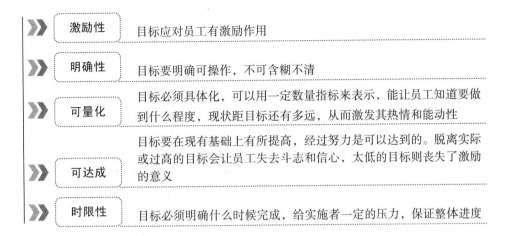

激励性	目标应对员工有激励作用
明确性	目标要明确可操作，不可含糊不清
可量化	目标必须具体化，可以用一定数量指标来表示，能让员工知道要做到什么程度，现状距目标还有多远，从而激发其热情和能动性
可达成	目标要在现有基础上有所提高，经过努力是可以达到的。脱离实际或过高的目标会让员工失去斗志和信心，太低的目标则丧失了激励的意义
时限性	目标必须明确什么时候完成，给实施者一定的压力，保证整体进度

图1-19　制定TPM目标的原则

实例

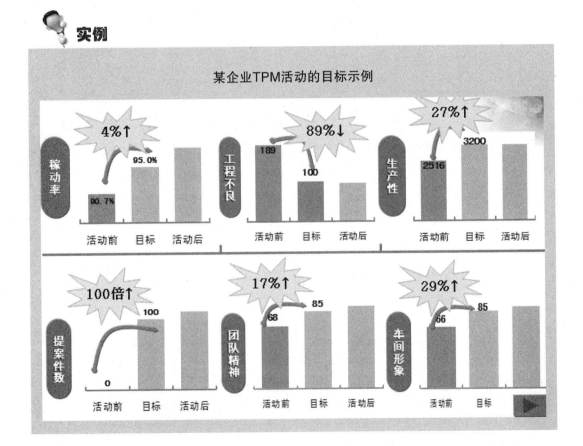

五、制定TPM推进总计划

1. 制定TPM推进总计划

总计划是指从企业全局考虑制定的中心计划，其目的如下：

（1）通过减少六大损失，改进设备效率（由专业性的项目小组协助推进）；

（2）制定操作工人的自主维修程序；

（3）提供质量保证；

（4）维修部门的工作计划时间表；

（5）教育与培训，提高认识和技能。

2. 确定TPM推进程序

推进TPM是企业全员、全方位、全过程的活动。要使推进工作按计划、有部署、见成效地开展，企业必须确定推进工作程序，将推进TPM管理的主要工作按照一定的时序展开排列，使其程序化、规范化。

下面是某企业TPM推进程序与TPM活动推进计划范本，供读者参考。

【范本】某企业TPM推进程序

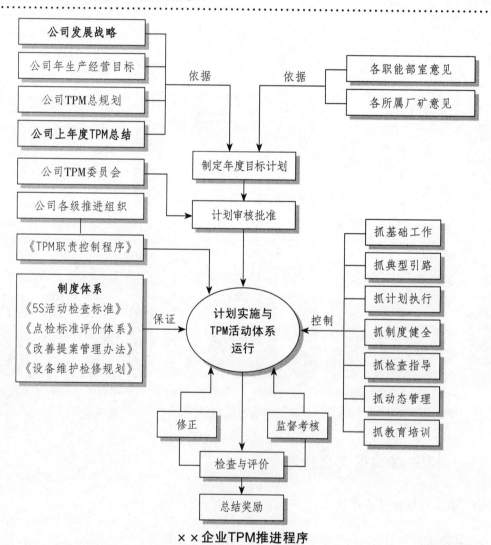

××企业TPM推进程序

[范本] 区域（ ）TPM活动推进计划

推进指标名称：

区域原始值：

区域（ ）TPM活动推进计划

实施单位：

区域目标值：

实施到第几阶段：

序号	描述	现状值	目标值	改善措施	补充措施	预计投入	责任部门	责任人	配合实施人	起始时间	计划完成时间	实际收益	累积收益	××年 1月	...	12月
1	TPM活动初期展开			编制教材及前期宣传												
2	5S评价内容的制定			各区域制定制定5S活动评价表												
3	导入教育															
4	设备开动率目标设定															
5	班组制定设备全民维修方案															
6	操作人员的TPM活动计划															
7	生产班组活动计划的报告			制定自主保全诊断表格												
8	问题点的提出与改进改善															
9	实施自主保全的活动			操作人员的责任划分												
10	设备使用部门的保养体系															
11	提升操作、保养技能训练															
12	生产班组设备初期管理体系的建立															
13	完全实施及人员能力提升，订立新的目标															

相关部门领导签字：

车间主任：

六、正式启动TPM

誓师会虽然是一个形式，但可以起到鼓舞人心、宣传广告的作用。在誓师会上，企业总经理要做报告，介绍TPM的准备情况、总计划、组织机构、目标和策略。因为TPM是从上到下所有员工都要参与的活动，因此在会上应由部门负责人带领所属部门员工宣誓以表决心。

【范本】某公司TPM活动全面展开仪式

××公司TPM活动全面展开仪式

一、大会程序

大会程序如下。

（1）总经理致词（宣告引进自主保全的决心）。

（2）公布自主保全推进组织、自主保全的基本方针与目标、自主保全的总计划。

（3）工会主席或员工代表发表开展自主保全活动的决心宣言。

（4）来宾致词。

（5）发表准备期间的个别改善和自主保全成果。

（6）颁发海报、标语、征文的得奖人。

二、启动大会相关事项

（一）举办时间与地点

××年8月2日早上8:00—8:45，地点为员工休息区。

（二）主持人选

陈××。

（三）横幅制作

1．尺寸：10米×1.2米（由企划部于7月30日完成）。

2．内容如下。

××电器集团有限公司TPM项目管理启动会议

辅导机构：××管理咨询有限公司

（四）舞台搭建

李××，于8月1日。

（五）音响准备

齐××，于8月2日7:30前。

（六）制定流程

1. 整队、员工入场（宣誓演练3次，7:40—7:55）。

2. 嘉宾入席（主席台）。

公司高层领导、顾问、项目负责人。

3. 公司高层领导致词。

4. 公司顾问致词。

5. 项目负责人致词。

6. 员工代表致词。

7. 主持人说明宣誓方式。

说明内容：举右手握拳至头顶以上，宣誓人念一句，大家跟一句，念至宣誓人时，宣誓人各自念自己的名字。

8. 宣誓。

（1）准备重点

①事先准备宣誓稿。

②指定一位代表（领宣人）带头宣誓。

③统计当天参加宣誓仪式的人数。

④复印对应数量的宣誓稿，宣誓前每人在宣誓稿上签名。

⑤宣誓完毕后，宣誓稿请员工按左右向中间传递，再由中间后排向前排传递，全部交给领宣人整理整齐后，向公司总经理举行下一阶段献誓词仪式。

（2）献誓词

由领宣人代表向公司总经理献上全体员工的誓词。

9. 公司高阶领导总结。

10. 仪式结束。

有序离场。

 实例1

誓　词

　　本人_____，从现在开始，绝对遵从公司规定，全力支持TPM管理项目顾问辅导工作，并且克尽职责，落实执行。

　　本人有信心，通过此次辅导，提高自身技能，学会正确使用设备、保养和维护设备，促进公司达到国际一流的管理水平。特此宣誓！

宣誓人：

年　月　日

实例2

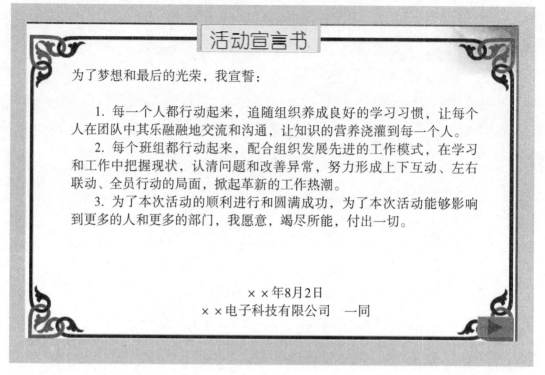

活动宣言书

为了梦想和最后的光荣，我宣誓：

1. 每一个人都行动起来，追随组织养成良好的学习习惯，让每个人在团队中其乐融融地交流和沟通，让知识的营养浇灌到每一个人。

2. 每个班组都行动起来，配合组织发展先进的工作模式，在学习和工作中把握现状，认清问题和改善异常，努力形成上下互动、左右联动、全员行动的局面，掀起革新的工作热潮。

3. 为了本次活动的顺利进行和圆满成功，为了本次活动能够影响到更多的人和更多的部门，我愿意，竭尽所能，付出一切。

××年8月2日
××电子科技有限公司　一同

七、提高设备综合效率

企业要充分发挥专业项目小组的作用。项目小组是由维修工程部、生产线机调员（施工员）和操作班组的成员组成的技术攻关小组。这种项目小组有计划地选择不同种类的关键设备，抓住典型，总结经验，实施推广，起到以点带面的作用。在TPM实施的初期，这种攻关小组的作用尤其明显。他们可以帮助基层操作小组确定设备点检和清理润滑部位，解决维修难点，提高操作工人的自主维修信心。在解决问题时，项目小组可以采用PM分析方法。PM分析方法的要点如下：

（1）定义问题；

（2）对问题进行物理分析；

（3）找出产生问题的所有因素；

（4）找出影响生产效率的设备、材料和操作方法；

（5）做出调查计划；

（6）调查异常缺陷；

（7）制定改进计划。

八、建立操作人员的自主维修体制

企业首先应克服"我操作，你维修"或"我维修，你操作"的分工，要从宣传到项目小组的具体工作，帮助操作工人树立起"操作工人能自主维修，每个人对设备负责"的信心和意识。在操作小组大力推行5S活动。在5S的基础上推行自主维修七步法，如图1-20所示。

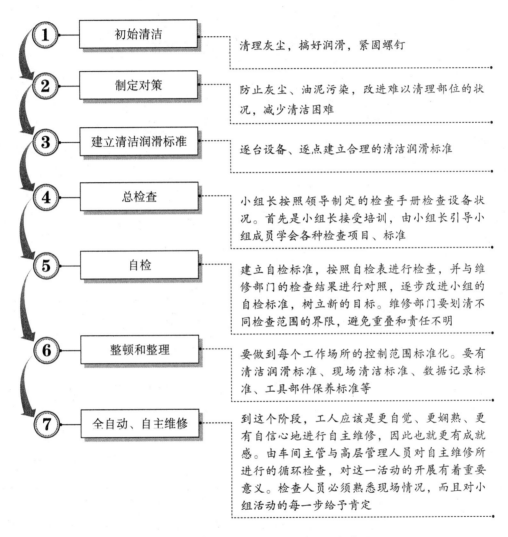

① 初始清洁 —— 清理灰尘，搞好润滑，紧固螺钉

② 制定对策 —— 防止灰尘、油泥污染，改进难以清理部位的状况，减少清洁困难

③ 建立清洁润滑标准 —— 逐台设备、逐点建立合理的清洁润滑标准

④ 总检查 —— 小组长按照领导制定的检查手册检查设备状况。首先是小组长接受培训，由小组长引导小组成员学会各种检查项目、标准

⑤ 自检 —— 建立自检标准，按照自检表进行检查，并与维修部门的检查结果进行对照，逐步改进小组的自检标准，树立新的目标。维修部门要划清不同检查范围的界限，避免重叠和责任不明

⑥ 整顿和整理 —— 要做到每个工作场所的控制范围标准化。要有清洁润滑标准、现场清洁标准、数据记录标准、工具部件保养标准等

⑦ 全自动、自主维修 —— 到这个阶段，工人应该是更自觉、更娴熟、更有自信心地进行自主维修，因此也就更有成就感。由车间主管与高层管理人员对自主维修所进行的循环检查，对这一活动的开展有着重要意义。检查人员必须熟悉现场情况，而且对小组活动的每一步给予肯定

图1-20 引导自主维修体系的七个步骤

九、维修部门建立维修计划

维修部门的日程化维修必须与生产部门的自主维修小组活动协同配合。在总检查变成操作工人日常的习惯性做法之前，维修部门的工作量可能会比实行TPM时还要大，如图1-21所示。

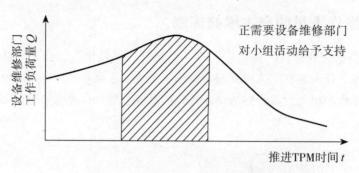

图1-21　维修部门的工作量增加图示

值得指出的是，与传统生产维修中的计划维修不同，实行TPM的维修部门应随时结合小组活动的进展对备件、模具、工具、检测装置及图样进行评估和控制，对维修计划进行研究和调整。这种体制的明显特征是，每天早晨应召开生产线经理与维修工程负责人的工作例会。这个例会能随时解决生产中出现的问题，随时安排和调整每周的维修计划、每月的维修计划或更长远的计划。

TPM实施的是有特色的预防维修，以强化设备的基础保养，其总体框架如图1-22所示。

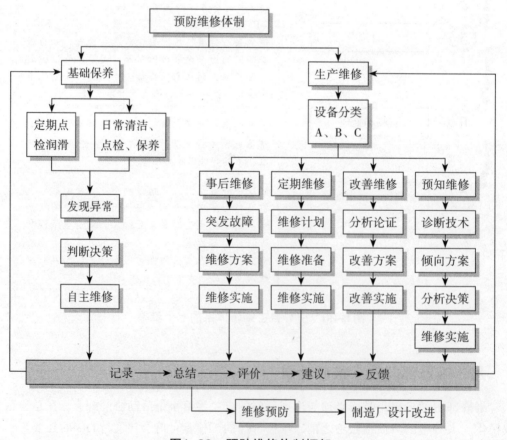

图1-22　预防维修体制框架

十、提高操作与维修技能的培训

在日本，不少企业设有配备良好的培训中心，但也有一些企业低估培训的作用。其实，培训是一种多倍回报的投资，实施TPM的企业不但应对操作人员的维修技能进行培训，而且要使他们的操作技能更加完善。

培训可以采取外请教师在企业内上课的方式，必要时创造模拟训练条件，结合本企业设备实际情况进行培训。

TPM的培训与教育是从基本概念的开发到设备维修技术的培训，这种培训与教育是步步深入的，分层次、对象的，具体如图1-23所示。

图1-23 操作与维修技能提高培训

TPM的基本活动——自主维修、预防维修、维修能力的改进要取得成功，操作技术和个人维修能力必须加以改进，具体内容如表1-2所示。

表1-2 TPM的基本活动内容

目标 \ 要求	要求	1级水平	2级水平	3级水平	4级水平
操作人员	提高个人技能	清扫设备及正确操作设备	设备检查加油	判断设备的正常与异常，掌握要点	实施定期检查和改善
维修人员	实现设备零故障、零缺陷	了解设备的基本构造	了解设备的基本原理和要点，能够分析故障原因	具备材料、零件的基本知识，掌握PM分析方法，能找出并改进不安全部位	设备的改善、改进各机构的设计
工程师	能够进行设备改善、维修预防设计	理解设备构造、设计、制图	掌握技术要点、材料、驱动、控制知识	设备评价、技术评价、失效模式影响分析，计划管理（日程、人员）	引进、开发、管理技术

十一、建立设备前期管理体制

设备负荷运行中出现的不少问题，往往早就隐藏在其设计、研制、制造、安装、试车阶段。设备寿命周期费用在设计阶段已决定了95％，如图1-24所示。

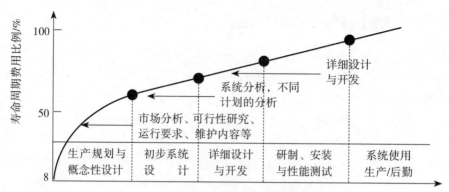

图1-24　各种因素对寿命周期费用的影响

　　设备前期管理应充分集中生产和维修工程师的丰富经验，尽可能考虑维修预防（MP）和无维修设计。这个目标体现在设备投资规划、设计、研制、安装、试车及负荷运行各阶段，随时根据试验结果和出现的问题，结合现场工程师的经验改进设备，其目标如下。

　　（1）在设备投资规划期所确定的限度内，尽可能达到最高水平。

　　（2）缩短从设计到稳定运行的周期。

　　（3）争取在不增加工作负荷的基础上，以最少的人力进行有效的推进。

　　（4）保证设计在可靠性、维修性、经济运行及安全方面都达到最高水平。

十二、总结提高，全面推行TPM

　　最后一个步骤是使TPM活动更加完善，建立更高的目标。因此，企业要不断地检查、评估推行TPM的结果，并在此基础上制定新目标。这就相当于产品检查、产品改进设计过程。TPM活动检查评估表如表1-3所示。

表1-3　TPM活动检查评估表

区分	目标达成率	达成或未达成原因
稼动率		
生产力		
工程不良		
提案件数		
精神团队		
车间形象		

区分	资金（元）	获奖团队或人员姓名
最佳团队奖		
最佳成果奖		
提案英雄奖		
最佳创意奖		
最佳进步奖		

第二章

设备前期管理

设备前期管理又称设备的规划工程，是指设备从开始规划到投产这个阶段的管理，它对设备技术水准和设备投资技术经济效果具有重要作用。对设备前期各个环节进行有效的管理，为设备后期的管理打下良好的基础。

第一节　设备前期管理概述

一、设备前期管理的意义

设备前期管理对于企业意义重大，主要体现在以下四个方面。

（1）设备的计划、设计、制造阶段是降低设备成本的关键，设备的寿命周期费用（包括设置费与维修费）主要取决于设备的规划、投资阶段，该阶段决定了设备全部寿命周期费用的90%，也影响着企业的产品成本。

设备的可靠性主要取决于其设计和制造。使用阶段只要不违反操作和维护规定，不会对可靠性产生大的影响。可靠性又决定了使用期的维修费用，由于设备的设置费是基本确定的，所以寿命周期费用也是基本确定的，如图2-1所示。

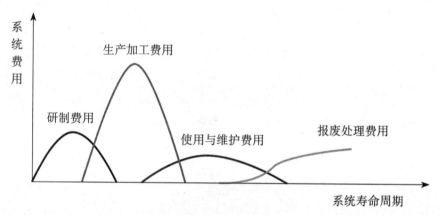

图2-1　寿命周期费用的稳定

（2）设备前期管理决定了企业装备的技术水准和系统功能，也影响着企业的生产效益和产品质量。

（3）设备前期管理决定了设备的适用性、可靠性和维修性，也影响企业装备效能的发挥和可利用率。

（4）在评估和选择设备时，企业应将设备寿命周期费用与寿命周期收入综合起来考虑。

二、设备前期管理的内容

设备前期管理的内容如下：

（1）设备规划方案的调研、制定、论证和决策；

（2）设备货源调查及市场信息的收集、整理与分析；

（3）设备投资计划及费用预算的编制与实施程序的确定；

（4）自制设备设计方案的选择和制造；

（5）外购设备的选型、订货及合同管理；

（6）设备的开箱检查、安装、调试运转、验收与投产使用，设备初期使用的分析、评价和信息回馈等。

从设备寿命周期管理来看前期管理与后期管理的内容，如图2-2所示。

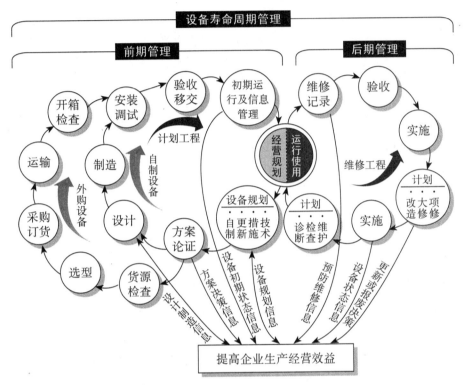

图2-2　从设备寿命周期管理来看前期管理与后期管理的内容

三、设备前期管理的职责分工

设备前期管理通常涉及规划和决策部门、工艺部门、设备管理部门、动力部门、基建管理部门、安全环保部门、生产管理部门、财会部门、质量检验部门等。这些部门的职责分工如表2-1所示。

表2-1　设备前期管理的职责分工

序号	部门	职责
1	规划和决策部门	（1）在企业总体发展战略和经营规划的基础上委托规划部门编制企业的中长期设备规划方案并进行论证，提出技术经济可行性分析报告 （2）制定年度设备投资计划 （3）指挥、协调、配合对设备和工程质量进行监督评价

（续表）

序号	部门	职责
2	工艺部门	（1）从新产品、新工艺和提高产品质量的角度向规划和决策部提出设备更新计划和可行性分析报告 （2）编制自制设备的设计任务书，负责签订委托设计技术协议 （3）提出外购设备的选型建议和可行性分析 （4）负责新设备的布置图设计、工艺装备设计、制定试车和运行的工艺操作规程、参与设备试车验收等
3	设备管理部门	（1）负责设备规划和选型的审查与论证 （2）提出设备可靠性、维修性要求和可行性分析 （3）协助企业领导做好设备前期管理的组织、协调 （4）参加自制设备设计方案的审查及制造后的技术鉴定和验收 （5）参加外购设备的试车验收 （6）收集信息，组织对设备质量和工程质量进行评价和回馈 （7）负责设备的外购订货和合同管理，包括订货、到货验收与保管、安装调试
4	动力部门	（1）根据生产发展规划、节能要求、设备实际动力要求，提出动力站房技术改造要求，做出动力配置设计方案并组织实施 （2）参加设备试车验收工作
5	基建管理部门	（1）负责设备基础及安装工程预算 （2）负责组织设备的基础设计、施工，配合做好设备安装与试车工作
6	安全环保部门	（1）提出新设备的安全环保要求，对可能对安全环保造成影响的设备提出安全环保技术措施的计划并组织实施 （2）参加设备的试车和验收，并对设备的安全与环保实际状况进行评价
7	生产管理部门	（1）负责新设备工艺装备的制造，新装备试车准备，如人员培训、材料、辅助工具等 （2）负责自制设备的加工制造
8	质量检验部门	（1）负责自制和外购设备质量、安装质量和试生产产品质量的检查 （2）参加设备验收

四、设备前期管理程序

设备前期管理基本程序如图2-3所示。

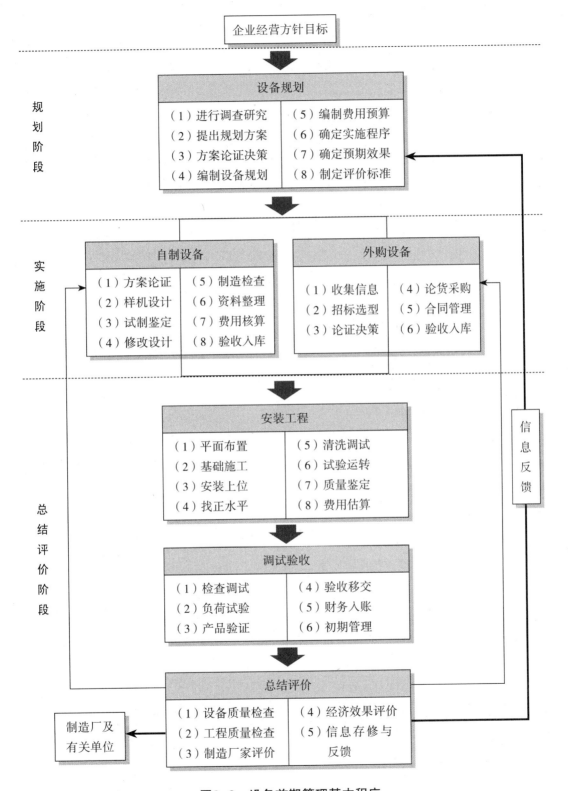

图2-3 设备前期管理基本程序

精益企业之TPM管理实战（图解版）

 实例

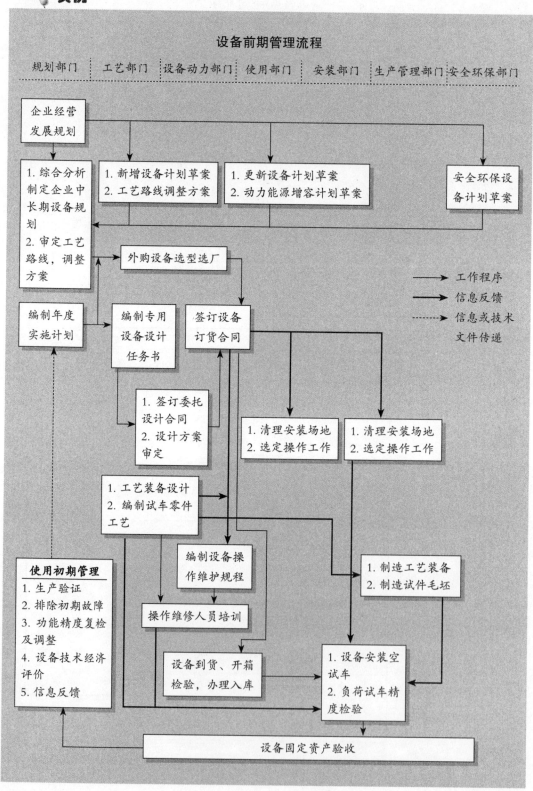

56

第二节　设备规划

设备规划是设备前期管理的首要问题，如规划错误往往会导致资金的巨大浪费，有时甚至会对企业造成致命的影响。

设备规划是在企业总体规划的基础上进行的，要服从企业总体规划的目标。为了保证企业总体目标的实现，设备规划要把设备对企业竞争能力的作用放到首要地位，同时还应兼顾节约能源、环境保护、安全、资金能力等各方面的因素，进行统筹平衡。

一、设备规划的依据

设备规划要遵循以下依据：

（1）提高企业竞争能力的需要；

（2）设备有形和无形磨损的情况；

（3）安全、环保、节能、增容等要求；

（4）大型改造或设备引进后的配套设施需求；

（5）可能筹集的资金及还贷能力的综合考虑。

二、设备投资的可行性分析

可行性分析是对拟建项目的重大问题事先进行的详细调查研究和系统分析比较，从技术上、经济上全面论证各种方案的可行性，从中选出最优方案。通过可行性分析，减少企业投资的盲目性，避免由于事先考虑不周而出现重大的方案变动或返工所造成的损失，加强投资的可靠性。

可行性分析的主要内容如下：

（1）项目内容、总体方案和建设规模；

（2）产品的国内外市场预测；

（3）原有条件的适应性，包括建筑、设备、能源、交通、原材料供应、技术力量和劳动力资源等；

（4）项目的具体技术方案，包括产品工艺、主机、辅机、配套设施、软硬件及其他辅助设施等；

（5）项目技术特性，包括先进性、适用性、可靠性、维修性、节能性、环保性等，应对同类设备的不同方案进行比较；

（6）对安全、环保的影响及对策；

（7）投资经济分析，包括总费用、资金来源、生产成本预测、销售收益、投资回收期预测等；

（8）项目实施计划；

（9）项目的负面影响，包括产品和设备风险、维护费用、还贷压力、环境污染等，这一项内容必不可少且不容忽视；

（10）结论：综合各种资料，论述技术、经济总体可行或不可行，并指出项目实施的利弊、风险。

三、设备规划中的寿命周期费用估算

费用估算是指设备投资可行性研究阶段采用模拟已建成的同类项目或参照经验指标等方法估算项目所需的投资费用。追求寿命周期费用的经济性是现代设备管理的目标，对设备寿命周期费用的估算是对设备进行正确投资决策的前提之一。设备寿命周期费用的构成如图2-4所示。

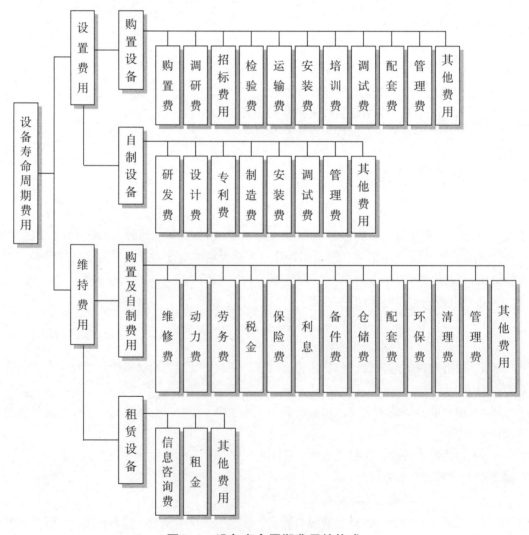

图2-4 设备寿命周期费用的构成

1. 设备设置费用估算

（1）生产能力指数法

利用已知设备系统的投资额来估算同型但不同规模设备的投资额，通常采用生产能力之比的指数进行估算，计算公式为：

$$y_2 = y_1(\frac{x_2}{x_1})^z CF$$

式中，y_1——已知设备工程的投资；y_2——估算设备工程的投资；x_1——已知设备的生产能力；x_2——估算设备的生产能力；z——生产能力指数；CF——差价系数，估算年份价格水平与已知（已建成）设备工程项目投资年份水平之比。

 实例

2016年2月，某化工厂安装并投入使用一套日产1 000吨合成氨设备，购置费用为9 520万元。2017年1月，该厂拟购置一套同类型日产1 500吨的合成氨设备，试估算购置费用。

解：据以往资料，取Z=0.66，又由评估得出这期间工业产品物价变动系数CF=1.22，则新购置设备的购置费用为：

$$y_2 = 9\,520 \times (\frac{1\,500}{1\,000})^{0.66} \times 1.22 = 15\,177（万元）$$

（2）比例估算法

比例估算法是以设备主机价格为基数进行估算的方法，适用于流程生产的设备费用估算。在确定设备主机价格后，根据不同类型工厂乘以不同的比例系数即可得到设备工程总费用中的各项费用（如厂房建筑、机器设备、管路、电气、辅助设施等），计算公式为：

$$K_m = \sum_{i=1}^{n} [Q_i \times P_i(1+L_i)]$$

式中，K_m——设备的投资估算；Q_i——第i种设备所需的数量；P_i——第i种设备的出厂价格；L_i——同类设备的运转、安装费用系数，国外一般采用0.43；n——所需设备数量。

2. 设备维持费用估算

通常情况下，设备维持费用远高于其设置费用，维持费用分主体维修费用和运行动力费用，具体如图2-5所示。

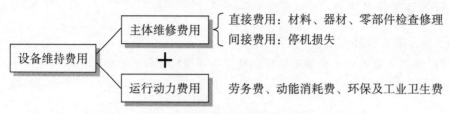

图2-5　设备维持费用的组成

四、规划阶段设备投资的经济性评价

1. 资金的时间价值

资金的价值与时间有密切的关系。当前的资金，即使不考虑通货膨胀的影响，也比将来同等数额的资金更有价值。

设备的投资要靠利润来增值，其时间价值取决于其实际使用、收获的时间。

甘愿冒投资风险的目的就是为了使利润大于利息。

（1）利息计算

①单利法：资金所创造的利润不再投入经营，即静态的资金增值，计算公式为：

$$F=P(1+i)$$

$$I=Pni$$

式中，F——n年末的利息和；P——本金或现金；n——计息周期数；i——年利率；I——利息。

②复利法：以本金和前期本金之和计息，计算公式为：

$$F_n=P(1+i)^n$$

（2）现值、年值和终值

①现值：现在的金额，企业库存的资金或当天必须支付的款项。

②终值：经过若干年后本利合计的金额。

②年值：每年均匀支出或收入的资金，如员工工资、年折旧额等。

（3）资金时间价值的计算

绝对值相等的资金不一定等值，而绝对值不等的资金却可能等值。

为了在进行各种技术经济论证时具有可比性，必须将不同时间的资金按一定的利率换算为同一时间的货币值才便于比较。通常采用现值法或年值法进行换算，前者将不同时间收入或支出的费用按一定利率换算成现值，后者是将不同时间的收入或支出按一定利率换算成每年的等额费用（年值）。

①现值与终值的换算公式为：

$$P=F\frac{1}{(1+i)^n}$$

其中，$\dfrac{1}{(1+i)^n}$ 称为现值系数或贴现系数（P/F，i，n）。

实例

> 年利率为10%，第10年末资金为10万元的现值为多少？
>
> 计算可得现值系数为（P/F，0.1，10）=0.386，故现值为3.86万元。

②现值与年值的换算。

已知资金的现值，可用以下公式求得年值。

$$A=P\left[\dfrac{i(1+i)^n}{(1+i)^n-1}\right]$$

式中，$\dfrac{i(1+i)^n}{(1+i)^n-1}$ 称为资本回收系数，符号为（A/P，i，n）。

实例

> 某企业从银行贷款50万元，年利率为12%，规定10年内每年以等额还清，每年应偿还多少？
>
> 计算可得回收系数为（A/P，0.12，10）=0.17689，故A=50×0.17689=8.849（万元），即每年应偿还8.849万元。

如果已知资金的年值，则现值的计算公式为：

$$P=A\left[\dfrac{(1+i)^n-1}{i(1+i)^n}\right]$$

式中，$\dfrac{(1+i)^n-1}{i(1+i)^n}$ 称为等值系列现值系数，符号为（P/A，i，n）。

实例

> 当利率为10%，某项目投资预计10年内每年能获利8万元，问该项投资的资金现值为多少？
>
> 计算可得现值系数为（P/A，0.1，10）=6.144，故该项目投资的资金现值P=8×6.144=49.152（万元）。

③年值与终值的换算。

已知资金的年值，则其终值的计算公式为：

$$F=A\left[\frac{(1+i)^n-1}{i}\right]$$

式中，$\frac{(1+i)^n-1}{i}$ 称为等值系列终值系数，符号为（F/A，i，n）。

 实例

如果每年从银行贷款5 000元，连续贷5年，年利率8%，求5年后应偿还的本利和是多少？

计算可得终值系数为（F/A，0.08，5）＝5.867，故5年后本利和F＝5 000×5.876＝29 335（元）。

如果已知资金的终值，则年值的计算公式为：

$$A=F\left[\frac{i}{(1+i)^n-1}\right]$$

式中，$\frac{i}{(1+i)^n-1}$ 称为偿债资金系数，符号为（A/F，i，n）。

 实例

设年利率8%，如果想在5年后积累10万元，则从第一年起，每年应等额投资多少？

计算可得偿债资金系数为（A/F，0.08，5）＝0.17046，故每年应等额投资为A＝10×0.17046＝1.7046（万元）。

2. 设备的投资效益评价

（1）投资回收期法

①静态投资回收期的计算公式为：

$$T=\frac{K}{A_b}$$

式中，T——投资回收期（年）；K——投资额；A_b——年度收益（包括利润和固定资产折旧）。

实例

某设备项目投资20万元，投资回收期从项目建设期起算，项目第二年投产。每年折旧费1.6万元，投产年开始，各年收益及未回收投资的金额如下表所示。

年份		利润+折旧	收益	未回收投资额
建设期	0	00	0	200 000
生产期	1	−3 000+16 000	13 000	187 000
	2	16 000+16 000	32 000	155 000
	3	35 000+16 000	51 000	104 000
	4	42 000+16 000	58 000	46 000
	5	42 000+16 000	58 000	−12 000

解：设备的回收期 $T = 4 + 46\,000 \div 58\,000 = 4.8$（年）

②动态投资回收期。在投资回收期的计算中，如果考虑资金的时间价值，就应将设备所创造的各年度收益换算为现值，并以此计算收回设备投资所需时间。

 实例

年份		收益	现值系数	收益现值	未回收投资额
		利润+折旧	$i=0.08$		
建设期	0	00	1.000	0	200 000
生产期	1	−3 000+16 000	0.9259	12 040	187 960
	2	16 000+16 000	0.8573	27 430	160 530
	3	35 000+16 000	0.7928	40 430	100 090
生产期	4	42 000+16 000	0.735	42 630	77 460
	5	42 000+16 000	0.6806	39 740	39 780
	6	42 000+16 000	0.6307	36 550	1 430
	7	42 000+16 000	0.5835	33 840	−32 410

解：设备的回收期 $T = 6 + 1\,430 \div 36\,550 = 6.04$（年）

动态法计算的投资期要长于静态法计算的投资期，i值越大差值越大。

投资回收期法的不足有以下几点：

①没有考虑投资项目的使用年限；

②没有考虑项目使用年限后设备的残值；

③没有考虑更新或追加其他投资的影响。

（2）年成本（费用）比较法

对于使用年限不同、生产效率和工作质量相同的方案，可通过对年成本的比较评价其优劣。

对于使用年限不同的各种方案，可将其投资额、设备残值折算为每年等值同额费用，并与每年的维持费相加，即为年成本。残值作为终值分摊入年成本时起到冲减成本的作用，因而应为负值。设备使用过程的维持费一般是个变化值。

设备平均年总费用=（购置费−残值）×资本回收系数+残值×利息率+每年使用费

$$AC=P(A/P, i, n)-L(A/F, i, n)+V$$

$$=(P-L)(A/P, i, n)+L×i-V$$

式中，P——设备投资额；L——设备残值；V——年度维护费用。

 实例

> 　　某企业欲购置一台设备，有A、B两种型号可供选择。设备A价格为20 000元，年度维持费用8 500元；设备B价格25 000元，年度维持费用7 000元。两台设备使用年限均为8年，年利率10%，设备末期A、B的残值分别为500元和800元，试用年成本法对设备进行选择。
>
> 　　解：$i=10\%$，$n=8$，查复利表（A/P，0.1，8）=0.18744，两台设备的年成本分别为：
>
> $AC_A=$（2 000−500）×0.18744+500×0.1+8 500=12 205.08（元）
>
> $AC_B=$（2 000−800）×0.18744+800×0.1+7 000=11 616.05（元）
>
> 因$AC_A>AC_B$，因而选择设备B。
>
> 如果每年的维持费不等，则可求出年平均值后再加以比较。

（3）净现值法（Net Present Value，NPV法）

根据企业追求的目标选定某一收益率，据此计算出的投资使用期内各年净流量的累计现值。如果现金流入的现值累计数大于投资额，即净现值为正，说明投资项目可行；反之则净现值为负，说明项目应予以舍弃。

目标收益率应根据企业筹资成本加以确定，一般应高于银行贷款利率。

设备寿命周期费用现值=购置费+年使用费×年金现值系数−残值×现值系数

$$NPVR=\frac{NPV}{PW}$$

式中，*NPV*——净现值；*PW*——投资现值。

 实例

设备投资方案A、B的目标收益率均为12%，使用年限均为8年。方案A的投资额为500万元，方案B则为620万元，8年内的现金净流量逐年分别如下（单位：万元）。

方案A：100；120；150；170；170；170；150；130。

方案B：120；130；150；170；180；180；160；140。

年份	现值系数 $i=0.12$	方案A		方案B	
		现金流量	贴现现金流量	现金流量	贴现现金流量
①	②	③	②×③	④	②×④
0	1.0000	−500	−500	−620	−620
1	0.8929	100	89.29	120	107.15
2	0.7972	120	95.66	150	119.58
3	0.7118	150	106.77	180	128.12
4	0.6355	170	108.03	200	127.10
5	0.5674	170	96.46	200	113.48
6	0.5066	170	86.12	200	101.32
7	0.4523	150	67.85	180	81.41
8	0.4039	130	52.51	170	68.66
合计		净现值NPV=202.69		净现值NPV=226.74	

从计算结果看，两个方案都可取。如果两个方案投资额相同，而方案B的净现值又多于方案A，则B优于A。但是，如果两方案的投资额不同，以净现值的多少来评价方案的优劣是不全面的，此时应以净现值率进行评价。

方案A：$NPVR=\dfrac{202.69}{500}=0.4052$

方案B：$NPVR=\dfrac{226.74}{620}=0.3657$

A净现值率高于B，故方案A优。

五、设备的选型决策

1. 设备选购考虑的因素

选购设备应遵循技术上先进、经济上合理、生产上实用的原则，具体考虑因素如图2-6所示。

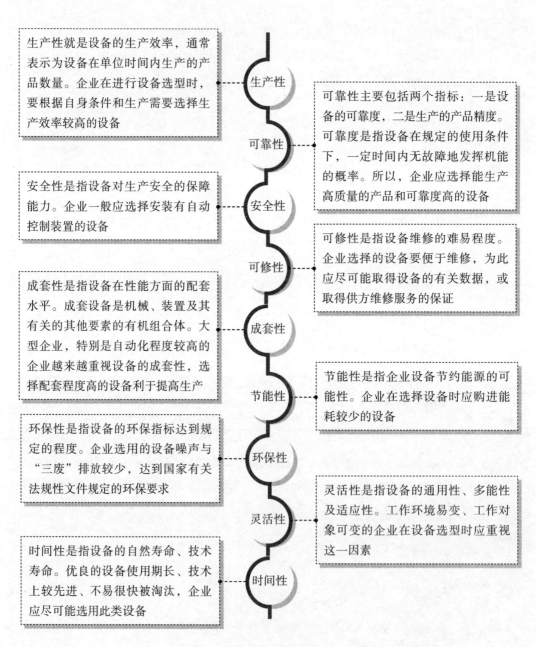

生产性就是设备的生产效率，通常表示为设备在单位时间内生产的产品数量。企业在进行设备选型时，要根据自身条件和生产需要选择生产效率较高的设备

可靠性主要包括两个指标：一是设备的可靠度，二是生产的产品精度。可靠度是指设备在规定的使用条件下，一定时间内无故障地发挥机能的概率。所以，企业应选择能生产高质量的产品和可靠度高的设备

安全性是指设备对生产安全的保障能力。企业一般应选择安装有自动控制装置的设备

可修性是指设备维修的难易程度。企业选择的设备要便于维修，为此应尽可能取得设备的有关数据，或取得供方维修服务的保证

成套性是指设备在性能方面的配套水平。成套设备是机械、装置及其有关的其他要素的有机组合体。大型企业，特别是自动化程度较高的企业越来越重视设备的成套性，选择配套程度高的设备利于提高生产

节能性是指企业设备节约能源的可能性。企业在选择设备时应购进能耗较少的设备

环保性是指设备的环保指标达到规定的程度。企业选用的设备噪声与"三废"排放较少，达到国家有关法规性文件规定的环保要求

灵活性是指设备的通用性、多能性及适应性。工作环境易变、工作对象可变的企业在设备选型时应重视这一因素

时间性是指设备的自然寿命、技术寿命。优良的设备使用期长、技术上较先进、不易很快被淘汰，企业应尽可能选用此类设备

生产性
可靠性
安全性
可修性
成套性
节能性
环保性
灵活性
时间性

图2-6　设备选购考虑的九大因素

2. 评标专家组的综合决策

（1）多级综合决策模型

设备选型涉及各种因素，由熟悉设备的各专业专家在对各种设备选型方案充分研究的基础上，通过多级综合模型来进行决策，具体如表2-2所示。

表2-2　多级综合模型

一级权重 a_i	总指标	二级权重 a_{ij}	初级指标	方案1	方案2	……	方案n
0.2	设备价格 寿命周期费用 初级决策值	0.4 0.6 X_1	价格合理X_{11} 维持费用X_{12}				
0.2	设备性能 先进性 初期决策值	0.3 0.3 0.4 X_2	机械性能X_{21} 电气性能X_{22} 工艺性能X_{23}				
0.2	设备 可靠性 可维修性 初期决策值	0.3 0.4 0.3 X_3	关键部件X_{31} 全系统X_{32} 可维修性X_{33}				
0.15	产品 信誉 初期决策值	0.6 0.4 X_4	国际品牌X_{41} 国内品牌X_{42}				
0.15	节能性 节约成本 初期决策值	0.3 0.4 0.3 X_5	节油X_{51} 节点X_{52} 节约成本X_{53}				
0.1	环保 安全 初期决策值	0.3 0.4 0.3 X_6	水污染X_{61} 空气污染X_{62} 影响安全X_{63}				

评估值的计算公式为：

$$X_i^k = \sum_{j=1}^{n_i} a_{ij} X_y^k$$

其中，a_{ij}为第i项总指标中的第j项子指标的权重；X_{ij}^k为第k个方案、第i项总指标中的第j项子指标的评估值；n_i为第i项总指标中子指标的个数。

总决策值在初级决策值的基础上加权综合，其计算公式为：

$$E^k = \sum_{i=1}^{n} a_i X_i^k$$

设共有m个方案，选

$$E^{ko} = \max(E^1, E^2 \cdots E^m)$$

（2）目标规划决策

该方法需求出各决策方案的目标值与期望值的差距值，取其中差距最小的决策方案为最佳方案。这里，对于各个评价项目应事先给定一个希望值。

设A_1、A_2、…、A_n为n个不同方案，S_1、S_2、…、S_m为m个目标评价项目。方案A_i中目标评价项目S_j的值用f_{ij}来表示，其期望值用f_{ij}^0表示，它是由专家根据项目具体内涵给出的。由于各个目标S_j的重要程度不同，可以由专家给出其权值w_j，且$\sum w_j = 1$，则评价函数为：

$$\mu(A_i) = \left[\sum_{j=1}^{m} w_j \left(\frac{f_{ij} - f_{ij}^0}{f_{ij}^0} \right)^2 \right]^{\frac{1}{2}} \quad (i=1,2,\cdots,n)$$

取$\min\{\mu(A_i),(i=1,2,\cdots,n)\}$对应的方案为最优。

第三节　设备的招标采购与合同签订

一、设备招标采购管理

招标采购是设备采购的主要方式，必须依照其具体程序实施。设备招标采购程序如图2-7所示。

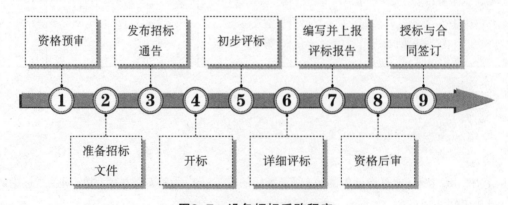

图2-7　设备招标采购程序

1．资格预审

对于大型的、复杂的设备或成套设备，在正式组织招标以前，企业一般都需要对其供应商的资格和能力进行预先审查，即资格预审。它主要包括基本资格预审和专业资格预审。

（1）基本资格预审

基本资格是指供应商的合法地位和信誉，包括是否注册、是否破产、是否存在违法违纪行为等。

（2）专业资格预审

专业资格是指已具备基本资格的供应商履行拟定采购项目的能力，具体包括以下内容：

①经验和以往承担类似合同的业绩和信誉；

②为履行合同所配备的人员情况；

③为履行合同任务而配备的机械、设备以及施工方案等情况；

④财务情况；

⑤售后维修服务的网点分布、人员结构等。

供应商资格预审程序如图2-8所示。

编制资格预审文件

资格预审文件可以由采购部编写，也可以委托研究、设计或咨询机构协助编写

邀请潜在的供应商参加资格预审

邀请潜在的供应商参加资格预审，一般是通过在官方媒体上发布资格预审通告进行的

发售资格预审文件和提交资格预审申请

资格预审通告发布后，采购部应立即开始发售资格预审文件。资格预审申请的提交必须按资格预审通告中规定的时间，对截止期后提交的申请书应一律拒收

资格评定，确定参加投标的供应商名单

采购部负责在规定的时间内，按照资格预审文件中规定的标准和方法，对提交资格预审申请书的供应商的资格进行审查

图2-8　供应商资格预审程序

2. 准备招标文件

招标文件是供应商准备投标文件和参加投标的依据，同时也是评标的重要依据，因为评标是按照招标文件规定的评标标准和方法进行的。此外，招标文件是签订合同所遵循的依据，招标文件的大部分内容要列入合同之中。因此，准备招标文件是非常关键的环节，它直接影响到采购的质量和进度。

招标文件至少应包括以下内容。

（1）招标通告

通告的内容一般包括采购企业名称、采购项目名称、采购规模、计划采购开始日、交货日期、发售资格预审文件的时间、地点和售价，以及提交资格预审文件的最迟日期。

（2）投标须知

投标须知是具体制定投标的规则，投标商在投标时必须遵循。投标须知主要包括以下内容：

①资金来源；

②如果没有进行资格预审的，要提出投标商的资格要求；

③货物原产地要求；

④招标文件和投标文件的澄清程序；

⑤投标文件的内容要求；

⑥投标语言（尤其是国际性招标，由于参与竞标的供应商来自世界各地，必须对投标语言作出规定）；

⑦投标价格和货币规定（对投标报价的范围作出规定，即报价应包括哪些方面，统一报价口径便于评标时计算和比较最低评标价）；

⑧修改和撤销投标的规定；

⑨标书格式和投标保证金的要求；

⑩评标的标准和程序；

⑪国内优惠的规定；

⑫投标程序；

⑬投标有效期；

⑭投标截止日期；

⑮开标的时间、地点等。

（3）合同条款

合同条款包括一般合同条款和特殊合同条款。

（4）技术规格

采购技术规格一般采用国际或国内公认的标准，除了不能准确或清楚地说明拟招标项目的特点以外，各项技术规格均不得要求或标明某个特定的商标、名称、专利、设计、原产地或生产厂家，不得有倾向某一潜在供应商或排斥某一潜在供应商的内容。

（5）投标书的编制要求

投标书是投标供应商对其投标内容的书面声明，包括投标文件构成、投标保证金、总投标价和投标书的有效期等内容。

①投标书中的总投标价应分别以数字和文字表示。

②投标书的有效期是指投标有效期，使投标商确认在此期限内受其投标书的约束。该期限应与投标须知中规定的期限一致。

（6）投标保证金

投标保证金是为了防止投标商在投标有效期内随意撤回其投标，中标后不签订合同或不交纳履约保证金，而使采购企业蒙受损失。

①投标保证金可采用现金、支票、不可撤销的信用证、银行保函、保险公司或证券公司出具的担保书等方式交纳。

②投标保证金的金额不宜过高，可以确定为投标价的一定比例，一般为投标价的1%~5%，也可以确定一个固定数额。

③国际性招标采购投标保证金的有效期一般为投标有效期加上30天。

（7）供货一览表、报价表和工程量清单

供货一览表应包括采购设备品名、数量、交货时间和地点等。对于在境内提供的设备和在境外提供的设备，在报价时要分开填写。

①对境内提供的设备要填写设备品名、设备简介、原产地、数量、出厂单价、出厂价境内增值部分占的比例、总价、中标后应缴纳的税费等。

②对境外提供的设备要填写设备品名、设备简介、原产地、数量、离岸价单价及离岸港、到岸价单价及到岸港、到岸价总价等。

3. 发布招标通告

（1）招标通告的内容

招标通告的内容因项目而异，一般应包括采购实体的名称和地址、资金来源、采购内容简介、获取招标文件办法和地点、采购实体对招标文件收取的费用及支付方式、提交投标书的地点和截止日期、投标保证金的金额要求和支付方式、开标日期、时间和地点。

（2）发布方式方法

招标通告的发布分为以下三种情况。

①如果经过资格预审程序，招标文件可以直接发售给通过资格预审的供应商。

②如果没有资格预审程序，招标文件可以发售给任何对招标通告作出反应的供应商。

③招标文件的发售可采取邮寄的方式，也可以让供应商或其代理前来购买。如果采取邮寄方式，则要求供应商在收到招标文件后告知招标机构。

4. 开标

（1）开标应按招标通告中规定的时间、地点公开进行，并邀请投标商或其委派的代表参加。

（2）开标前，应以公开的方式检查投标文件的密封情况，当众宣读供应商名称，有无撤标情况，提交投标保证金的方式是否符合要求，投标项目的主要内容、投标价格以及其他有价值的内容。

（3）开标时，对于投标文件中描述不明确的地方，允许投标商作简要解释，但其所做的解释不能超过投标文件记载的范围，或实质性地改变投标文件的内容。

（4）以传真、电话方式投标的，不予开标。

（5）开标要做开标记录，其内容包括项目名称、招标号、刊登招标通告的日期、发售招标文件的日期、购买招标文件单位的名称、投标商的名称及报价、截标后收到标书的处理情况等。

5. 评标

（1）招标采购评标方法

评标必须以招标文件为依据，不得采用招标文件规定以外的标准和方法进行评标，凡是评标中需要考虑的因素都必须写入招标文件中。以下介绍两种常用方法，如图2-9所示。

综合评标法

综合评标法是指以价格另加其他因素为基础的评标方法。在采购耐用货物如车辆、发动机以及其他设备时，可采用这种评标方法。在采用综合评标法时，评标中除了考虑价格因素以外，还应考虑如运费、保险费、交货期、付款条件等其他因素

以寿命周期成本为基础的评标方法

①适用范围：采购整套厂房、生产线或设备、车辆等在运行期内的各项后续费用（零配件、油料、燃料、维修等）很高的设备时，可采用以寿命周期成本为基础的评标方法

②计算方法：在计算寿命周期内成本时，可以根据实际情况，评标时在标书报价的基础上加上一定运行期年限的各项费用，再减去一定年限后设备的残值，即扣除这几年折旧费后设备的剩余值。在计算各项费用或残值时，都应按标书中规定的贴现率折算成净现值

图2-9　评标常用的方法

（2）招标采购评标程序

评标分为初步评标和详细评标。

①初步评标

a. 初步评标工作比较简单，但非常重要，其内容包括确认供应商资格是否符合要求、投标文件是否完整、是否按规定方式提交投标保证金、投标文件是否符合招标文件的要求、有无计算错误等。

b．经初步评标，对凡是确定为基本符合要求的投标，下一步要核定投标中有没有计算和累计方面的错误。在修改计算错误时，要遵循两项原则：如果数字表示的金额与文字表示的金额有出入，要以文字表示的金额为准；如果价格和数量的乘积与总价不一致，要以单价为准。但是，如果采购单位认为有明显的小数点错误，则要以标书的总价为准并修改单价。如果投标商不接受根据上述修改方法而调整的投标价，可拒绝其投标并没收其投标保证金。

②详细评标

a．只有在初评中确定为基本合格的投标，才有资格进入详细评定和比较阶段。

b．具体的评标方法取决于招标文件中的规定，并按评标价的高低，由低到高评定出各投标的排列次序。

c．在评标时，当出现最低评标价远远高于标底或缺乏竞争性等情况时，应废除全部投标。

6. 编写并上报评标报告

评标工作结束后，采购单位要编写评标报告，并上报采购主管部门。评标报告应包括以下内容：

（1）招标通告刊登的时间、购买招标文件的单位名称；

（2）开标日期；

（3）投标商名单；

（4）投标报价以及调整后的价格，包括重大计算错误的修改；

（5）价格评比基础；

（6）评标的原则、标准和方法；

（7）授标建议。

7. 资格后审

（1）如果在投标前没有进行资格预审，在评标后则需要对最低评标价的投标商进行资格后审。

（2）如果审定结果认为某投标商有资格、有能力承担合同任务，则应把合同授予该投标商；如果认为其不符合要求，则应对下一个评标价最低的投标商进行类似的审查。

8. 授标与合同签订

（1）合同应授予最低评标价的投标商，这个过程应在投标有效期内进行。

（2）决标后，在向中标的投标商发中标通知书的同时，也要通知其他没有中标的投标商，并及时退还其投标保证金。

二、设备采购合同的签订

企业购买设备必须与供货单位签订设备订货合同。设备采购合同应包括以下内容：

（1）合同编号、设备名称、型号规格、订货数量、供货单位；

（2）设备单价、总金额、交货日期、外包装情况、运输方式、货物到达站；

（3）设备质量标准、验收标准，乙方负责设备安装调试、日期、工作内容，供货单位负责人员培训；

（4）供、收货单位通信地址，传真，电话，邮编，结算银行全称、账号，税号、付款方式；

（5）设备订货合同存入设备档案统一管理，并转财务部一份，待验收合格后付款；

（6）如发生供货方违反合同的情况，采购部要通知财务部拒付款，并与供货方交涉解决。

第四节　设备的验收、安装与移交

一、设备的验收

验收是安装调试的前提，也是基础服务，一般是由卖方、合同签订部门、使用科室以及相关部门人员进行交接。负责验收的人员应当具备高度的工作责任心和一定的专业技术水准，熟悉验收工作流程。设备科起着主导、把关、协调的作用，责任重大。

1. 到货验收前的准备

到货验收前应做以下准备工作。

（1）验收资料的准备，主要是收集与到货设备筹备有关的文件资料，如招标文件、订货合同、合同备忘录、运输提货单、装箱单、商检单据、使用说明书等有关文件数据。进口设备的外文数据应当提前进行翻译，或向厂家索取中文数据。这些资料是验收工作的技术依据，应当提前熟悉，做好准备。

（2）针对所购设备的不同，选择合适的验收人员，一般主要由设备科负责维修该类设备的维修工程技术人员、设备管理人员（如采购员、设备档案管理员等）和科室使用人员组成。如为大型设备或精密贵重设备，最好还要有企业领导及其他相关部门（如水电、房屋装修部门）的人员协助验收。

（3）参加验收的人员必须在验收前详细阅读招标文件和订货合同，熟悉相关文件及技术数据，了解设备的各项技术性能。参考厂家验收规程拟定相应的验收程序，并认真研究关键技术指标的检测方法。大型设备应事先安排搬运、吊装的机械和人力以及运输信道等事项。

（4）对法定检验检疫的进口设备申请商检。对列入商检的进口设备，应提前与当地商检部门取得联系，申请办理进口设备的商检手续，并同步准备好商检所需要的各种数据（如进口合同、发票、装箱单、提货单、注册证、进口许可证等），做好与商检部门对进口设备的商检配合工作。

（5）设备到位前对场地的要求要有相应规划措施。如按厂方要求的安装图纸做好布局改造，室内装修、水、电、气的安装，防护的准备，等等。

（6）对于大型、特种和商检的设备，在进行验收时应及时通知厂商或销售单位，在指定时间到达现场，与用户或第三方共同进行设备的验收，以便及时发现问题、界定责任、提出解决方案。

2. 主要验收程序

设备的验收程序如下。

（1）注意外包装

根据订货合同核对商标、标志、收货单位名称、品名、箱号、箱总件数及分号等有关的外包装标记及批次是否相符。

（2）检查设备包装情况

检查设备是纸箱、木箱还是塑料包装，有无油污、水渍等情况；对不可倾斜运输的设备，需检查外包装上倾斜运输的"变色"标记是否变色。

（3）检查设备外观情况

表面是否清洁、外壳是否光滑无划痕，各按钮旋键是否无损、新旧程度如何等。

设备包装情况和外观情况如果出现与合同不符或者有破损时，必须做好现场记录，记入验收报告并拍照或录像以便分清责任。拍照和录像应能表达破损的各个方向与部位。

（4）检查与清点

以合同、合同配置要求为依据，按装箱单或使用说明书上的附属器材或零配件的名称、规格型号、数量等逐项进行核对并记录。注意质量与性能是否完好，如出现数量或实物与单据不符的，应当做好记录并保留好原包装，这样便于向厂方要求补发或索赔。包装箱内应有的文件包括使用手册及出厂鉴定证书、检验合格证（合格证应有的标志包括生产厂商名称、产品名称和型号、检验日期、检验员代号）、维修手册、维修电路图纸（或单独订购）等。

（5）技术性能检查

通电试机，经过一段时间，各性能指标均正常稳定。经过培训操作可以使用。

（6）填写验收报告

验收报告应由使用科室、设备科与厂商代表三方验收人员签字认可。在验收过程中，所有与合同要求不符的情况都应当做好记录填写到验收报告上，并拍照或录像以备索赔，所有的文件数据及商检报告、验收报告由设备档案管理员收集整理及时建档保存。

3. 验收后及设备发放应注意的问题

（1）到货后应及时组织验收，一般在一周内验收完毕交付科室使用。复杂设备不超过一个月，尽量不因验收不及时造成不应有的损失。

（2）发现有不符合合同规定或损坏磕碰应做好原始记录和鉴别工作，并保护现场，拍照或录像以便分清责任索赔。

（3）开箱时箱体按运输标准要求正立，不能猛力敲击，防止震坏内部部件。保证设备的内包装、衬垫完好，同时保存一个月以备发生问题时用。

（4）小型设备可在设备科先行验收再发往使用科室，大型设备必须先到使用科室并做好先期的安装准备工作，再进行验收。

（5）对功能配置不符或技术性能指标达不到出厂技术要求且无法调整复原的设备，应向供货商提出更换或技术索赔，供货商或厂家代表应有书面文字证明。进口设备索赔工作应通过商检部门鉴定，签发鉴定证书，由外贸代理机构协助进行，并报海关备案。

某企业设备验收记录表如表2-3所示。

表2-3　设备验收记录表

_____年___月___日

设备名称				规格型号	
数量				合同金额（元）	
出厂编号				出厂日期	
发动机号				底盘号	
生产厂家				供货单位	
到货日期				安装日期	
调试单位				调试日期	
功率或能力				合同编号	
使用单位				保管人	
交接手续	使用说明书		产品合格证	使用单位（章）	
	发票		保修卡	附属配件	
检验项目	验收情况				验收结论
外观验收					
性能验收					
其他					
综合结论					
设备管理部				使用部门	

二、设备的安装

1. 基础设备安装

（1）企业在制定工厂布置计划时，可根据设备厂家指定的图纸进行规划，按照该图纸进行施工。一般确认这一施工结果，可由提供设备的厂家自己进行。有时为了确认，工厂布置负责人员也要一同参加。

（2）在设备即将设置之前，由于特殊情况，在基础螺栓等位置尚未确定的情况下，要确定设备的安装位置，这时应该由工厂布置负责人和提供设备的厂家共同决定。

2. 顶部安装设备

顶部安装的设备，其对象就是高架式输送机等，在建筑设计阶段就要研究安装位置并决定托架的形状。关于托架等的相互牵扯和安装的方法，可根据设备厂家提供的图纸进行详细规定。因此，工厂布置负责人的任务与上面所提到的内容相同。

3. 地面安装设备

（1）在地面上设置的设备必须完全按照负责人员决定的位置或指示进行，也就是根据部门布置的图纸来决定设备安装的位置，或重新准确地决定位置或决定未定部分的位置。这些均属于准备阶段的工作。

（2）在部门布置的完成图纸上一般并未表示出安装设备的准确位置，但是在事前能决定位置时，在部门布置的图纸上注明它的尺寸即可。

4. 通道区划

通道的区划位置通常也要标示在部门布置的图纸上。地面上的标记可先用布带等标出，最后用特殊涂料画上。在地面施工阶段还要埋上瓷砖等加以区划，这必须由地面施工阶段来决定。

5. 搬入设备的顺序

企业在搬入设备时特别需要注意对较长传送带的设置，当然，能分解拆卸搬运的设备除外。对长而大的设备，如果搬入顺序有错，就一定要把已装设完的设备重新移动。对于这些设备的搬入设置，一定要按式样沿着搬入路线移动，过后在图纸上加以确认。

三、设备的移交

1. "设备移交单"送达各相关部门

经相关部门负责人签署并同意移交的"设备移交单"应分别送达各相关部门，并作为列入固定资产的凭证，以此作为办理各种业务的依据。"设备移交单"如表2-4所示。

表2-4 设备移交单

日期：＿＿＿年＿＿月＿＿日 　　　　　　　　　　　　　　　字第　　　号

设备编号		设备名称		型号规格		出厂日期	
制造国别		制造厂名		出厂编号		制造日期	
资金来源	更新改造（ ）基建（ ） 发展基金（ ）技措（ ）		外形尺寸 长×宽×高（米）		重量（千克）	安装日期	
						始用日期	

附属设备			附机电动机					
名称	型号规格	数量	型号	功率	用途	型号	功率	用途

检验或试车记录： 检验人：　　　　　＿＿月＿＿日						验收记录				

设备价值	出厂价（万元）	运杂费（万元）	包装费（万元）	管理费（万元）	安装成本（万元）	其他（万元）	合计（万元）	预计使用年限（年）	调入时已使用年限（年）	调入时已提折旧（万元）	年折旧率（%）

移交部门	使用部门	管理部门	财务部门	企业设备主管批示	备注

备注：一式四份，移交、使用、管理、财务部门各一份。

2. 随机的技术文件、附件等的移交

在办理设备移交时，必须同时将"设备开箱随机备品、配件移交单"移交至设备管理部。

将各种工具、量具交工具管理部门建账后，交设备使用部门保管和使用。对于随机的测试仪器、仪表，应由仪器、仪表计量管理部门编号、建账，并开展定期计量。

第三章

有效开展设备自主保全活动

自主保全是设备使用部门在设备管理部门的指导和支持下，自行对设备实施的日常管理和维护。实施自主保全是自主管理的最基本要求。

实施自主保全，坚持对设备进行日常维护，可以减少企业的管理成本。自主保全不但可以减少因设备故障而产生的日常停工，还可以提高企业的生产质量和生产效率。

第一节　自主保全概述

一、什么是自主保全活动

自主保全活动是以制造部门为中心的生产线员工的重要活动，是指生产一线员工以主人的身份对"我的设备、区域"进行保护、维持和管理，实现生产理想状态的活动。具体地说，自主保全活动是通过对设备基本条件（清扫、注油、紧固）的准备和维护，对使用条件的遵守，零部件的更换、劣化的复原与改善活动的执行。

设备部门相当于婴儿的医生，其职责是预防疾病发生和迅速处理问题；而操作人员则相当于婴儿的母亲，可以及时处理婴儿出现的一些小问题，从而预防婴儿生病，如图3-1所示。

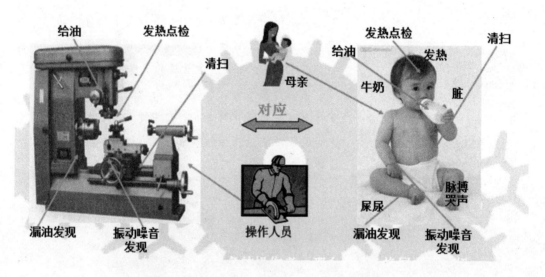

图3-1　设备部门和操作人员的角色图示

自主保全以培养熟悉设备并能够驾驭设备的操作专家为目标，按照教育、训练、实践的PDCA循环，分七个步骤循序渐进地展开，操作人员按照自己设定的标准进行操作和设备的管理活动。

自主保全有两层含义：一是自己的设备自己管理；二是成为设备专家级的作业员工。具体说明如图3-2所示。

自己的设备自己管理

自主：和自己有关的业务，要用自己的能力
保全：管理维护，从而完好地管理设备

治疗恢复能力　　　　　　　　　　发现异常能力
维持管理能力　　　　　　　　　　设定条件能力

成为设备专家级员工

习惯化

·遵守设备基本条件的活动：清扫、紧固、注油
·遵守设备使用条件的活动：日常保全

图3-2　成为设备专家级员工

二、自主保全的范围

自主保全主要围绕现场设备进行，其范围如表3-1所示。

表3-1　自主保全的范围

范围	含义
整理、整顿、清扫	是5S中的3S，延续了5S活动
基本条件的准备	包括机械的清扫、给油、锁紧重点螺丝等基本条件
日视管理	使判断更容易、使远处式的管理近处化
点检	作业前、作业中、作业后点检
小修理	简单零件的换修、小故障修护与排除

（1）作业前点检：在每次开动设备之前，确认此设备是否具备开机条件，并将所有的关键部位检查一遍。通过作业前点检，可以大大降低故障的产生。

（2）作业中点检：在机器运行的过程中确认机器的运行状态、参数是否正常，出现异常应立即排除故障或者停机检修。如果对小问题不重视，往往会变成大问题，进而酿成事故。

（3）作业后点检：在一个生产周期结束后，定期对设备进行停机检查和维护，为下一次开机做好准备。保养得当的机器，寿命往往可以延长几倍。

三、自主管理的三个阶段

设备自主管理的三个阶段分别是防止劣化阶段、发现劣化阶段和改善劣化阶段。现场操作人员要在作业中注意观察，一旦发现隐患，如螺丝松动、设备运转时间变长等情况，应立即停机检修。

1. 防止劣化阶段

防止劣化主要指对设备的日常检查。日常检查主要有以下几个项目，这些工作必须每天坚持不断地做并保持记录。

（1）设备周边环境的清理。

（2）设备表面的清扫。

（3）给设备上润滑油、能耗油。

（4）螺丝的紧锁。

（5）检查设备声音是否异常。

2. 发现劣化阶段

（1）这一阶段主要通过定期检查以发现设备劣化。企业一般都实行周检制。

（2）检查项目主要有检查设备的精度、性能和温度是否达到要求。这些检测主要通过仪器进行，如果肉眼可见，必须随时注意。

3. 改善劣化阶段

（1）在设备故障出现前，对设备进行小维修，如更换油封和油圈等。

（2）出现大问题时应请专业维修人员处理，员工可以在一旁协助和学习。

四、自主保全活动的原理

设备自主保全活动的原理如图3-3所示。

五、自主保全的基本要求

设备自主保全管理的基本要求是，操作人员必须做到"三好"和"四会"。

1. "三好"要求

操作人员"三好"要求的具体内容如图3-4所示。

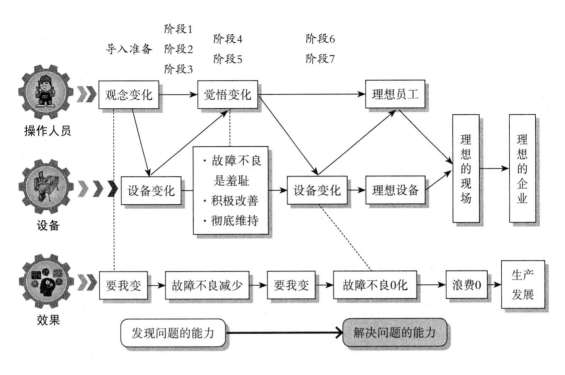

图3-3 设备自主保全活动的原理

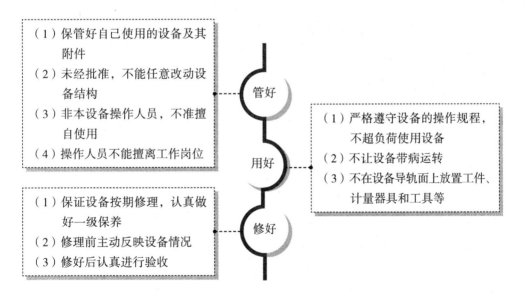

图3-4 操作人员的"三好"要求

2. "四会"要求

操作人员"四会"要求的具体内容如图3-5所示。

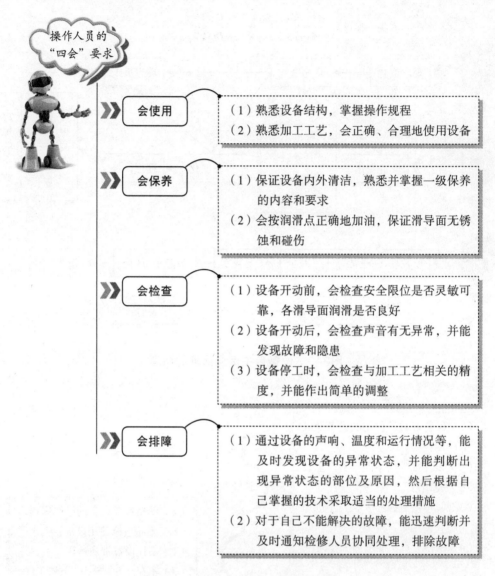

图3-5　操作人员的"四会"要求

3. 操作人员必须具备的四种能力

在自主保全活动中，为了充分发挥设备的能力，必须实行"自己的设备自己管理"。因此，操作人员除了应具有制造产品的能力以外，还必须具备四种能力，以对设备进行保全。

（1）操作人员应具备的四种能力

操作人员应具备的四种能力，如图3-6所示。

能发现异常的能力

发现设备异常的"异常发现能力",并不单纯是已产生故障或不良时才发现异常,而是在将要发生故障或不良时能对这些故障或异常一目了然。只有这样,才能称作真正的"异常发现能力"

处理恢复能力

对于已发现的异常现象,只有使其恢复到原来的正确状态,才能发挥设备本来的功能,也就是处理复原能力。而且,操作人员还应能根据异常的程度决定是否应向上司及保全部门报告,该怎样处理

条件设定能力

发现异常的能力常常取决于各人的经验和眼力,缺乏这些能力就不能及时发现异常。为了防止这种现象,就应该决定一个定量,以判断设备是否正常。这种基准不能单纯地、不明确地表达为"不得有异常的发热",而应定量确定为"应在××度以下"。只是在这种场合,与其重视正确度而迟延了执行,还不如先定一临时基准,再多次修正,以定出更适当的基准,这就是条件设定能力

维持管理能力

只有在发生异常前加以预防,操作人员才能安心地使用设备。因此,操作人员必须确实地遵守既定标准,如"清扫、加油标准""自主检查标准"等;同时还应思考为什么未能遵守既定标准,并不断地完善设备、修订检查方法。这就是维持管理能力

图3-6　操作人员应具备的四种能力

（2）掌握能力的四个阶段

具备了以上四种能力,操作人员才能成为一个"操作设备的操作人员"。那么,怎样才能具备这些能力呢?

具备这些能力可分为以下四个阶段,操作人员应一个一个切实地掌握,具体如图3-7所示。

① ➤➤ 能复原或改善自己所发现的问题

> 刚接触到设备时，通过五官发现问题，并使自己发现的问题恢复至原先的正确状态（复原），不再第二次产生相同的问题，且不断完善，使检查更容易

② ➤➤ 只有熟悉设备的功能、结构，才能发现异常的根本原因

> 通过对设备各要素的检查，掌握设备的关键功能，并不断检查以维持其功能。这样便能理解何为正常，何处产生了异常

③ ➤➤ 理解设备和质量的关系，才能预知质量异常，发现问题根源

> 通过每天的检查，充分掌握设备的什么部位劣化到什么程度就会影响产品的质量。善于思考产生异常的原因，从理论的角度来分析现象

④ ➤➤ 能修理设备

> 明白了异常的原因后，就要使其恢复到原有状态。例如，漏油了，得调换管道和轴承，紧固螺栓等；为了易于清扫、检查，可做一个防飞散盖子。通过这样的改进作业还能掌握对功能部位进行拆卸检查的技术，有助于推定故障原因，掌握零部件的使用寿命

图3-7　掌握能力的四个阶段

第二节　自主保全的实施步骤

在开展自主保全时，操作人员不可寄希望于一下子解决许多问题，而是应该先彻底解决一个问题，再进入下一步。

自主保全分为七个步骤，如图3-8所示。

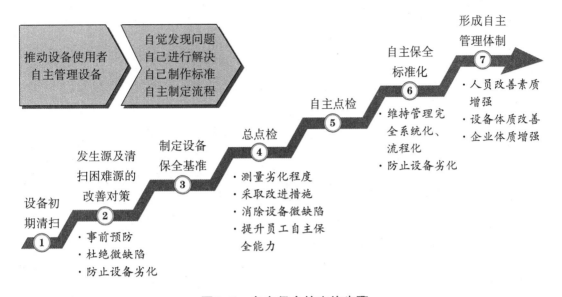

图3-8　自主保全的实施步骤

一、设备初期清扫

自主保全的第一步为设备初期清扫。通过清扫行动，能够发现设备的潜在缺陷并及时加以处理。设备清扫过程有助于激发操作人员对设备产生爱护之心。

1. 初期清扫的重点部位

清扫，就是要把黏附在设备、模具夹具、材料上的灰尘、垃圾及切屑等清扫干净。通过清扫，还能找出机器的潜在缺陷并加以处理。

（1）及时清除灰尘、垃圾、异物，避免造成设备故障

设备不经过清扫将会带来以下弊端。

①机械的活动部、液压、气压系统、电气控制系统等部位有异物，导致活动不灵活、磨损、堵塞、漏泄、通电不良。

②自动机械设备因材料污损或混入异物，供料部污损，将导致不能顺利地自动供料，从而形成次品、空转、小停顿等。

③注塑机的模具等零件附有异物，难以进行准备、调整，导致树脂黏结。

④在安装断电器等电气控制部件的时候，工夹具上的垃圾、灰尘黏附在接点上，导致导通不良等致命缺陷。

⑤在电镀时，材料上黏附有污迹或异物，导致电镀不良。

⑥精密机加工时，由于工夹具及其安装部件黏附有切屑粉末，导致定芯不良。

⑦设备如果污损，就难于检查、维修，更难以发现疏松变形、泄漏等细小的缺陷。

⑧设备一旦污损，操作人员在心理上不会引起检查的欲望，即使修理也十分费时，当拆开时极易混入异物，又会产生新的故障。

初期清扫的要领如图3-9所示。

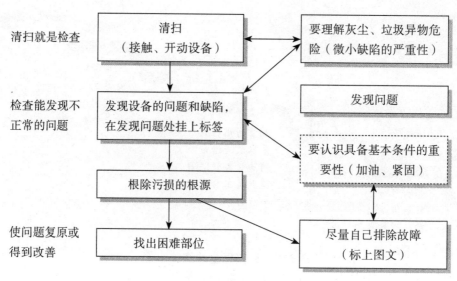

图3-9　初期清扫的要领

（2）清扫变为检查

用手摸、用眼看就能容易地发现异常，即将清扫变为检查。

虽说是"清扫变为检查"，但发现不了设备问题的清扫是单纯的"扫除"，不能称为清扫。所谓清扫，不仅仅是眼睛看上去清洁了，而且还要用手摸，直至设备不存在任何潜在的缺陷、振动、温度、噪声等异常，如图3-10所示。

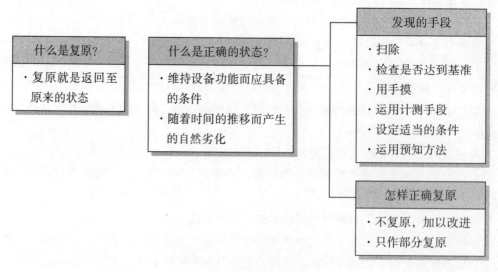

图3-10　清扫变为检查

对于长期没有使用也未加管理的设备，通过彻底的清扫，一定能发现设备及模具夹具的松动、磨损、裂纹、变形、泄漏等微小的缺陷。设备的这些缺陷往往会产生负面作用，从而产生劣化、故障等，通过清扫就能恢复设备的正常状态，防止故障的产生。这是防止故障、提高设备效率的最有效的手段。清扫时的检查项目及内容，如表3-2所示。

表3-2　清扫时的检查项目及内容

序号	检查项目	诊断要领
1	机械主体的清扫	（1）检查以下部位是否黏附有灰尘、垃圾、油污、切屑、异物等 ·滑动部、产品接触部、定位部等 ·构架、冲头、输送机、搬送部、滑槽等 ·尺、夹具、模具等安装设备上的构件 （2）螺栓、螺母是否松动、脱落 （3）滑移部、模具安装部是否有松动
2	附属设备的清扫	（1）检查以下地方是否黏附有灰尘、垃圾、油污、切屑、异物等 ·汽缸、螺线管 ·微动开关、限位开关、无触点开关、光电管 ·电动机、皮带、罩盖外壳等 ·计量仪器、开关、控制箱外壳等 （2）螺栓、螺母等是否松动或脱落 （3）螺线管、电动机是否有呜呜声
3	润滑状况	（1）润滑器、注油杯、给油设备等处是否黏附有灰尘或垃圾油污等 （2）油量是否合适？滴油量是否合适 （3）给油口是否必须加盖 （4）将给油配管擦干净，看是否漏油
4	机器外围的清扫	（1）工具等是否放在规定部位，是否缺少、损坏 （2）机器主机上是否放置有螺栓、螺母 （3）各铭牌、标牌是否清洁 （4）透明的盖子上是否有灰尘、垃圾等物 （5）把各配管擦净，看是否漏油 （6）机器四周是否有灰尘、垃圾，机器上部是否有灰尘落下 （7）产品、零件是否落下 （8）是否放置了不需要的东西 （9）正品、次品、废品是否分开放置

（3）清扫中要检查加油是否充足

给油是防止设备老化、保持其可靠性的基本条件。如果给油不充分，就会导致设备发生故障，产生次品。

由于给油不充分而引发的故障，首先是黏附，还会降低滑移部及空压系统的动作精准度，加剧损耗，加速老化，产生种种不良。因此，准备、调整阶段的作业对产品会带来很大影响。

（4）清扫中要检查螺栓是否松动

螺栓、螺母等紧固部件一旦松动、折损、脱落，会直接、间接地引起故障。

·模具夹具的安装螺栓松动而导致破损或不良。

·限位开关、止动挡块的安装螺栓松动，以及配电盘、控制盘、操作盘内的终端松动，会导致动作错误或破损。

·配管接头的凸缘螺栓松动而产生漏油等。

一根螺栓的松动直接引发不良或故障的事例不胜枚举。而且，在大多数情况下，一根螺栓的松动加剧振动，诱发螺栓更大的松动。这样的恶性循环势必降低设备精度，最终导致不良或零件破损。

某企业分析了故障原因，发现有60%是由于螺栓、螺母松动引起的。而且，大多是由于在准备阶段没有注意模具夹具的紧固，忽视了螺栓适当的紧固扭矩，或不具备这项技能，结果要么紧固过分，要么频繁地单侧紧固，都会导致设备发生故障。

设备操作人员在清扫中要去除松动，采取防振、防松措施，可对主要的螺栓进行标记，清扫时留意看标记是否对准，也可定期用小锤敲击检查，这些极细小的工作都是必不可少的。

2. 初期清扫和小组活动的要点

从人的角度来看，开展自我保全的全过程是以设备保养为主题，为培养出一批真正具有自我管理活动意识和能力的人才而开展的教育培训。

（1）管理人员应营造小组活动的氛围

企业要形成由全体人员参加的体制，第一步就是要制定一个由全体人员参加、朝着一个目标前进的课题，并开始行动。

在初期清扫活动中，如果不注意时间和干劲问题，不调动员工的积极性，而只是管理人员自己拼命地干，肯定不会产生很大的效果。这项工作需要充分发挥管理人员的作用，形成小组的工作，其效果就会很理想。

但是，清扫设备这项工作并不是每个人都喜爱，这就需要管理人员花大力气去动员、指导小组人员积极地投入。

管理人员首先应表示厌恶这种不清洁的环境。管理人员的这种厌恶感，在与员工一起解决问题的同时才能逐步提高小组成员的工作热情。

（2）提高操作人员对设备的关心程度

通过清扫，操作人员对设备产生疑问点，对设备特点有更深的了解，而且还会很自然地产生不要让自己辛辛苦苦弄干净的设备被弄脏的想法。

①这里如积有灰尘、垃圾，将会产生哪些不良后果？

②这些污染的根源在何处，怎样解决？

③是否有更方便的清扫方法？

④是否有螺栓松动零件磨损等情况？

⑤这个零件怎么会动的？

⑥这里如发生故障该如何修理？

对于上述疑问和发现，应在小组会议中加以讨论，制定一个解决问题的共同计划，引发自主管理的自觉性。

（3）以回答问题的方式发挥活动效果

要以回答清扫活动中所产生问题的方式来推动活动，并把其结果运用到下一步工作中。

①完善基本条件的重要性及其方法，以及清扫的重点部位。

②要形成清扫就是检查的观念。

操作人员通过以上学习能提高能力，进一步发挥活动效果。

（4）在污染源处标上图文标记

初期清扫的目的在于让操作人员发现设备的异常点，而并非单纯为了清洁。只有对异常点进行修整，并采取防止污染源飞散的措施，才称得上将设备清扫干净。

对于所发现的异常点，可分为操作人员自己动手修复及委托维修部门修理两类。自己动手修理，更能加强操作人员对设备的关心度和爱心。

图文标记的粘贴和撕去示例如表3-3所示。

表3-3　图文标记的粘贴和撕去示例

序号	检查项目	贴标记	撕标记
1	液压的压力	压力过高	恢复至正常压力
2	汽缸的工作状况	过慢、不动	恢复正常
3	动作不理想	过滤网堵塞	清扫过滤器
4	孔眼堵塞否	油已污染	更换清洁油
5	油是否污损	灰尘进入油箱	防止切削粉、切削油飞扬
6	是否有灰尘侵入	油箱上板有孔或缝隙、不松动、但漏油	拆开漏渍部位
7	松动否	O形环破损	调换O形环
8	漏油的部件	杆有裂纹切削粉末分散、附在杆上	设法防止切削粉末
9	破损的部件	无松动、不漏油、油温适中	编写单一要领教材
10	有裂纹		

二、发生源及清扫困难的改善对策

自主保全的第二步是针对发生源及清扫困难提出改善对策。企业应积极开展寻找灰尘、污染的根源，尽量防止飞散物，改善难以清扫、加油的部位，缩短加油时间，提高设备的可维修性。实施这些活动，有利于今后TPM活动的顺利开展。

1. 活动的目标

加强操作人员改善设备的能力，目标是使其深具自信心，而投入更高水平的改善工作。

（1）断绝发生源

所谓发生源对策，是指掌握污垢、泄漏（油、空气、原料）的发生源并加以改善。

第一步，设备操作人员要掌握所有发生源，如从油压配管接缝部的泄漏或加入过多润滑油所引的油垢，利用调整油量来防止油垢或断绝泄漏等污垢的发生源产生。

如果无法断绝其发生源，如切屑粉的产生、切削油的使用、水垢的产生等均无法避免，只好实施将其飞散限制在最小限度内，为此要尽量靠近发生源的位置，设置局部性的覆盖物来加以改善。

（2）清扫困难部位的改善

所谓清扫困难部位的对策，是指对于不易进行清扫、不易实施点检、点检费时等部位，将其改善至容易进行。

例如，气动三元件太靠近地面，致使排水及加油器的点检困难，所以将其改善至容易点检的位置；三角皮带的点检，应设置透明窗口，以便不需要卸下覆盖物就能从外边检查。此外，将杂乱的配线进行整理、废除在地上直接配线等做法，都有助于进行清扫工作。

2. "发生源、清扫困难部位的对策"的要点

发生源对策有杜绝发生源，防止飞散、加盖、密封以防侵入等。例如，液压配管的接头处漏油，如果泄漏则应修理。再如，润滑油过量而导致油污，则应调整油量。

有时候是无法杜绝发生源的。例如，切屑的产生、切屑油的使用、铁锈的产生等都是无法避免的，只能想办法将飞散控制到最低程度。"发生源、清扫困难部位的对策"的要点如图3-11所示。

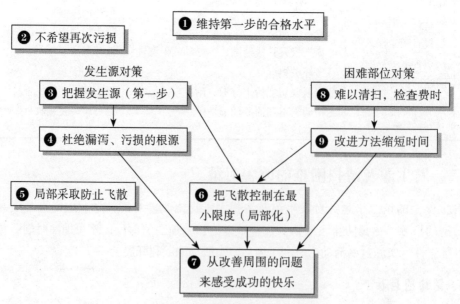

图3-11　"发生源、清扫困难部位的对策"的要点

改善，需要一种执着的精神，要有不达目的不罢休的态度。操作人员通过自己辛勤的劳动而获得可靠的改善效果，定能产生成功的喜悦。因此，自己动手十分重要。例如，为了防止切屑飞散，可用瓦楞板遮盖，并根据切屑飞散情况改变瓦楞板形状。

3. 自己动手改善困难部位——清扫、加油的部位

困难部位主要是指难以清扫、加油的部位。如果无法杜绝发生源，就必须考虑改善作业的方法，以缩短清扫或加油的时间。操作人员应当善于自己动手，改善这些困难部位。

为了使设备长期处于良好的状态，操作人员必须按时进行检查。

（1）改善的要点

发生源、困难部位对策的改善要点汇总如下：

①便于清扫；

②把污损范围控制在最小限度；

③杜绝污染源；

④尽量防止切削油、切屑飞散；

⑤缩小切削油的流淌范围。

（2）如何快速给设备加油

通过采用以下方法可以实现快速给设备加油：

①开设检查窗；

②防止松动；

③不要油盘；

④设置油量表；

⑤改变给油方式，给油口改善；

⑥整理配线；

⑦改变配管的布局；

⑧设法便于调换零部件。

（3）整理改善内容，确认效果

改善并不仅仅是做，还须整理问题点，确认改善部位、改善目的、改善内容、成本和效果，并在实施过程中仔细琢磨、分析。

虽说改善是为了缩短清扫时间，但应考虑质量、故障、准备、保全性等各个方面。因此，如果能综合考虑分析小组提出的建议和对策，常能获得意想不到的效果。

三、制定设备保全基准

自主保全的第三步是制定设备保全基准，即操作人员根据第一、第二步活动所获得的体会编写一个临时基准，以保养自己分管的设备，如清扫、加油、紧固等基本要求。

编写基准的前提是确定清扫、加油的允许时间。从技术角度而言，就是能得到管理人员和工作人员的彻底支持和说明，以便于使用。

此处以加油、紧固为例，介绍自我保全的正确方法。

1. 自己决定应遵守的项目

自我保全的最重要作用就在于分别维持清扫、加油。因此，"制定设备保全基准"，就应基于之前活动所取得的经验，明确自己分管设备的"应有状态"，决定维持的行动基准。

（1）应遵守的方法

要在现场彻底做到清扫、加油、整理和整顿，必须具备"干劲、方法、场地"三个要素。常常听到有人说："已做了多次努力，但就是执行不了。请教有何实施的好方法？"这主要是因为管理人员不去考虑不实施的理由，而只是一味要求必须做到。如果他认为这是必要的话，那么他本人就会首先考虑怎样对具体操作人员说明努力完善以下条件：

①明确该遵守的事项和方法；

②充分理解必须遵守的理由（为什么要遵守，不遵守将会怎样）；

③具备遵守的能力；

④具备遵守的环境（例如时间）。

如果不具备"干劲、方法、场地"这三个要素，即使有再好的想法也无济于事。关于自主保全的一切活动，大部分依靠操作人员的能力和士气。所以，管理人员必须让操作人员明白为什么必须这样做，还应该彻底地做到。

做得不彻底的最大原因就是决定制度的人并不是具体执行的人，即"我是要别人遵守的人（管理人员），你是执行者（操作人员）"。因此，执行的人并不完全了解工作的必要性，也就不会完全地遵守。

（2）自己决定该遵守的事项

要使该遵守的事项彻底地得以执行，最重要的是应由执行者本人来决定具体事项，这便是自我管理。因此，要使操作人员有效地进行自我管理，首先必须做到以下四点：

①使其理解应遵守事项的重要性；

②使其具备自己应具备的能力；

③使其自己编写基准；

④领导审查及确认。

明确上述四点后，应多次召开小组会议，决定基准，这样定出的基准就能实施，如表3-4所示。

表3-4　开展自我保全各步骤中人与设备的相互关系

劣化	活动的等级	自我保全的步骤	能力培养的目标		操作人员的等级
强制性地去除	·以前自己有何不足之处 ·自我保全的渗透及制度化	1. 初期清扫	条件设定能力的培养	处理、复原能力的培养	·具备改善设备的思考能力和方法，能够及时发现不合格现象
		2. 发生源、困难部位的对策			
提高基本素质，力争达到"应具状态"		3. 编写清扫、加油的基准	发现异常能力的培养		
		4. 总检查			
无次品无故障的设备	·今后自己应该做些什么呢 ·真正形成由全员参加的自主管理体制	5. 自我检查	维持管理能力的培养		·了解设备的功能、结构 ·明白设备精度与质量的关系 ·能修理设备
		6. 整理、整顿			
生产效率高的设备		7. 自主管理的彻底化			

2. 确定清扫、加油的允许时间

（1）明确时间

清扫、加油作业不允许无限制地花费时间。因此，在编写基准时必须先确定清扫、加油所允许的时间。最好由中层管理人员提出一个较为妥当的时间范围。例如，每天开工前和收工后分别为10分钟，周末30分钟，月底1小时。

（2）清扫、加油基准的编写

关于加油基准的编写要充分考虑以下事项。

①明确油种，尽量统一油种，减少油种数。

②标出加油口，绘制加油部位一览表。

③集中加油时应配置加油系统，编写润滑系统图（泵→配管→分配阀→配管→末端）。

④检查分配阀是否堵塞，分配量是否有差异，是否能达到终端。

⑤单位时间的消耗量为多少？（一天或一周）

⑥每次的加油量是多少？

⑦加油配管的长度（尤其是润滑脂的配合），配备一套是否足够？是否必须要两套？

⑧废油（润滑脂注入后的废油）的处理方法？

⑨加油标记的设定，在加油部位贴上标记。

⑩设立加油服务点（油的保管、加油器具的保管方法）。

⑪加油困难部位一览表及其对策。

⑫保全部门应分管加油部位（自我保全的范围又该如何安排）。

实例

点检/清扫/加油/紧固基准书										
设备名		固定资产编号		制作日		编制		审核		批准
（设备部件图）							主要部件清单			
							序号	品名	规格	数量

润滑	序号	注油部位	注油基准	油量	油种类	周期	注油方法	注油时间	作业分组		备注
									自主	计划	

点检	序号	点检部位	点检基准	点检方法		周期	处理方法	点检时间	作业分组		备注
									自主	计划	

清扫	序号	清扫部位	清扫基准	使用工具		周期	处理方法	清扫时间	作业分组		备注
									自主	计划	

四、总点检

自主保全的第四步为总点检。第一至第三步的重点是以基本条件的配备及以防止劣化活动为中心，而第四至第五步则将活动内容扩大至测定劣化活动，并在做劣化复原的同时，以培养对设备专业、精通且内行的操作人员为目标。以五官的感觉指出不正常状况，进一步了解自己所使用设备的构造、功能，学习有关设备的知识与技能，再将所学原理应用在日常点检中，并善加运用PDCA循环，以提升自主保全能力。

1. 总点检的开展顺序

总点检应以五个要点为中心来展开，具体顺序如图3-12至图3-16所示。

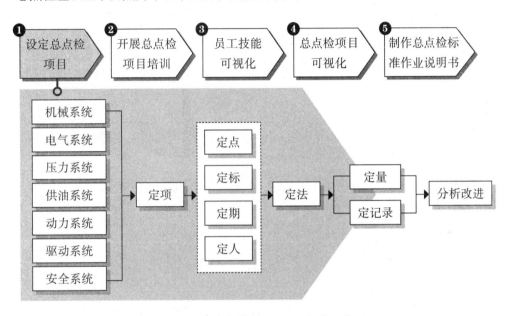

图3-12 总点检的开展顺序（一）

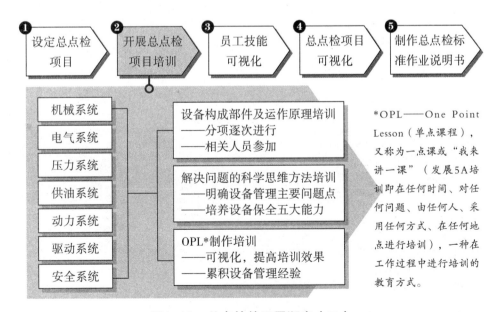

图3-13 总点检的开展顺序（二）

*OPL——One Point Lesson（单点课程），又称为一点课或"我来讲一课"（发展5A培训即在任何时间、对任何问题、由任何人、采用任何方式、在任何地点进行培训），一种在工作过程中进行培训的教育方式。

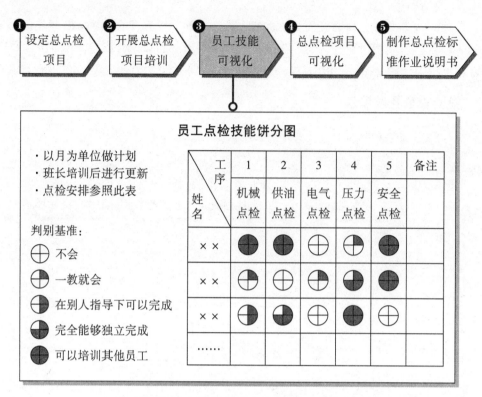

图3-14 总点检的开展顺序（三）

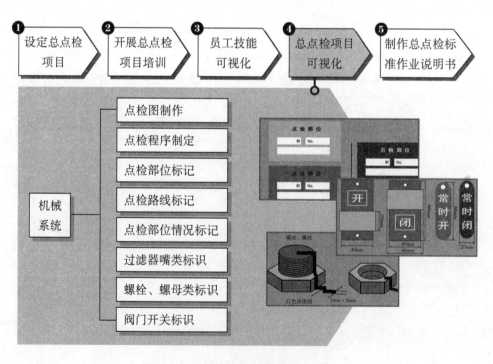

图3-15 总点检的开展顺序（四）

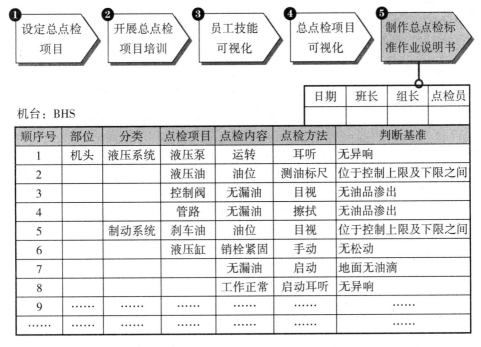

图3-16　总点检的开展顺序（五）

2. 教育培训以传达教育方式为中心

所谓传达教育，首先是领导对组员开始教育活动，领导能实现作为领导地位的效果，组员能得到组员地位的效果。领导承担着传达教育的义务，会产生自觉性。而且，培养组员的责任感，还能促使自己认真地提高学习能力。对于组员而言，亲身感受到领导的立场和工作热情，会努力向领导学习，这样能活跃小组的气氛。传达教育方式的操作步骤如下。

（1）列举综合检查科目

操作人员应研究如何管理好设备，并列举综合检查科目，如机械要素、空压、液压、电气等。

（2）教材的准备、综合检查教育培训计划的确立

准备综合检查各科目所必需的教材，制定教育培训的日程计划。该教材包括技能教育用的卡片模板、照片、挂图、综合检查手册、检查表，主要用来掌握基础技术。

（3）对领导的培训

对领导的培训由管理部门或维修保全部门承担，用课本、卡片模板、实物等开展设备的基础教育，具体内容包括结构、电功能、正确调整法、正确使用法、结构上的应注意点、日常检查要领等。

（4）向操作人员的传达教育

领导不是单纯地把学到的知识传达给组员，而是应结合实际生产现场向组员进行讲解。学到的知识如不理解，就无法传教，只有自己真正掌握、体会了才能教育组员。

在传达教育时，要对组员进行测试（确认试验）。这样组员对学到的内容不易忘记，能真正理解，从而容易发现设备异常情况。

通过测试，如组员仍有不明之处，领导则再进行教育，然后再测试，直到组员完全弄懂为止，这就是彻底的传达教育。

（5）学习后再实践，发现异常点（综合检查的实施）

对于操作人员来说，学到知识远远不够，重要的是要去现场实践才能发现异常点。

经过学习，操作人员对设备有所了解，也掌握了发现异常的方法。但真正的懂得只有依靠自己动手操作。如果不了解设备、不接触设备，那么再怎样进行教育也无济于事。

（6）推行目视管理

推行目视管理，能够便于操作人员进行设备检查、发现异常。但是，操作人员一定要注意以下问题。

①检查的管理对象是什么？

②其正确状态——应具备的状态如何？

③是否保持最佳状态？

④这些功能、结构是否明了？

⑤检查方法及故障判断是否掌握？

⑥处理方法是否明白？

五、自主检查

自主保全的第五步是自主检查。第一至第四步主要是将设备的劣化进行复原，但之后仍需维持改善，进一步提高设备的信赖性、保养性、设备质量，并检查所制作的清扫基准、给油基准、检查基准以及整理点检的效率化和点检的疏忽，以达到自主保全基准。

1. 清扫基准、点检基准的检查

对于清扫基准、点检基准，操作人员需用以下四个观点加以检查。

（1）以零故障、零不良的观点进行检查

调查以往对故障、不良品以及点检失误所做的防止再发生内容，并检查在自主保全基准中有无遗漏的应点检项目。

（2）以点检效率化的观点进行检查

在实施清扫基准、给油基准、总点检基准时有无重复工作？考虑是否可以在清扫、给油时做点检，是否可以将作业与点检项目做组合，检查能否减少点检项目。

（3）以点检作业负荷是否平衡的观点进行检查

常有点检工作集中于每周一开工时的情形，因此，须检查点检周期、点检时间、点检路线等作业负荷是否平衡。

（4）以目视管理的观点进行检查

①能否立即知道点检项目的部位？

②点检是否容易进行？

③是否能立即查出异常？

目视管理的具体做法如表3-5所示。

表3-5　目视管理的具体做法

序号	涉及范围	具体做法
1	润滑方面	（1）给油口以颜色别来标示 （2）油种类标示与周期的标示 （3）油位上、下限的标示 （4）每单位时间内油的使用量 （5）油罐内的油料种类别标示
2	机械要素方面	（1）检查与核对完毕用记号（如√）来表示 （2）保养检查的螺栓以颜色别表示（记号） （3）螺栓不用部分（未使用）以颜色别表示（记号） （4）检查路线的标示 （5）机器动作的标示
3	空压方面	（1）设定压力的标示 （2）加油器的滴下量标示 （3）加油器的上限、下限标示 （4）电磁阀的用途标示牌 （5）配管的连接标示（IN，OUT）
4	油压方面	（1）设定压力的标示 （2）油位计标示 （3）油种类的标示 （4）油压泵的温度标示 （5）电磁阀的用途标示牌 （6）安全阀的锁紧螺帽用有颜色的线条来标记
5	传动方面	（1）三角皮带、链条型式的标示 （2）三角皮带、链条回转方式的标示 （3）为进行点检所设置的透明窗口

2. 自主检查的推行要点

自主检查的目的之一，就是为了提高自主保全检查基准，以在目标时间内切实实施维持活动。

（1）要符合各设备的保全、运转基准

保全维修部门在自主保全的第四步结束前，必须完成各项基准（检查、安装、拆卸整备的基准），尤其是检查基准的制定。第五步要对保全和运转基准进行汇总、修正，明确各自的职责，两者合在一起则是十分完整的检查项目。

（2）运转和保全人员商定检查周期

日常检查要深入到由劣化直接影响安全和质量的最低限度的项目里。而且，每天的检查要作为是为了防止安全、质量问题而采取的最低限度的检查事项，要作为工作的一部分，而且以身体能感受到的范围最为理想。

综合检查科目与日常、定期检查项目之间的关系，如图3-17所示。

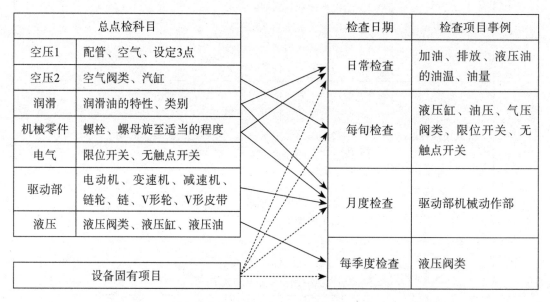

图3-17　综合检查科目与日常、定期检查项目之间的关系

（3）决定检查所需要的时间

检查所需时间取决于检查项目、检查周期、检查设备和车间的具体情况，还取决于操作人员的工作内容、所管台数以及是停机检查还是边运转边检查的方式。

在确定本基准时，应在实际的检查工作中对照检查表，然后决定切实可行的时间表。在实际操作中刚开始可能比较费时，但自主保全设备一段时间后检查时间就会缩短。

（4）掌握设备的综合知识

在第四步，组织各部门分头学习设备的综合知识。操作人员应对自己设备的各部分及该设备固有部分的功能、结构的组合以及工作原理有充分的认识，并且正确地进行清扫、加油、检查、操作，这些实际操作是十分重要的。

（5）明确设备和质量的关系

要使设备保持良好的状态，实现车间内无故障，就必须明确形成产品质量的4M条件，即人（Man）、设备和工具（Machine）、材料（Material）、方法（Method），要明确这些精度和质量特性的关系并列入检查基准书，这一点很重要。

（6）故障、次品的分析

编写完上述基准书，还需编写自主保全检查表，因为即使进行日常检查也常会发生故障和次品。此时，就要考虑故障的原因在何处，自己的工作有无应改进之处，并应把反省的内容写入基准书内。

自主保全基准的示例，如表3-6、表3-7所示。

表3-6　自主保全（检查、清扫、给油）基准

自主保全（点检·清扫·给油）基准			生产线名称	设备名称	有效期限	编写部署	厂长	车间主任	领导
					年月	编写年月			
（略图或说明）	类别	序号	（点检、清扫、给油）部位	基准	方法、工具（油的类别处理）	周期	实施的时间	负责人	目标时间

表3-7　自主保全检表

年　月度　自主保全检查表					生产线名		设备名		小组		填写年月日			车间主任		领导
标记					○正常　　×异常　　○修复（检查时）											
周期	实施时间	序号	检查部位项目	判定基准	检查方法	1 2 3 4 5 6 7 8 9 10 11 12 13 14 15 16 17 18 19 20 21 22 … 30 31										编号
特别事项			车间主任确认													

六、自主保全标准化

自主保全的第六步是标准化。之前的活动是以设备为中心，将重点放在基本条件的准备、日常点检的活动上。为了让维持管理更加到位，将操作人员的责任扩大至设备周边的相关作业并进一步降低损失，以达成自主保全的目标，企业须将自主保全标准化。

标准化的结果是形成自主检查作业指导书、作业标准书、检查基准书、作业日报、确认表等。

【范本】设备润滑基准书

设备润滑基准书

位置：钢构车间　　设备名称：液压摆式剪板机　　型号：　　　　　设备编号：

序号	润滑部位	润滑方式	润滑量	润滑剂型号	周期		备注
					润滑周期	检查周期	
1	左、右回程缸上下端各一点	油枪	小	钙基润滑脂（黄油）	2天（16H）	每周	设备润滑工作由设备使用者按本基准书实施
2	后档料滑动螺母左右各一点	涂抹	中（适量）	钙基润滑脂（黄油）	每天（8H）	每周	
3	上刀架摆动支点左右各一点	油枪	小	钙基润滑脂（黄油）	3天（24H）	每周	
4	调隙轴轴套左右各一点	油枪	小	钙基润滑脂（黄油）	每周（48H）	每周	
5	左、右油缸活塞杆各一点	油枪	中	钙基润滑脂（黄油）	每天（8H）	每周	
6	左、右油缸垫块各一点	油枪	中	4排石墨锂基脂	每天（8H）	每周	

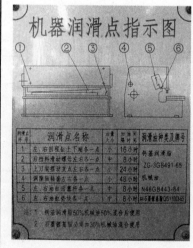

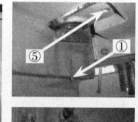

制表：　　　　　　　　审核：　　　　　　　　　　批准：

七、形成自主管理体系

自主保全的第七步是形成自主管理体系。这一步是汇总第一步至第六步的所有活动，经由设备的改变，改变人的行为，进而改变现场环境，以此让现场人员充满自信，并感受到"改善是无止尽的"，从而持续展开挑战，感受参与带动、创造和亲身体会成果的感觉。将自己的行动由以往的被动转换成主动参与，并以能达成企业方针为目标。

当进行这项活动时，企业可将其分为两项并加以深入讨论，其推行方法如图3-18所示。

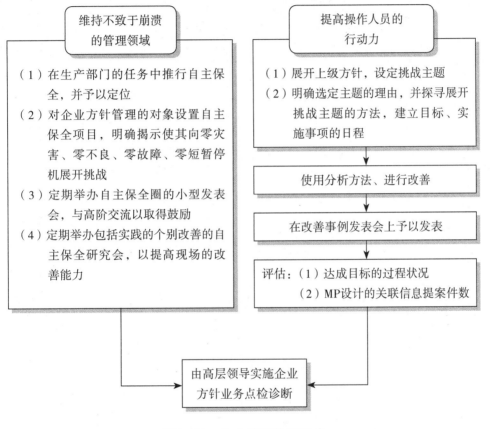

图3-18 自主管理体系形成

1. 维持不崩溃的管理领域

笔者通过参观获得PM奖的企业发现，经过2~3年，不少企业的自主保全体系已崩溃，原因是企业的高层及管理人员出现了问题。一般部属是跟随着管理人员的步伐而采取行动。也就是说，管理人员所拥有的坚定决心与行动力是持续推动自主管理的关键。

2. 操作人员的行动力

操作人员的行动力是指因经常实施实务性训练所培养的行动力，这取决于管理者、监督者的OJT（On the Job Training，在职培训）。也就是说，从领导的方针中选定主题，对其活动加以支持，即可培养操作人员的自主管理能力。

3. 推行工作的原则

为了让人力资源效能得以完全发挥，推行者必须了解推行工作的原则。推行工作的原则一般如下：

（1）让操作人员参与；

（2）让操作人员了解推行经过及实际效果；

（3）让操作人员获得自己完成的成就感；

（4）让操作人员获得赏识。

第四章

设备计划保全

　　设备计划保全管理是通过对设备点检、定检、精度管理，利用收集到的产品质量等信息，对设备状况进行评估和保全，以降低设备故障率和提高产品的良品率。这是提高设备综合效率的管理方法，其目的就是使用最少的成本保证设备随时都能发挥应有的功能。

第一节　设备计划保全概述

对设备进行计划保全需要一个好的计划，这个计划由管理者根据企业的预算和前期的维护记录来制定。设备计划保全活动在整个生产活动中处于中心位置，从生产的投入到产品的产出，它始终渗透在人、设备和原材料中，其重要性不言而喻。

一、计划保全的分类

计划保全一般可以分为定期（定量）保全、预测保全和事后保全三类。这三类保全方式的特点如表4-1所示。

表4-1　计划保全的分类及其特点

分类	防止劣化	劣化测量	劣化恢复	操作人员	保全员
定期（定量）保全	定期点检、给油	定期测定	定期维修		●
预测保全		趋势检查	不定期修复		●
事后保全	发现异常→早期联络		突发处理	○→●	

1. 定期（定量）保全

定期（定量）保全主要是指依据与设备老化最直接的关系（运转时间、产量和动作次数）确定修理周期（理论值、经验值），到修理周期时对设备进行无条件的修理。

（1）依据时间周期（如1次/月、1次/年）确定的修理，称为定期保全。

（2）依据产量和动作次数（如1次/1千辆、1回/5万次）确定的修理，称为定量保全。

2. 预测保全

设备生命周期的故障曲线是一条倒抛物线，如图4-1所示。

预测保全是根据设备生命周期的故障曲线图对设备使用鱼骨图和帕累托图进行的深层次分析。通过鱼骨图，可以从人、机、料、法、环境等角度分析设备过去发生故障的原因、各类故障所占的比重和造成的损失等；通过帕累托图，可以对故障造成的损失时间进行排序，运用二八法则找到产生故障的主要问题点，并与上一个生产周期的数据进行对比分析，制作月推移图或周推移图，从而发现设备可以提升的使用空间。

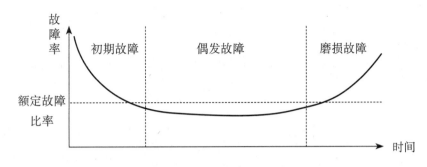

图4-1　设备生命周期的故障曲线图

（1）初期故障期

在这个阶段，设备虽然很新，但故障频发。这是因为新设备在初期的设计、制作和装配等环节总会有一些不尽如人意的地方。而且，操作人员对新设备还比较生疏，容易产生操作上的失误。在这个阶段预测保全可以采取以下对策：

第一，在设备进行试运转时把好每一道关，做好设备的验收工作；

第二，编制设备操作说明书，对工程师和操作人员进行OJT培训。

（2）偶发故障期

设备在经过初期故障期后逐渐成熟，进入相对稳定的第二阶段。这个阶段的设备会偶尔发生故障，原因往往是操作人员的失误，所以要求操作人员不能大意，要严格按照标准作业。

（3）磨损故障期

处于磨损故障期的设备，各部位都开始出现磨损故障。预测保全要求企业一方面应及时更换已经发生或即将发生故障的零部件；另一方面应做好对设备寿命较短的零部件的改良保养，尽量延长其使用寿命。

3. 事后保全

事后保全是指在设备出现故障后的及时维修。设备专业保全管理的重点在于预防而不在于事后维修。在进行事后保全时，一方面，需要现场的设备工程师编制完整的维修记录；另一方面，不能只把这些记录作为备查数据，而是要定期分析所有故障，组织设备管理月会，开展预测保全。

二、正确处理计划保全和自主保全的关联

计划保全和自主保全是设备保养的两个方面，缺一不可。

自主保全强调企业的员工自发、自主地对设备实施全面的管理、维护和保养，计划保全则是企业有计划地对设备进行预防性的管理、维护和保养。因此，两者的实施主体不同，如图4-2所示。

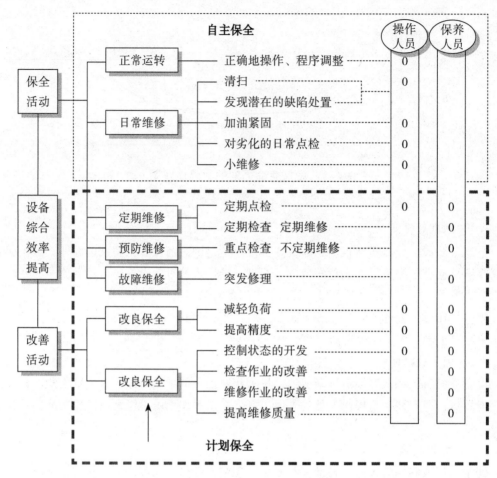

图4-2　计划保全和自主保全的关联

三、计划保全的适用范围

根据主要生产设备发生故障或停机修理时对生产、质量、成本、安全、交货期等方面的影响程度与造成损失的大小，企业通常将设备划分为A、B、C三级。

A级为重点设备，是重点管理和维修的对象，应严格执行预防维修。

B级为主要设备，也应实施预防维修。

C级为一般设备，可以实行事后维修。

由于人力、物力、费用有限，并非所有设备都需要计划保全，企业应依据其重要程度决定是否需要计划保全。计划保全的适用范围如表4-2所示。

表4-2　计划保全的适用范围

保全方法	A级设备	B级设备	C级设备
预测保全	●		

（续表）

保全方法	A级设备	B级设备	C级设备
定期保全	●	●	
事后保全			●
预备品	全部易损件	重要机能部件	依据过去的故障记录选择

注："●"表示有此项设备。

四、计划保全的设备分级

一般来说，企业为了将有限的维修资源集中使用在对生产经营及提高经济效益起重要作用的设备上，会根据设备的重要程度对不同的设备采用不同的管理对策与措施，这就是设备分类管理法。设备分类管理法有重点设备管理法和效果系数法两种，这里着重介绍重点设备管理法。

1. 划分重点设备的依据

企业应根据自己的实际情况划分重点设备，具体划分依据可参考以下内容，如表4-3所示。

表4-3　划分重点设备的依据

序号	依据	说明
1	生产方面	关键工序的单一关键设备，负荷高的生产专用设备，出故障影响生产面大的设备，故障频繁、经常影响生产的设备，负荷高并对均衡生产影响大的设备
2	质量方面	质量关键工序无代用的设备，精加工关键设备，影响工序能力指数CP值的设备
3	维修性方面	修理复杂系数高的设备，备件供应困难的设备，易出故障且出故障后不好修理的设备
4	成本方面	台时价值高的设备，消耗动能大的设备，修理停机对产量、产值影响大的设备
5	安全方面	出现故障或损坏后严重影响人身安全的设备，对环境保护和作业有严重影响的设备

2. 划分重点设备的方法

划分重点设备的方法通常有经验判定法和分项评分法两种。

（1）经验判定法

运用经验判定法划分重点设备时，应由设备管理和设备维修部门根据日常维修积累的经验，初步选出一些发生故障后对均衡生产、产品质量和安全环保等影响大的设备，包括行业主管部门规定的多数"精、大、稀、关"设备，经征询生产车间、工艺部门的意见后制定出重点设备清单，报分管设备的厂长（或总工程师）审定。在实施重点设备的管理工作时，可根据实际需要调整与补充。

（2）分项评分法

运用分项评分法划分重点设备时，企业可按照划分依据的五个方面，拟订影响内容、分值与评分标准，对每台主要生产设备进行评分，从中选出10%左右高分值的设备作为重点设备，即A级设备，并集中力量加强对此类设备进行管理，以取得较好的经济效益。B级设备、C级设备所占比例也应按企业的具体情况而定。具体评分方法和评分标准如表4-4所示。

表4-4　设备分类的评分标准

项目	影响内容	评分值	评分标准
生产方面	1. 开动情况	10	三班制以上（有时有三班等）
		8	二班制
		6	一班制，但经常加班
		3	不足一班
	2. 发生故障后有无替代设备	10	车间内无代用或迂回工艺
		8	车间内有临时迂回工艺，无代用设备
		6	车间内有代用设备，但效率低
		3	车间内有代用设备
	3. 发生故障对完成生产任务的影响	10	会影响全分厂生产任务完成
		8	会影响全车间生产任务完成
		6	会影响班组生产任务完成
		3	只影响本机台生产任务完成
质量方面	4. 机床精度对产品质量的影响	10	对产品质量有决定性影响（产品不可修复）
		8	质量关键工序
		6	对产品质量有影响（产品可返修）
		3	对产品质量有一定影响
	5. 质量的稳定性	10	需经常调修精度
		8	需每季度调整一次精度
		6	需每半年调整一次精度
		3	产品质量稳定
维修性方面	6. 故障率影响	10	平均每月发生故障在3次以上，或故障停机8台时以上
		8	平均每月发生故障在2～3次，或故障停机6～8台时
		6	平均每月发生故障在1～2次，或故障停机4～6台时
		3	平均每月发生故障在1次以下，或故障停机4台时以内

（续表）

项目	影响内容	评分值	评分标准
维修性方面	7. 设备修理复杂程度	10	修理很难，停歇时间很长，修理费用特别高（FJ=15～20）
		8	修理困难，停歇时间长，修理费用高（FJ≥15）
		6	维修难度、停歇时间、修理费用都一般
		3	易修理，修理费用低（FJ≤10）
	8. 备件情况	10	备件供应困难，市场难以购买
		8	备件储备不足，订货期长（一般指一年以上）
		6	自制或外购周期长（一般指一年以上）
		3	备件供应正常
成本方面	9. 购置价格	10	30万元以上
		8	10～30万元
		6	5～10万元
		3	5万元以下
安全方面	10. 设备对作业人员安全及环境污染影响的程度	10	有严重影响
		8	有较大影响
		6	有一定影响
		3	稍有影响

　　重点设备确定（或设备分类划分）后不是长期不变的，它会随着企业生产对象和产品计划的划分、产品工艺的改变而改变，企业应定期进行研究与调整。

五、设置专门的保全部门

　　企业应设置专门的设备保全部门，以确立设备管理技术，提升设备管理水平。

　　设备保全部门的设置，必须独立于制造部门。设备保全部门的工作重点是累积维护的经验和技术，建立有效率的体制。因企业不同，设备保全部门的名称也不同，常见的名称有设备部、维修部、保养部等。一般来说，设备密集型企业、加工、组装行业等往往会设置设备保全部门。其工作内容不局限于设备维护工作，还有设备投资计划、设备基本设计、建厂工作的现场监工等。

六、设备保全计划

　　企业要想进行设备保全，必须首先制定一份计划。制定设备保全计划的基础是企业下一个生产周期的整体经营目标。

　　例如，某企业去年生产A、B、C、D四种产品，全年营业额是1亿元，今年要生产B、C、D、E四种产品，计划营业额要达到1.5亿元。这个量化目标对于设备管理者的意义在于：第一，可以依据它分析现有设备的产能是否能实现增长目标，如果不能，需要增加多少设备；第二，设备在下一年度可能出现哪些故障，需要相应更换哪些零配件等。

1. 保全计划的类型

　　经过量化分析，管理者便能确定保全预算和修理基准，填写保全计划的内容。企业可以将保全计划进一步细化，具体分为年度保全计划、月度保全计划、周保全计划、日保全计划和项目计划等，以提高计划的可行性，具体如图4-3所示。

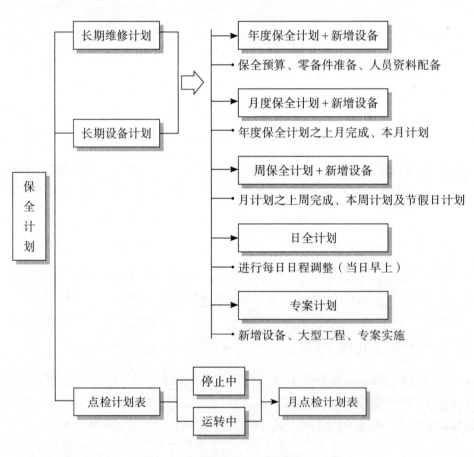

图4-3　保全计划的类型

2. 编制保全计划

　　一般由企业设备管理部门负责编制企业年度、季度及月度的设备保全计划，经生产、财务部门和使用单位会审、主管领导审批后，由企业下发、相关部门执行，并与生产计划同时考核。编制设备保全计划时，一般按收集资料、编制草案、平衡审定和下达执行四个阶段进行。

（1）收集资料

编制计划前，设备管理部门应做好数据的收集和分析工作。资料主要包括设备技术状况方面的数据以及其他编制计划需要使用和了解的数据。

（2）编制草案

在编制保全计划时，设备管理部门应认真考虑以下主要内容，如图4-4所示。

考虑一 —— 充分考虑生产对设备的要求，力求减少重点、关键设备的使用与修理时间的矛盾

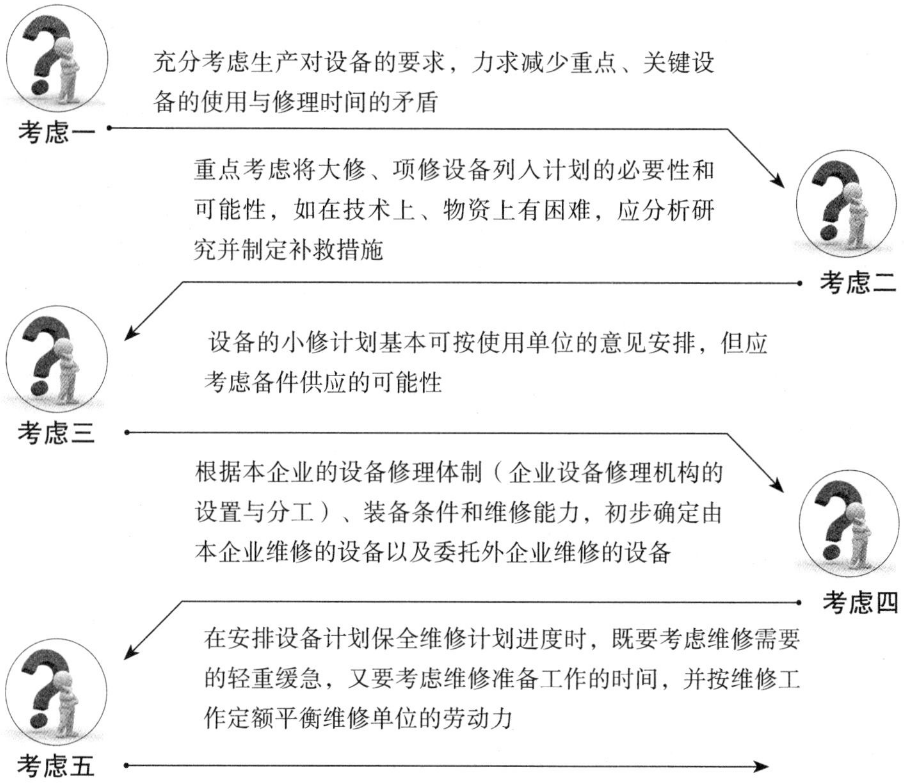

重点考虑将大修、项修设备列入计划的必要性和可能性，如在技术上、物资上有困难，应分析研究并制定补救措施 —— **考虑二**

考虑三 —— 设备的小修计划基本可按使用单位的意见安排，但应考虑备件供应的可能性

根据本企业的设备修理体制（企业设备修理机构的设置与分工）、装备条件和维修能力，初步确定由本企业维修的设备以及委托外企业维修的设备 —— **考虑四**

考虑五 —— 在安排设备计划保全维修计划进度时，既要考虑维修需要的轻重缓急，又要考虑维修准备工作的时间，并按维修工作定额平衡维修单位的劳动力

图4-4　编制草案应考虑的内容

在正式提出设备保全维修计划之前，设备管理部门应组织部门内负责设备技术状况管理、维修技术管理、备件管理的人员及设备使用单位的机械动力师等相关人员逐项对维修计划进行讨论，认真听取各方面的有益意见，力求使计划草案满足必要性、可行性和合理性的要求。

（3）平衡审定

计划草案编制完毕后，设备管理部门应将草案分发给各使用单位和生产管理、工艺技术及财务部门审查，收集各部门对相关项目增减、轻重缓急、停歇时间长短、维修日期等问题的修改意见。

经过对各方面的意见加以分析和作必要修改后，设备管理部门正式编制出保全计划及其说明，在说明中应指出计划的重点、影响计划实施的主要问题和解决的措施。经生产管理和财务部门会签、送总机械动力师审定后，报主管厂长审批。

（4）下达执行

由企业生产计划部门和设备管理部门共同下达设备保全计划，并作为企业生产经营计划的组成部分进行考核。

3. 年度大修、项修计划的执行和修订

设备年度大修、项修计划是经过充分的调查研究，从技术上和经济上综合分析了必要性、可能性和合理性后制定的，企业必须认真执行。

下面是某企业年度大修计划表和设备项修计划范本，供读者参考。

【范本】××年度设备大修计划表

××年度设备大修计划表

序号	设备编号	设备名称	型号规格	所在部门	大修内容	所需主要材料规格与数量	预计费用	计划实施时间	备注
1		行车滑触线		1#镀锌线	更换	50×50角钢410米	11 000元	2月	
2		行车滑触线		2#镀锌线	更换	50×50角钢270米	7 500元	6月	酸洗池处不换
3		行车滑触线		3#镀锌线	更换	50×50角钢170米	4 700元	10月	
4		塔吊		厂区西南角	操作室外壳更换，紧固更换塔身螺栓，防腐等	操作室外壳一个，M36×360高强度螺栓螺母30套	9 000元	2月	外协
5		螺杆压缩机		铁塔角钢车间	更换主控器、控制面板，机油过滤器、空气滤芯器	更换主控器、控制面板，机油过滤器、空气滤芯器	6 500元	4月	外协
6		龙门吊		2#线成品货仓	防腐、钢结构加固	防锈漆12kg装4桶	5 000元	3月	外协
7		交流发电机组		1600KV配电房	发电机定、转子及联轴器	联轴器1只，弹性圈8只。	7 000元	11月	发电机外协

（续表）

序号	设备编号	设备名称	型号规格	所在部门	大修内容	所需主要材料规格与数量	预计费用	计划实施时间	备注
8		龙门吊轨道		1#线成品货仓	调整紧固		30 000元	8月	外协
9		双盘摩擦压力机		铁塔角钢车间	导轨外修更换丝杠内螺母	丝杠内螺母1只	500元	7月	
10		全自动角钢生产线		铁塔角钢车间	更换所有液压密封件酌情更换活塞杆导套，液压油及高低压油泵一台	高低压油泵1台液压油300kg	15 000元	5月	

【范本】××年设备项修计划

××年设备项修计划

序号	修理项目	预计费用（元）	计划完成时间	实际完成时间	项目负责人
1	MA线A5腐蚀箱检修	10 000	春节		
2	除锈槽制作更换安装	15 000	5月		
3	MB线氯气蒸发器清理	10 000	春节		
4	MB线干燥炉调偏装置改造	30 000	4月		
5	空调系统保养修理	10 000	5月		
6	三废设备修理	15 000	春节		
7	氯气处理系统修理	5 000	10月		
8	温控系统改造	25 000	7月		
9	硫酸槽更换	5 000	7月		
10	酸排风系统修理	4 500	7月		

　　企业在执行设备年度大修、项修时必须提交申请，如表4-5所示。但在执行中由于某些难以克服的问题，企业必须对原定大修、项修计划进行修改的，应按规定程序进行修改。符合下列情况之一的，可申请增减大修、项修计划。

（1）设备事故或严重故障，必须申请安排大修或项修才能恢复其功能和精度。

（2）设备技术状况劣化速度加快，必须申请安排大修或项修才能保证生产工艺要求。

（3）根据修前预检，设备的缺损状况经过小修即可解决，而原定计划为大修、项修者应削减。

（4）通过采取措施，如设备的维修技术和备件材料的准备仍不能满足维修需要，设备必须延期到下年度进行大修、项修。

表4-5　设备大修、项修申请表

资产编号		设备名称		型号规格	
制造厂		出厂编号		出厂日期	
已大修次数		上次修理日期		启用日期	
安装地点		要求修理日期		复杂系数	
目前使用情况及存在问题	使用部门负责人： 　　　　年　　月　　日				
生产部门	负责人： 　　　　年　　月　　日				
设备部门	负责人： 　　　　年　　月　　日				
备注					

第二节　设备计划保全推进流程

计划保全体系是在传统的设备维修保全方法和不断完善经验的基础上形成的一套设备保全体系。企业设备计划保全的推进流程可以归纳为以下六大步骤。

一、成立推进小组并对设备进行评价与现状把握

（1）成立以生产副总为组长、以设备管理部门为核心的推进小组，同时吸收生产现场的设备人员、管理人员为小组成员。

（2）制作设备故障记录台账与维修台账，收集基础数据，用以建立改善依据。

（3）制定设备评价基准，并根据设备的重要程度与故障修复时间的长短，选定重点设备与重点部位（可根据帕累托法则，即二八法则确定）。

下面是某企业设备评价基准表，供读者参考。

【范本】设备评价基准表

设备评价基准表

设备名					设置模式			评价结果		
设备编号					设置日期					
制作者				制作处			评价者			
评价日				制作品名			承认			
评价区分	区分	评价项目	评分			评价基准				
生产	生产面	稼动率	5	3	1	（1）：未满70%；（3）：70%～80%；（5）：90%以上				
		使用熟练度	5	3	1	（1）：因为操作方法简单，所以，任何人可以随便使用 （3）：实习时间需要3小时左右，然后可以单独使用 （5）：实习时间需要8小时以上				
		机器设置年数	5	3	1	（1）：5年以上；（3）：1～4年；（5）：未满1年				
	保全面	故障发生频度	5	3	1	（1）：＜每月1次；（3）：每月2～5次；（5）：每月5次以上				
		故障修理时间	5	3	1	（1）：＜1小时；（3）：1～8小时；（5）：8小时以上				
		保全内容	5	3	1	（1）：简单的故障在内部容易维修 （3）：非专业人士施行应急措施困难 （5）：要求掌握专业的知识（需要的理想时间是1个月）				
	纳期面	故障对其他工程造成影响	5	3	1	（1）：没有影响；（3）：对后工程有影响；（5）：生产线停止				
		设备入手时间	5	3	1	（1）：＜1个月；（3）：1～6个月；（5）：6个月以上				
		出故障时有没有备件	5	3	1	（1）：确保有备件 （3）：有备件，但价格很高 （5）：备件未确保				

（续表）

评价 区分	区 分	评价项目	评分			评价基准
品质 （Q）		质量对其他工程 带来的影响	5	3	1	（1）：没有影响；（3）：对后工程有影响 （5）：有相当的影响（有质量问题必须废弃）
原价 （C）		保全费用	5	3	1	（1）：<50万元；（3）：50万～100万元； （5）：100万元以上
安全 （S）		故障对人体的危 险性	5	3	1	（1）：一点也没有；（3）：有若干的危险性； （5）：发生时有很大危险
等级基准		小计				A等级：40分以上
		综合分数			点	B等级：30～39分
		等极			等级	C等级：≤29分

（4）统计资料：统计故障次数、故障维修时间，计算当前MTBF（平均故障间隔时间）、MTTR（平均故障修理时间）等。例如，目前的MTBF为75.9分钟，MTTR为39分钟。

（5）设定目标：例如，设定目标为MTBF为240分钟，MTTR为25分钟。

二、对重点设备、重点部位进行劣化复原和弱点改善

（1）根据统计资料，推进小组对重点设备、重点部位的劣化原因进行分析。

（2）制定改进的方案，并根据方案制作或购买相应的备品备件，为下一步做好准备。

（3）根据方案对设备进行集中维修，复原劣化部位（目标为恢复设备出厂状态），并且追根溯源，对造成设备劣化的发生源进行强制排除（可采用自主保全支持活动）。

（4）对以上改善的弱点或难点进行持续改善。

（5）改善后进行每日跟踪，防止重大或类似事故的发生。

（6）根据以上过程重新统计资料，对其他重点设备、重点部位进行改善。

三、构筑信息管理体制

（1）建立整体设备故障数据管理系统（设备故障记录、设备维修记录、设备的MTBF和MTTR等）。

（2）构筑设备保全管理系统（设备履历管理、设备维修计划和检查计划等）。

（3）构筑设备预算管理系统（备品备件管理、国产化管理、新材料管理和信赖性管理等）。

（4）图纸、数据管理等。

四、构筑定期保全体制

（1）定期（每2周或每月）进行保全活动（备用设备使用、备品更换、测定用具检测、润滑、图纸和技术数据检验等）。

（2）制定定期保全活动体系程序与管理制度。

（3）确定对象设备、重点部位和保全计划。

（4）制定各种基准（检查基准、验收基准等）。

（5）提高定期保全的效率，确保相关人员能够做到快速判断与修理。

五、构筑预知保全体制

（1）培养专业技术人员对设备故障的提前预知能力。

（2）制定预知保全活动体系程序与管理制度。

（3）选定并扩大预知保全对象设备和重点部位。

（4）开发诊断设备的技术（有能力一定要实施）。

六、构筑计划保全体制

（1）建立计划保全制度。

（2）提高信赖性评价：故障、瞬间停止件数、MTBF等。

（3）提高保全性评价：定期保全率、预知保全率、MTTR等。

（4）降低成本评价：节俭保全费、保全费区分使用的改善。

以上即为推进计划保全的六大步骤，它的主线为基础调查→目标设定→重点分析改善→信息建立→定期监督→提前预防，最终实现计划保全习惯化、日常化机制的建立。通过实施以上六个步骤，企业的设备故障时间将大幅缩短。

第三节　设备计划维修管理

近年来，随着设备的更新换代和技术的不断进步，设备维修的技术含量也在不断提升。现代化的设备更复杂，具有更强的系统特性。因此，企业需要更先进的设备维修管理方法。计划维修就是一种先进的设备管理方法，它通过对设备的定期检查，发现异常先予修理。

一、设备维修的方式

设备状态劣化或发生故障后，为了恢复其功能和精度，企业应对设备的局部或整机进行检查并选择合适的维修方式，以使其恢复到正常的工作状态。

1. 设备故障原因分析

在使用过程中，随着零部件磨损程度的逐渐加大，设备的技术状态将逐渐劣化，以致设备在功能和精度上都难以满足产品的质量和产量要求。造成设备需要维修的原因很多，具体如图4-5所示。

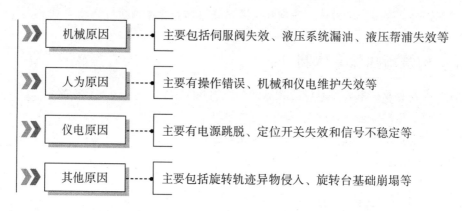

图4-5　造成设备需要维修的原因

2. 设备维修的类别

根据维修内容、技术要求以及工作量的大小，设备维修工作可划分为大修、项修和小修三类，具体如表4-6所示。

表4-6　设备维修的类别

序号	类别	具体说明
1	大修	设备大修的工作量很大。大修时，要对设备的全部或大部分部件解体；修复基准件，更换或修复全部失效的零件；修复和调整设备的电气及液、气动系统；修复设备的附件以及翻新外观等，从而达到全面消除修前存在的缺陷、恢复设备规定功能和精度的目的
2	项修	项修是根据设备的实际情况，对状态劣化、难以达到生产工艺要求的部件进行有针对性的维修。项修时，一般要拆卸、检查、更换或修复部分失效的零件；必要时，需要对基准件进行局部维修和调整精度，从而恢复所修部分的精度和性能 项目维修具有安排灵活、针对性强、停机时间短、维修费用低、能及时配合生产需要、避免过剩维修等特点。对于大型设备、组合机床、流水线或单一关键设备，企业可根据在日常检查、监测中发现的问题，利用生产间隙时间（节假日）安排项修，从而保证生产的正常进行

（续表）

序号	类别	具体说明
3	小修	小修的工作量最小。对于实行状态监测维修的设备，小修的内容是针对日常点检、定期检查和状态监测诊断发现的问题，拆卸有关部件，检查、调整、更换或修复失效的零件，以恢复设备的正常功能；对于实行定期维修的设备，小修的主要内容是根据掌握的磨损规律，更换或修复在维修间隔期内即将失效的零件，以保证设备的正常功能

按照不同的划分标准要求，三类设备维修工作的内容各有所侧重，具体说明如表4-7所示。

表4-7 设备维修工作内容比较表

修理类别 / 标准要求	大修	项修	小修
拆卸分解程度	全部拆卸分解	针对检查部位，部分拆卸分解	拆卸、检查部分磨损严重的机件和部位
修复范围和程度	维修基准件，更换或修复主要件、大型件及所有不合格零件	根据维修项目，对维修部件进行修复，更换不合格零件	清除污秽积垢，调整零件相对位置，更换或修复不能使用的零件，修复达不到完好程度的部位
刮研程度	加工和刮研全部滑动接合面	根据维修项目决定刮研部位	必要时局部修刮，填补划痕
精度要求	按大修精度及通用技术标准检查验收	按预定要求验收	按设备完好标准要求验收
表面修饰要求	全部外表面刮腻子、打光、喷漆，手柄等零部件重新电镀	补漆或不进行	不进行

二、维修实施阶段管理

设备的维修必须依照各类维修计划进行，企业应做好维修的准备、实施和验收三个阶段的管理工作。

1. 维修前准备工作

（1）划出维修区域

维修之前，企业应划出专门的维修区域供维修工作使用。

（2）粘贴维修标志

维修人员应当在需维修的设备上贴上"修理中""禁止运行"等标志，以示区分。

（3）调查设备技术状态和产品技术要求

为了全面、深入地掌握需要维修设备的具体劣化情况和修后设备加工产品的技术要求，设备管理部门负责设备维修的技术人员应会同设备使用单位的机械动力师和施工单位维修技术人员共同进行维修前的预检。

2. 实施维修

在确定的时间内，维修人员依据维修技术任务书、维修工艺规程进行设备维修。维修过程中，维修设备如需与外界隔离，可以用带老虎线的栏杆隔开。

3. 验收检查

设备维修完毕后，经空运转试验和几何精度检验自检合格后，维修单位应通知企业设备管理部门操作人员、机械动力师和质量检查人员共同参加设备维修后的整体质量验收工作。设备大修、项修竣工验收应依相应程序进行，具体如表4-8所示。

表4-8 设备大修、项修竣工验收程序表

检验内容	检验依据	检验人员	记录
空运转试车检验	空运转试车标准	修理单位相关人员	空运转试车记录
		质量检查人员、主修技术人员	
		设备操作人员	
		设备管理部门相关人员	
负荷试车检验	负荷试车标准	修理单位相关人员	负荷试车记录
		质量检查人员、主修技术人员	
		设备操作人员	
		设备管理部门相关人员	
精度检验	几何工作精度标准	修理单位相关人员	精度检验记录
		质量检查人员、主修技术人员	
		设备操作人员	
		设备管理部门相关人员	
竣工验收	修理任务书及检验记录	修理单位相关人员	修理竣工报告单
		质量检查人员、主修技术人员	
		车间机械员、设备操作人员	
		设备管理部门相关人员	

按规定标准，在空运转试车、负荷试车及几何工作精度检验均合格后才可办理竣工验

收手续。验收工作由企业设备管理部门主持，由维修单位填写"设备大修、项修竣工报告单"（见表4-11），一式三份，随附设备维修技术文件和试车检验记录。参加验收的人员要认真查阅维修技术文件和维修检验记录，并互相交换对维修质量的评价意见。

在设备管理部门、使用部门和质量检验部门的代表一致确认已完成维修技术任务书规定的维修内容，并达到规定的质量标准和技术条件之后，各方人员在"设备大修、项修竣工报告单"上签字验收，并在评价栏内填写验收单位的综合评价意见。

验收时，如有个别遗留问题，在不影响设备正常使用的情况下，各方人员须在"设备大修、项修竣工报告单"上写明经各方商定的处理办法，由维修单位限期解决。

4. 做好维修记录

设备维修时，维修人员应做好相应的维修记录，具体如表4-9所示。

表4-9　设备维修记录表

使用单位：　　　　　　　　　　维修日期：　　　　　　　　　检验日期：

设备名称：		设备编号：		型号规格：
序号	维修内容	维修结果	维修人员	检验人员

维修人员在设备的大修、项修完成后，要填写"设备大修、项修完成情况明细表"（见表4-10）和"设备大修、项修竣工报告单"（见表4-11）。

表4-10　设备大修、项修完成情况明细表

序号	工作令号	资产编号	设备名称	规格型号	制造厂	出厂日期	使用部门	复杂系数		修理性		计划进度（季）				计划修理费用/元		实际修理费用/元		实际开工时间月、日	实际完成时间
								机	电	大修	项修	一	二	三	四	机	电	机	电		

表4-11　设备大修、项修竣工报告单

维修日期　　　　　　　　　　　　　　　验收日期：
填报人：　　　　　　　　　　　　　　　填报日期：

设备编号		设备名称		设备型号：
序号	维修项目	维修记录	试运行状况	维修人员
验收单位意见	设备使用部门			
	设备管理部门			
	质量检验部门			
工程评价栏				

第四节　建立设备点检制度

设备点检与人的定期体检一样，是为了能发现设备出现的某种不正常状态，以便相关人员能及时对设备进行早期检查、诊断和维修。

一、什么是点检制

点检制是指通过制定点检频率，对设备实施按标准、按周期、按部位的检查。这是一种最普遍的管理制度，出现在众多企业的管理制度体系中。点检制以点检为中心，运用检查手段对设备实施早期检查、诊断和维修，要求点检人员肩负起检与修的双重责任。

1. 点检制的分类

（1）日常点检

日常点检是最基本的检查。通常在设备运转中或运转前后，点检人员靠五感（视、听、嗅、味、触）对设备进行短时间的外观点检，及时发现各种异常状况，如振动、异音、发热、松动、损伤、腐蚀、异味、泄漏等，以防止或避免设备在不正常状态下工作，点检周期一般不超过一周。

（2）定期点检

定期点检是在设备未发生故障之前进行的点检，以及早发现异常，将损失减少到最低限度的一种手段。除了依靠人体器官感觉以外，定期点检还可使用简易的测量仪器，有时还要进行停机解体检查。

按照周期的不同，定期点检又可分为短周期点检和长周期点检两大类。

①短周期点检。为了预测设备的工作情况，点检人员靠五感、简单工具或仪器对设备重点部位仔细地进行静（或动）态的外观点检，点检周期一般为1～4周。短周期点检中还包括重合点检项目。所谓重合点检是指专职点检人员对日常点检中的重点项目重合进行详细外观点检，用比较的方法确定设备内部的工作情况，点检周期一般不超过一个月。

②长周期点检。为了了解设备磨损情况和劣化倾向而对设备进行的详细检查，检查周期一般在一个月以上。这种点检主要包括两个方面，具体说明如图4-6所示。

在线解体检查

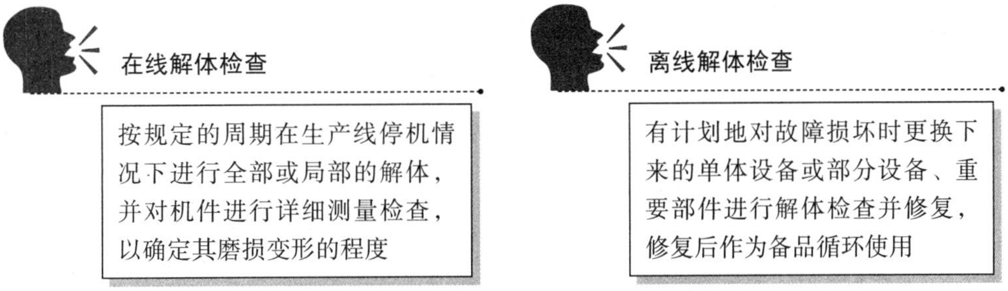

按规定的周期在生产线停机情况下进行全部或局部的解体，并对机件进行详细测量检查，以确定其磨损变形的程度

离线解体检查

有计划地对故障损坏时更换下来的单体设备或部分设备、重要部件进行解体检查并修复，修复后作为备品循环使用

图4-6　长周期点检的两个方面

（3）精密点检

精密点检是指用精密仪器、仪表对设备进行综合性测试调查，或在不解体的情况下运用诊断技术，即用特殊仪器、工具或特殊方法测定振动、应力、温升、电流、电压等物理量，通过对测得的数据进行分析比较，确定设备的技术状况和劣化倾向程度，以判断修理和调整的必要性，点检周期根据有关规定和要求而定。

2. 点检制的特点

点检是按照一整套标准化、科学化的流程进行的，它是动态的管理，具有"八定"的特点。"八定"的具体内容如图4-7所示。

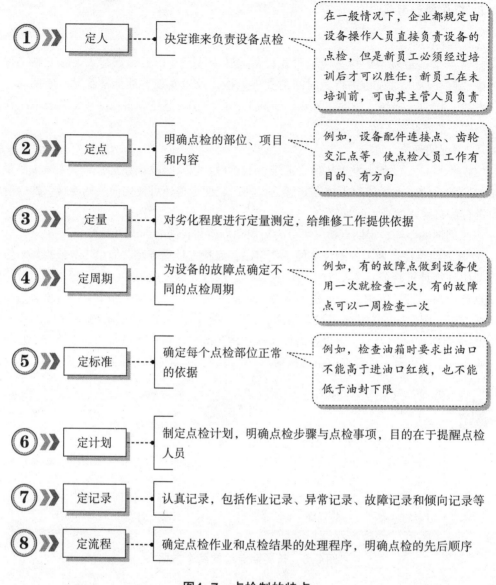

图4-7　点检制的特点

3. 点检项目的选定

确定点检项目就是要确定设备在开机前、运行中和停机后需要周期性检查和维护的具体项目。

（1）开机前，可以根据设备的相关技术资料、技术人员的指导和操作人员的经验确定点检项目。一开始确定的点检项目可能很烦琐，但可以在工作中逐渐对其进行简化和优化。

（2）运行中，应根据操作人员的技术能力、维修备用品和维修工具等的实际情况确定点检项目，并且要与专业技术人员进行的计划保全加以区别。在操作人员的能力范围内，做到自主保全的点检项目尽可能完善，保障设备的日常运行安全、可靠。

（3）停机后，对每项点检项目的点检方法、判定基准和点检周期进行修正和完善，以便于点检工作的实施。

4. 点检方法

点检主要依靠人的"五感"（视、听、嗅、味、触）和简单的工具仪器，按照预先设定的方法和标准，定点、定周期地对设备进行检查，找出设备的隐患和潜在缺陷，掌握故障的初期信息，并及时采取对策将隐患和故障消灭于萌芽状态。五感点检法的具体内容如表4-12所示。

表4-12　五感点检法的具体内容

序号	类别	具体内容
1	目视	目视的适用范围极广，各种检查均可从目视开始。用目视检查时，一定要对设备进行认真细致的观察。例如，检查电气柜时不但要看盘面，而且要打开柜门，从各个角度进行观察；检查电机时不但要看电机外壳，而且还要打开端盖，进一步观察整流状况和火花等级等
2	听音	听音法主要用于鉴别异音和正常声音。听到异音后，可以借助其他检查手段确定异常部位
3	鼻嗅	鼻嗅法主要用于检查烧焦等引起的异常气味。例如，常用电气设备都是无怪气味的，如出现怪味，不是继电器、电动机线圈发生匝间短路，就是绝缘老化烧毁等
4	手摸	触觉与视觉、听觉是密切关联的。手摸主要检查温度、振动和污染等。温度过高不但会加速绝缘劣化、缩短绝缘寿命，而且容易引起人身触电、烧损设备等事故，还会使电子回路性能下降
5	口尝	采用五感点检时，通常不大使用口尝的方法，即使在特殊场合急需鉴别酸性或碱性物质时，也必须在确保对身体无害的前提下谨慎使用

5. 点检基准

点检基准是指某个点检项目测量值的允许范围，如电机的运行电流范围、液压油油压范围等，它是判定一个点检项目是否符合要求的依据。基准不是很明确时，可以咨询设备制造商或根据技术人员（专家）的经验值进行假定，然后逐渐提高精度。

6. 点检周期

点检周期是指两次点检作业之间的时间间隔。不同设备、不同故障点的点检周期都是不同的。

二、点检的四大标准

设备点检管理标准由维修技术标准、给油脂标准、点检标准、维修作业标准等四项标准组成，简称"四大标准"，其关系如图4-8所示。

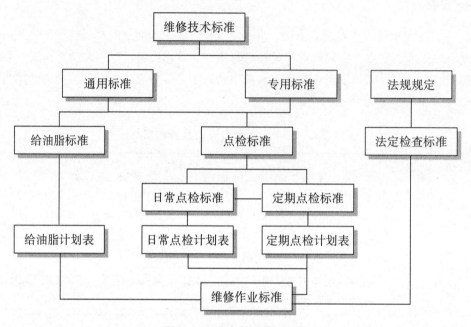

图4-8　四大标准的关系

四大标准的建立和完善是点检定修的制度保证体系，是点检定修活动的科学依据，它将点检工作沿着科学的轨道向前推进。

1. 维修技术标准

维修技术标准是四大标准中最重要的部分，一台设备如何修理，主要是依据维修技术标准。

（1）编制要领

①按设备维修技术管理制度的规定，A、B、C三级设备都要进行编制。

②设备名称栏填写设备名称。

③装置名称栏填写分部设备名称。

④填写该设备的分部设备编号。

⑤画出装置示意图，标出装置中需要点检部位的名称及易损部件名称，在备注栏内要写上部件安装要求。

⑥填写易损更换件、修理件或修复件名称。

⑦填写易损更换件、修理件或修复件材质。

⑧填写易损更换件、修理件或修复件图纸上所标注的主要尺寸，以及该零件和相关连零件之间主要标准装配间隙和该零件的劣化极限允许值。

⑨填写易损更换件、修理件或修复件进行点检的方法和周期时间。

⑩填写易损更换件、修理件或修复件更换的周期时间。

（2）编制人员

A、B类设备由专业点检人员编制，装备部审核，设备副总经理批准；C类设备由专业点检人员编制，负责生产设备的厂长审核，装备部批准。

下面是某企业起吊设备的维修技术标准，供读者参考。

【范本】起吊设备的维修技术标准

起吊设备的维修技术标准

序号	项目	基准			检查		更换周期	示图
		标准尺寸	标准间隙	磨损界限	方法	周期		
1	起升制动轮	φ600	30	φ570	测量	1Y		图 I
2	起升大滑轮	φ750	60	φ720	测量	2M	10 000H	图 II
3	导向滑轮	φ750	60	φ710	测量	3M	2 000H	
4	超负荷滑轮	φ490	45	φ420	测量	3M	8 000H	
5	衬套	$\phi 70^{+0.046}_{0}$	0.146	φ70	测量	8 000H		
6	滑轮轴	$\phi 70^{-0.06}_{-0.1}$	0.146	φ70	测量	8 000H		图 III
7	钢丝绳卷筒				目测			
8	电磁换向阀阀芯		0.015	0.04	测量	8 000H		
9	分配器阀芯	$\phi 70^{-0.012}_{-0.02}$	0.015	0.04	测量	8 000H		
10	变幅油缸球面轴承	φ160	0.144	φ160	测量	8 000H		图 IV
11	变幅油缸接轴	φ105	5	φ105	测量	8 000H		图 V
12	转向蜗轮圈	φ160	5	4.5	测量	8 000H		
13	上下锥盘	75	5	4.5	测量	8 000H		
14	转向蜗轮箱轴承619	内孔φ95	0.075	0.8 0.2	测量	8 000H		
15	轴承3528	座孔φ250 内孔140	0.15	φ250 φ140	测量	8 000H		
16	轴承319	座孔φ250 内孔φ95	0.045 0.075	0.8 0.2	测量	8 000H		
17	转向蜗轮箱座与箱盖		0.08		测量	8 000H		

（续表）

序号	项目	基准			检查		更换周期	示图
		标准尺寸	标准间隙	磨损界限	方法	周期		
18	行走从动齿轮			2.7	测量	8 000H		
19	行走从动齿轮衬套	$\phi 70^{+0.03}_{0}$	0.09	$\phi 70^{+1.5}_{0}$	测量	10 000H		
20	行走从动齿轮轴	$\phi 70^{-0.03}_{-0.06}$	0.09	$\phi 70^{-1}_{0}$	测量	10 000H		
21	行走蜗轮箱输出轴瓦					10 000H		
22	行走瓦座					3 000H		图Ⅵ
23	行走轮					3 000H		

注：H——小时；M——月；Y——年

2. 给油脂标准

（1）编制依据

①设备的使用说明书、图纸数据。

②同类设备的实际数据。

③有关技术数据或上级有关技术部门推荐的设备润滑及油脂使用技术管理值。

（2）编制要领

①序号填写设备名称的顺序号。

②设备名称填写单项设备名称。

③填写该设备分部设备的名称，如滚道、滚筒、压下装置、传动装置等。

④填写该设备分部设备所需要给油脂场所，如轴承、滑道、衬板等场所。

⑤填写该部件给油脂的润滑方式，如集中循环给油、集中自动给油、集中手动给油、油浴润滑、油雾润滑、滴下润滑、油枪给油、油杯给油等。

⑥填写润滑油牌号。

⑦填写所需润滑的点数。

⑧填写补油标准油量，以L（升）为单位。

⑨填写周期时间，H——时、S——每运行班、D——天、W——周、M——月、Y——年。

⑩严格按分工协议的规定进行填写。凡人工或手动加油设备，由岗位操作工进行加油；凡自动加油或一次性加油的设备，由维修人员按计划定期补给或更换。

⑪备注栏填写附加说明。

⑫编制栏由专职点检人员编制并签名。

⑬审核由点检作业长签字。

⑭按维修技术管理制度规定，A、B、C、D四级设备都要编制给油脂标准。

（3）标准分类

①该表适合机、电、仪专职点检使用。

②该表可以分为通用设备类，如皮带机、空压机、泵等大类，再由大类分小类编制，越细越好。

③由设备科推荐的液压润滑标准。

（4）其他要求

①新增设备或当设备由于技改原因变更润滑部位或方式时，应相应增补和修改润滑标准。

②通过PDCA工作循环，不断完善润滑标准。

③编制顺序：首先编制单机设备部件补油标准和更换油脂标准，然后编制化验油的标准，一般对容积大于500L的供油部位要进行油化验。

④凡改用新油种或替代油种，必须经装备部审批。

下面是某企业矿石送料设备的给油脂标准，供读者参考。

【范本】矿石送料设备的给油脂标准

矿石送料设备的给油脂标准

部件名称	给油脂部位	给油脂方法	油脂牌号	给油脂个数	给油脂		更换	
					量	周期	量	周期
给料闸门	液压装置	手注	HYDW-2	1			15	2Y
	齿条	涂布	PELC-2	1	500mL	1M		
	轴承	油枪	PELC-2	2	20mL	6M		
振动筛	减速机	油溶	GEAS-2	1			120	3Y
	振动轮	手注	PELC-2	4	40mL	6M		
秤重漏斗	减速器	油溶	GEAS-2	1			11	3Y
	闸门支架	集中润滑	PELC-2	2	4mL	3H		
	曲柄销	集中润滑	PELC-2	1	2mL	3H		
闸门溜槽	调节螺杆	集中润滑	PELC-2	1	2mL	3H		
	行星减速机	油溶	GEAS-2	1			120	3Y

注：mL——毫升；H——小时；M——月；Y——年

3. 点检标准

（1）点检标准包含的具体内容

①点检路线图。

②点检周期表。

③点检设备的名称。

④设备点检的内容和标准。

（2）点检路线图的编制

点检人员应根据点检标准的要求，按开展点检工作方便、路线最佳并兼顾工作量的原则，编制所辖设备的点检计划，再按照每天点检计划编制点检路线图，达到准确、合理、省时、有效作业的目的。

实例

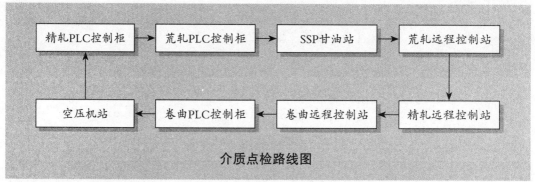

介质点检路线图

（3）点检标准编制依据

①设备使用说明书和有关技术图纸数据。

②检修技术标准。

③参考国内外同类设备的实际数据。

④通过PDCA循环取得的实际经验积累。

（4）点检标准的内容

点检标准的主要内容包括点检部位与项目、点检内容、点检方法、点检状态；点检判定基准、点检周期、点检分工，具体说明如表4-13所示。

表4-13　点检标准的主要内容

序号	内容	说明
1	点检部位与项目	设备可能发生故障和劣化并需点检管理的地方，其大分类为"部位"，小分类为"专案"
2	点检内容	主要包括以下要素 （1）机械设备的点检要素：压力、温度、流量、泄漏、异音、震动、给油脂状况、磨损或腐蚀、裂纹或折损、变形或松弛 （2）电气设备的点检要素：温度、湿度、灰尘、绝缘、异音、异味、氧化、连接松动、电流、电压

（续表）

序号	内容	说明
3	点检方法	（1）用视、听、触、味、嗅觉为基本方法的"五感点检法" （2）借助简单仪器、工具进行测量 （3）用专用仪器进行精密点检测量
4	点检状态	（1）静态点检（设备停止时） （2）动态点检（设备运转时）
5	点检判定基准	（1）定性基准 （2）定量基准
6	点检周期	依据设备作业率、使用条件、工作环境、润滑状况、对生产影响的程度、其他同类厂的使用实绩和设备制造厂家的推荐值等先初设一个点检周期值，以后随着生产情况的改变和实绩经验的积累逐步进行修正，以使其逐渐趋向合理 日常点检标准：用于短周期的生产操作、运行值班日常点（巡）检作业 定期点检标准：用于长周期的专业点检人员编制周期管理表的依据与定期点检作业
7	点检分工	点检工作的责任人员

（5）点检标准表格制作要领

①按设备维修技术管理制度规定，A、B、C三级设备都要进行编制。

②设备名称填写以6位数为编号的单项设备名称，设备编号填写6位数。

③填写点检项目的顺序号。

④填写该设备的分部设备编号9位数。

⑤填写该部件可能发生的劣化部位，检查部位可以分为滑动部分、回转部分、传动部分、与原材料接触部分、荷重支撑部分、受介质腐蚀部分和电气包括绝缘、电机参数精度控制、监测的稳定性等。

⑥填写该部件劣化检查项目，如回转部分的轴承、传动部分的齿轮或齿条、解体检查。

⑦填写该部件劣化检查项目中诊断的十大要素：压力、流量、温度、泄漏、异音、振动、给油状况、磨损、松弛、裂纹、腐蚀、绝缘等。

⑧按分工协议的规定，定出专职、运行、生产点检的周期。专职点检周期可先设定一个周期值，以后再逐步修正完善；周期栏填写表示方式为H——小时、S——每运行班、D——天、W——周、M——月、Y——年。

⑨严格按分工协议区分项目、内容、属性。

⑩制定出该项目、内容在什么状态下点检：○——运行中点检，△——停止中点检。

⑪区分出该项目、内容的点检方法，如更换可在其他栏内"√"或打"○"。

⑫点检标准栏填写定性或定量数据，如无破损属定性，温度≤75℃为定量数据。

⑬点检标准由专职点检人员编制并签名。

⑭点检标准由点检站长审核并签字。

下面是某企业设备点检标准，供读者参考。

【范本】设备点检标准

设备点检标准

设备（装置）名称	照明设备		点检周期标记	D——天 W——周 M——月 Y——年	点检状态标记	○——运行中点检 △——停止中点检		
序号	点检部位、项目	点检内容	标准	点检周期	点检方法	点检状态及分工		容易劣化部位	备注
						运行	点检	生技		
1	照明设备	开关	无缺损、无异味	2W	目视、鼻闻		○		√	
		线路	无损坏	2W	目视		○		√	
		灯具	无变形	2W	目视		○		√	
		吊架	无变形、无损坏	2W	目视		○			
		保险	容量正确、完好	2W	目视		○		√	
		灯炮	正常亮灯	2W	目视		○		√	
		整流器	无烧焦痕迹	2W	目视		○		√	
		启辉器	正常	2W	目视		○		√	
		可充电电池	接线正确	2W	目视		○			
		接线端子	无松脱、无变色	2W	目视		○		√	
		墙壁插座	无变形、无损坏	2W	目视		○		√	
		照明箱	无变形、无损坏	2W	目视		○			
		荧灯管	正常亮灯	2W	目视		○		√	

4. 维修作业标准

维修作业标准是点检人员确定检修作业流程、工艺、工时和费用的基础，是企业进行维修作业的依据。

维修作业标准规定了作业名称、作业方法、作业顺序、作业条件、技术要点、安全注意事项、使用工具以及作业人员、作业所需时间和作业费用等。

（1）编制的目的

①提高检修作业质量。

②缩短检修作业时间。

③消灭检修作业事故。

④有利于检修作业管理（标准化作业、检修费用管理）。

（2）编制的依据

①国家和行业颁布的有关标准和规定。

②制造厂家提供的设备使用说明书和图纸。

③设备的检修技术标准。

④国内外同类设备的检修作业标准。

⑤有关安全规程和工艺规程。

（3）编制的条件

①明确作业目标，了解项目内容。

②掌握设备结构，掌握作业工序。

③熟悉作业环境，具有施工实践经验。

（4）作业标准的内容

作业标准的内容包括设备名称、作业名称、使用工器具、作业条件、保护工具、作业人员、作业时间、总工时、作业网络图、作业要素（项目）、作业内容、操作人员、技术安全要点以及检修费用等。

（5）编写时注意事项

①一般作业（如手锤、气割、锉、铲等）不必详细填写。

②一定要写明安全要点，特别是应吸取以往发生过事故的教训。

③不容易理解的作业流程可用简图说明。

（6）编制说明

①一般检修项目的作业标准，只需工时工序表（以作业网络图为主）就可以。但对于大型重要、难度较大的检修项目，必须有作业说明书。

②编制作业网络图，首先要抓住施工中工期最长的工序项目，围绕主工序找出副工序，尽量采用并行操作以扩大施工面、缩短工期。

③作业说明书须详细填写拆装、检测作业顺序名称、每一主要工序的作业内容、所需工器具、操作人员以及技术安全要点，对于较难用文字说明清楚的内容须用示意图、简图等加以说明。

下面是某企业维修作业标准书，供读者参考。

【范本】维修作业标准书

维修作业标准书

设备名称	刮板运输机	作业名称	变速器修理

作业人员	2个	计划投入工时	12个	计划停机台时	6天

流程	升井准备 ① 1天 → 揭盖 ② 半天 → 清理 ③ 1天 → 检修、更换配件 ④ 1.5天 → 装配 ⑤ 半天 → 试运行 ⑥ 半天 → 下井安装 ⑦⑧ 1天

技术要求	安全及注意事项
（1）装配前要对各零件清洗干净，分组存放 （2）轴承及箱体结合处应无渗漏 （3）变速器润滑油应用68号齿轮油，加油至油标刻度线 （4）装配好的变速器应运转正常，无异响	（1）要注意拆卸、吊装过程的安全 （2）拆卸箱体时，如涉及其他零部件，应按规定装好，不得缺件遗漏 （3）运行时，应先低速运转3~5分钟

三、点检的实施

1. 点检前的准备工作

点检前的准备工作主要包括制定合理的点检计划、培训点检人员和设置点检通道。

（1）制定点检计划

对设备现状进行调查后，企业要制定相应的点检计划，确定好点检的项目、基准、方法和周期等。点检计划表如表4-14所示。

表4-14 点检计划表

设备名称：介质系统

注：○——计划；△——待处理；√——完好；×——故障；周期标志：D——天，W——周，
M——月，S——每运行班，Q——季，Y——年

序号	部位名称	点检计划项目	周期	年月	月																													
				日	1	2	3	4	5	6	7	8	9	10	11	12	13	14	15	16	17	18	19	20	21	22	23	24	25	26	27	28	29	30	31
1	各站内柜子	工作环境洁净、温度湿度适宜	D	计划																														
				实绩																														
		各插件指示灯正常	D	计划																														
				实绩																														

（续表）

序号	部位名称	点检计划项目	周期	年月	月																											
				日	1	2	3	4	5	6	7	8	9	10	11	12	13	14	15	16	17	18	19	20	21	22	23	24	25	26	27	28	29	30	31
1	各站内柜子	各元器件运行状态正常	D	计划																																
				实绩																																
		接线插头接线紧固、无松动	W	计划																																
				实绩																																
2	I/O	工作环境洁净、温度湿度适宜	D	计划																																
				实绩																																
		现场I/O块运行状态及指示灯正常	D	计划																																
				实绩																																
		电缆正常、接线紧固	W	计划																																
				实绩																																
3	检测装置	接近开关回馈信号正常	D	计划																																
				实绩																																
		传感器回馈信号正常	D	计划																																
				实绩																																
		控制阀阀头供电正常	D	计划																																
				实绩																																
4	通信网络	工作环境洁净、温度湿度适宜	D	计划																																
				实绩																																
		网络信号正常	D	计划																																
				实绩																																

（2）培训点检人员

为了使操作人员能胜任点检工作，企业应对操作人员进行一定的专业技术知识和设备原理、构造、机能的培训。这项工作由技术人员负责，并且要尽量采取轻松、活泼的方式进行。

在培训前，企业应制定培训计划。计划中应明确受培训者、培训者、培训内容和日程安排等，以保障培训工作的实施。

（3）设置点检通道

对于设备较集中的场所，企业应考虑设置点检通道。点检通道的设置可采取在地面画线或设置指路牌的方式，然后再沿点检通道、依据点检作业点的位置设置若干点检作业站。这样，点检人员沿点检通道走一圈就能完成对一个区域内各个站点设备的点检作业，有效地避免点检工作中的疏忽和遗漏。企业在设置点检通道时要注意三项要点，如图4-9所示。

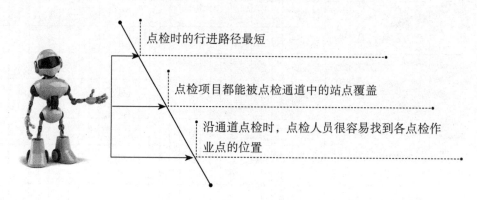

点检时的行进路径最短

点检项目都能被点检通道中的站点覆盖

沿通道点检时，点检人员很容易找到各点检作业点的位置

图4-9　设置点检通道的要点

（4）具体实施

对于日常点检，点检人员可以按照正常的程序实施点检作业。对于一些设备的定期点检，点检人员则要在规定的时间点进行，并做好相应的记录。

某些设备因日常工作量大、使用频繁，是点检工作的重点，点检人员须注意以下几个要点。

①点检必须按照规定的点检项目和科学的线路，每天循环往复地进行。做好这项工作的关键是严格执行日常的点检程序，同时，要求操作人员应成为具有较高素质的技术型和管理型作业人员。

②点检中发现设备摆放混乱时应及时整理，使其恢复整齐。

③必须对不正确的设备操作行为予以纠正，并为操作人员讲解设备结构、性能等方面的相关要点，使其了解为何要按操作规程作业。

④应根据现场实际情况填写点检表，并与操作人员一起落实点检工作。

（5）点检结果分析

在点检实施后，点检人员要对所有记录，包括点检记录、设备潜在异常记录、日常点检的信息记录等进行整理和分析，以实施具有针对性的改进措施。在这些分析的基础上，企业可实施改善措施，以提高设备的使用效率。

（6）解决点检中存在的问题

设备点检中发现的问题不同，解决问题的途径也不同。

①经过简单调整、修正可以解决的问题，一般由操作人员自己解决。

②在点检中发现的难度较大的故障和隐患，由专业维修人员及时解决。

③维修工作量较大、暂不影响使用的故障和隐患，经车间机械员鉴定后，由车间维修

组予以排除，或上报设备管理部门协助解决。

（7）设备点检责任明确

企业要明确设备点检时各参与人员的职责。凡是设备有异常情况，操作人员或维修人员在定期点检、专题点检时没有检查出的，由操作人员或维修人员负责；已检查出的，应由维修人员维修；没有及时维修的，由维修人员负责。

四、做好设备点检工作应明确的关系

1. 操作人员与岗位点检的关系

操作人员是设备的第一监护人，其完成各类生产任务的首要条件是设备的正常运行。因此，关注设备的运行状态是他们的一项重要工作。由于操作人员经常与设备打交道，他们对设备的运行状况了解得比较清楚，应该是设备异常情况的第一发现人。

操作人员技能的高低不仅能反映在产品的质量上，而且反映在设备的使用寿命上。技能较高的操作人员在一定程度上可以弥补由于设备缺陷造成的产品质量问题，甚至还能指点专业维修人员的修理方向。尤其是技术含量较高的设备，对操作人员的素质要求更高。只有两者相得益彰，才能发挥出设备应有的技术优势。

岗位点检是设备点检维修制度的重要组成部分，以操作人员为主的岗位点检与专业人员的专业点检有所不同，它体现了全员设备维护管理的特征。同时，岗位点检还要求操作人员必须熟悉生产设备的结构，掌握相关设备的基本知识，要有较强的责任感和观察力，能凭借直感和经验对设备的表征现象进行观察分析，及时发现设备的异常情况。

由于操作人员实行岗位点检，增加了新的工作内容，所以思想观点必须随之发生改变。在新的设备管理体制下，操作人员要做的不仅仅是操作，更需要做好岗位点检工作。因此，促进操作人员思想的转变也是管理者应该思考的问题。

2. 岗位点检与专业点检的关系

岗位点检和专业点检应相互补充，有机结合。

（1）岗位点检是设备点检定修的第一道防线

要确保这第一道防线发挥应有的作用，岗位点检人员必须熟悉点检标准，熟悉设备结构原理和工艺操作程序，做到正确使用，合理操作；同时还必须具备自主管理设备的意识和维护保养设备的基本技能，包括正确紧固螺丝、合理添加润滑油、简单机配件的更换、简单故障的排除等。

（2）专业点检的作用及对专业点检的要求

专业点检在设备点检维修管理中处于核心地位，专业点检人员是设备点检维修管理的责任者和管理者。

①在专业技术方面，专业点检人员具有预防维修的基本知识，掌握设备的相关技术图纸、制定点检标准，确定进行倾向自主管理的项目，并结合精密点检或简易诊断技术，对主要零部件进行量化管理。

②在管理业务方面，专业点检人员在全面开展点检工作的基础上，精心编制各种维修计划及预算，如维修工程计划、备品备件计划、维修费用计划以及点检工作的各种计划；做好原始记录、信息传递、数据分析；正确处理和协调点检、生产、维修三方面的关系，不断提高设备点检维修水平。

③在工作作风方面，专业点检人员要有高度的责任心，不相互推诿，工作精益求精；要有自信心及推行点检设备管理的强烈意识，积极推进全员设备维修管理工作。

五、精密点检与劣化倾向管理

1. 精密点检

精密点检是设备点检不可缺少的一项内容，主要是利用精密仪器或在线监测等方式对在线、离线设备进行综合检查测试与诊断，测定设备的某些物理量，及时掌握设备及零部件的运行状态和缺陷状况，定量地确定设备的技术状况、劣化程度及劣化趋势，以判断其修理和调整的必要性。

（1）精密点检的常用方法

①无损检查技术。

②噪声诊断技术。

③油液监测分析技术。

④温度监测技术。

⑤应力应变监测技术。

⑥表面不解体检测技术。

⑦电气设备检测技术。

（2）精密点检管理流程

精密点检管理流程如图4-10所示。

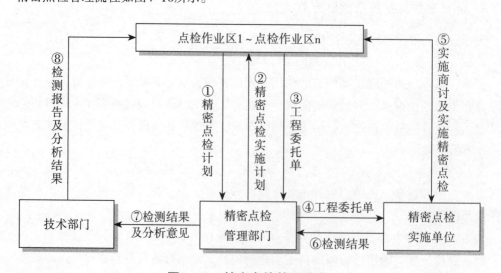

图4-10　精密点检管理流程

（3）精密点检跟踪管理

根据设备实际状况和精密点检结果采取相应的管理办法，一般有继续检测、监护运行和停机修理三种对策。

对精密点检结果判断有缺陷的设备，为控制设备劣化的发展应采用以下措施。

①设备状态监视。

②备件准备。

2. 设备的劣化

设备原有功能的降低和丧失，以及设备的技术、经济性能的降低，都称为设备的劣化。

（1）设备劣化的类型

设备劣化的类型有三类，如图4-11所示。

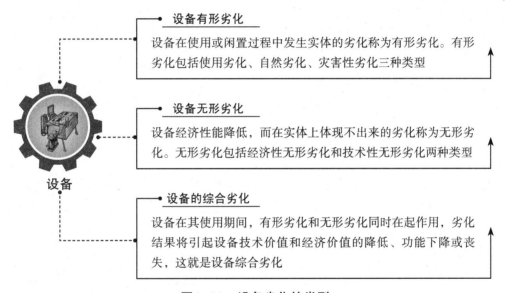

设备有形劣化
设备在使用或闲置过程中发生实体的劣化称为有形劣化。有形劣化包括使用劣化、自然劣化、灾害性劣化三种类型

设备无形劣化
设备经济性能降低，而在实体上体现不出来的劣化称为无形劣化。无形劣化包括经济性无形劣化和技术性无形劣化两种类型

设备的综合劣化
设备在其使用期间，有形劣化和无形劣化同时在起作用，劣化结果将引起设备技术价值和经济价值的降低、功能下降或丧失，这就是设备综合劣化

图4-11　设备劣化的类型

（2）设备劣化的补偿

有形劣化的局部补偿是修理；无形劣化的局部补偿是现代化技术改造；有形劣化和无形劣化的完全补偿是更新。

一般地，在有形劣化期短于无形劣化期时适于修理；反之，则适于改造和更新。

（3）设备有形劣化的主要表现形式

①机械磨损。

②疲劳磨损。

③塑性断裂和脆性断裂。

④腐蚀。

⑤蠕变。

⑥元器件老化等。

3. 设备容易发生有形劣化的部位

设备容易发生有形劣化的部位如图4-12所示。

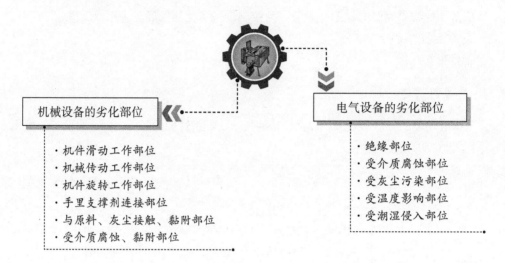

机械设备的劣化部位

· 机件滑动工作部位
· 机械传动工作部位
· 机件旋转工作部位
· 手里支撑剂连接部位
· 与原料、灰尘接触、黏附部位
· 受介质腐蚀、黏附部位

电气设备的劣化部位

· 绝缘部位
· 受介质腐蚀部位
· 受灰尘污染部位
· 受温度影响部位
· 受潮湿侵入部位

图4-12　设备容易发生有形劣化的部位

4. 设备劣化的原因

设备劣化是在生产活动中经常遇到的、不可避免的一种现象。造成设备劣化的原因有多种，主要表现在以下五个方面，如表4-15所示。

表4-15　设备劣化的原因

序号	原因		说明
1	设备本体方面	设备上的问题	（1）结构不合理，形状不好 （2）零部件的强度、刚度不够，元器件选择不当 （3）选择的安全系数过小 （4）材质选择不恰当
		制造上的问题	（1）零部件材质与设计要求不符 （2）材质有先天性缺陷，如内裂、砂眼、缩孔、夹杂等 （3）加工精度不高，装配质量差 （4）热处理质量差，造成零部件强度不合要求 （5）元器件质量差，不符合设计要求，装配工艺不佳
		安装上的问题	（1）基础品质不好 （2）安装质量低劣，如水平标高不对、中心轴线不正等 （3）调试质量差，间隙调整不当，精度调整马虎

（续表）

序号	原因		说明
2	设备管理方面	维护保养上的问题	（1）点检不良，润滑不当，异物混入，接触不良，绝缘不良 （2）故障、异常排除不及时 （3）磨损、疲劳超极限的部件更换不及时 （4）保温、散热不好，防潮防湿不佳，通风排水不及时
		检修工作上的问题	（1）检修质量低，如装配不好、公差配合不佳、组装偏心、精度下降 （2）未按计划检修，不按点检要求检修 （3）不按标准作业，施工马虎，调整粗糙
3	生产管理方面	管理上	（1）管理不善，不及时进行操作点检及维护保养 （2）整理、整顿、整洁、整修工作不能很好贯彻 （3）闲置设备未按规定要求进行维护 （4）与设备人员不及时沟通信息，造成贻误
		操作上	（1）不能正确操作使用设备 （2）违反操作规程，进行超负荷运转 （3）责任心不强，工作时漫不经心，造成误操作
4	环境条件方面		（1）抗高温、防腐、防冻等保护措施不力 （2）来自外部的碰撞、冲击等 （3）不可抗拒的自然灾害及意外灾害，如台风、暴雨、水灾、地震、雷击、爆炸、火灾等
5	正常使用条件下的问题		（1）机体之间有相对运动时，滑动或滚动状态下的正常磨损 （2）高、低温或冲击工作状态下，设备金属的疲劳、变形蠕变，承载强度下降 （3）在腐蚀介质条件下工作的设备的腐蚀 （4）元器件的老化，绝缘的降低，橡胶、塑料件的老化

4. 劣化倾向管理

观察对象设备故障参数，定期对其进行劣化量测定，找出其劣化的规模，控制该设备的劣化倾向，定量掌握设备工作机件使用寿命的管理叫作劣化倾向管理。

（1）劣化倾向管理的目的

了解设备的劣化规律，掌握其何时达到劣化极限值，使零部件的更换在劣化极限内进行，进而实现预知维修。

（2）精密点检与劣化倾向管理

精密点检主要是确定设备劣化和磨损的实际程度，所得数据要通过劣化倾向管理进行整理、加工，从而获得设备的劣化规律。

不进行劣化倾向管理，精密点检也就失去了意义；没有精密点检，也不可能进行劣化倾向管理。二者相辅相成，缺一不可。

（3）劣化倾向管理的实施

劣化倾向管理的实施流程如图4-13所示。

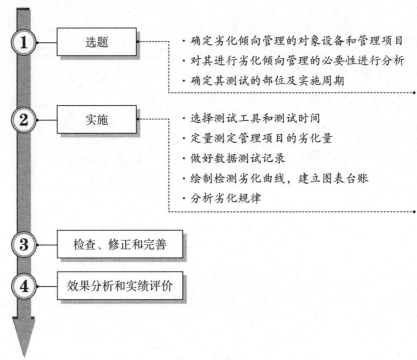

① 选题
- 确定劣化倾向管理的对象设备和管理项目
- 对其进行劣化倾向管理的必要性进行分析
- 确定其测试的部位及实施周期

② 实施
- 选择测试工具和测试时间
- 定量测定管理项目的劣化量
- 做好数据测试记录
- 绘制检测劣化曲线，建立图表台账
- 分析劣化规律

③ 检查、修正和完善

④ 效果分析和实绩评价

图4-13　劣化倾向管理的实施流程

第五章

个别改善

　　根据木桶原理，企业如能够迅速找到自己的"短板"，并给予精益化改善，就能够用最小的投入产生最大的效果，从而改善现状。个别改善就是指为了追求设备效率的最大化，最大限度地发挥出设备的性能而采取的消除损耗的具体活动。这些损耗包括影响设备效率的损耗及引起设备综合效率下降的损耗。

第一节　个别改善概述

个别改善是企业根据设备的不同状况，如设备的利用状况、性能稼动率、合格率和生命周期等，对设备进行的个体化维护和改善，使企业设备的综合利用率达到最高。

一、个别改善的效果

个别改善活动在TPM活动中与其他支柱的位置，如图5-1所示。

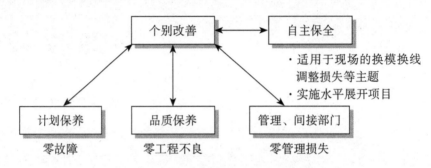

图5-1　个别改善的效果

开展此项活动的意义是提升生产效率或产品质量，降低成本，缔造良好业绩，创造优质的工作环境。

二、个别改善的目标

个别改善是TPM活动的重要环节，它通过开展效率化活动追求生产效率的最大化。简单地说，就是通过彻底消除设备的损耗，提高参与人员的技术、改善等能力。

企业通过个别改善能实现的目标主要有以下几个，具体如图5-2所示。

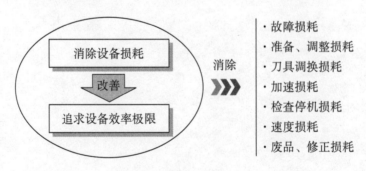

图5-2　个别改善的目标

1. 追求设备效率的最大化

设备的效率是有限的，企业应考虑如何最高效地使用设备。

2. 消除设备损耗

企业必须考虑设备的损耗是什么，损耗的构成是什么。

3. 改善活动

提高设备效率的活动即为个别改善活动，而其他动作和行为不能称之为个别改善。

三、设备运行的七大损耗

要想使设备达到最高效率，就必须使设备发挥其所具备的功能和性能，提高其工作效率，这就要求企业要尽可能地消除阻碍效率的损耗。一般来说，机械加工企业的设备损耗大致可分为以下七种，如图5-3所示。

① 故障损耗 ——— 故障可分为功能停止型故障和功能下降型故障两大类。无论是哪一类故障，故障损耗都是阻碍设备效率化的最大原因

② 准备、调整损耗 ——— 设备从生产前一个产品，然后中止，到生产出下一个产品为止，这其中的准备、调整阶段的停机就是准备、调整损耗

③ 刀具调换损耗 ——— 因刀具寿命而调换刀具的时间，刀具折损引起的报废、修整时间，均称为刀具损耗

④ 加速损耗 ——— 加速损耗就是从开始生产到生产稳定所消耗的时间。由于加工条件的不稳定性、夹具和模具的不完备、试切削损耗、作业人员的技术水准等因素，其发生量不同

⑤ 检查停机损耗 ——— 检查停机指因暂时的小故障而停止设备或设备处于空转状态。例如，传感器因某种原因引起误动作，一旦使其复位，设备就能够恢复正常工作

⑥ 速度损耗 ——— 所谓速度损耗就是指实际运行速度比设备的设计速度慢而引起的损耗

废品和次品修正损耗是指因废品和次品修正引起的损耗。废品固然是损耗，而次品由于要修正也需花费许多不必要的人力、物力，因此也是一项不可忽视的损耗

图5-3　设备运行的七大损耗

以上七大损耗是影响设备效率的主要因素。因此，消除这些损耗是提高设备效率的工作重点。

四、零故障与设备效率改善

1. 零故障

（1）故障的基本概念

故障是指设备、机器等规定的机能丧失的情况。

（2）零故障的基本思考方向

设备的故障是人为引起的，改变人的思考方式或行动就能实现设备零故障，如图5-4所示。

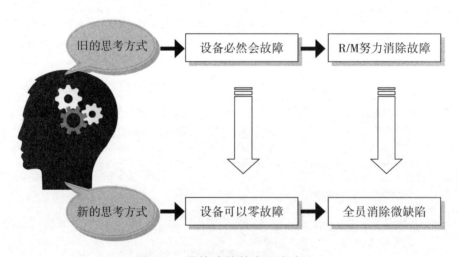

图5-4　零故障的基本思考方向

（3）故障原因分析

有人将故障理解为"人故意使设备发生障碍"。研究表明，70%～80%的故障是由于人为因素造成（操作不当、维护不当等），故障只是冰山的一角，如图5-5所示。

图5-5　故障只是冰山的一角

故障又可分为大缺陷、中缺陷、小缺陷，如图5-6所示。

①大缺陷：设备无法运转的机能停止型故障（单独原因）。

②中缺陷：仍然可以运转，但是机能低下的故障（复数原因）。

③小缺陷：由复合原因引起的设备效率损失发生的原因。

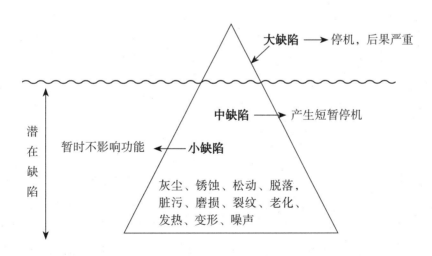

图5-6　大缺陷、中缺陷、小缺陷

故障原因可能是单一因素、多因素或复合因素。故障是一个从量变到质变的过程，发展过程如图5-7所示。

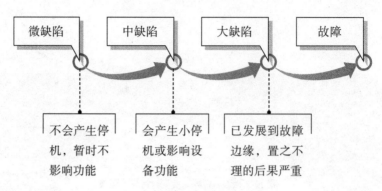

图5-7　故障原因的发展过程

五、设备综合效率

1. 什么是设备综合效率

设备综合效率（Overall Equipment Effectiveness，OEE）是实际合格产量与负荷时间内理论产量的比值。

OEE代表的是和设备理想状态（OEE=100%）相比，现时设备的运行状态。图5-8显示如何确定OEE。

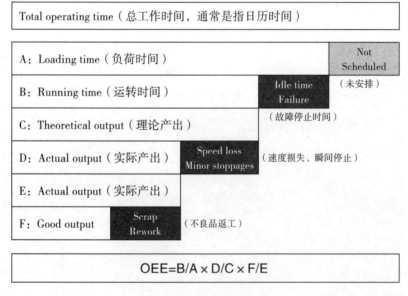

$$OEE=B/A \times D/C \times F/E$$

图5-8　如何确定OEE

测量OEE是设备运行持续改进的起点。没有测量就没有改善，世界级企业的成功运营依赖于对设备和生产流程绩效一贯、准确的测量。

世界级企业的设备效率OEE为85%或更好，大多数企业发现它们的设备OEE运行在

13%～40%之间，具体如图5-9所示。

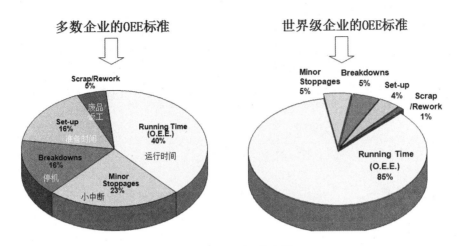

图5-9　OEE标准比较

2. 三个效率指标

OEE涉及三个效率指标，分别为时间稼动率、性能稼动率、合格品率。

（1）时间稼动率

时间稼动率反映了设备的时间利用情况，度量了设备的故障、调整等停机损失。

①时间稼动率：设备效率的概念一向都是体现设备的时间性的活用度。

$$时间稼动率=\frac{负荷时间-停止时间}{负荷时间}\times100（\%）=\frac{稼动时间}{负荷时间}\times100（\%）$$

②速度稼动率：体现设备原来具备的（或设置时计划的）性能可以发挥出多大。

$$速度稼动率=\frac{理论\ Cycle\ Time}{实际\ Cycle\ Time}\times100（\%）$$

③纯稼动率：体现设备的稼动时间中有多少时间是进行制品生产的。

$$纯稼动率=\frac{生产数量\times实际\ Cycle\ Time}{稼动时间}\times100（\%）$$

（2）性能稼动率

性能稼动率反映了设备的性能发挥情况，度量了设备的短暂停机、空转、速度降低等性能损失。性能稼动率是指速度稼动率和纯稼动率相乘得出的现场部门设备的利用度，其计算公式为：

$$性能稼动率=速度稼动率\times纯稼动率=\frac{理论\ Cycle\ Time\times生产数量}{稼动时间}\times100（\%）$$

（3）合格品率

合格品率反映了设备的有效工作情况，度量了设备的加工废品、不良修正和利用率损失。

良品率是指相对于投入的数量中良品数量所占的比例。良品是投入的数量中除去初期开始的不良、工程内的不良、不良修理品（再作业）后剩余的产品。

$$不良＝初期开始的不良＋工程内的不良＋不良修理品（再作业）$$

$$良品率＝\frac{投入数量－不良数量}{投入数量}×100＝\frac{良品数量}{投入数量}×100（\%）$$

3. OEE的计算

OEE的计算如图5-10所示。

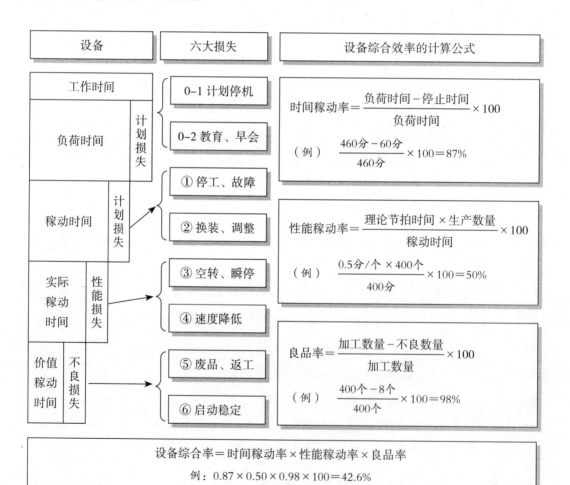

图5-10　OEE的计算图示

实例

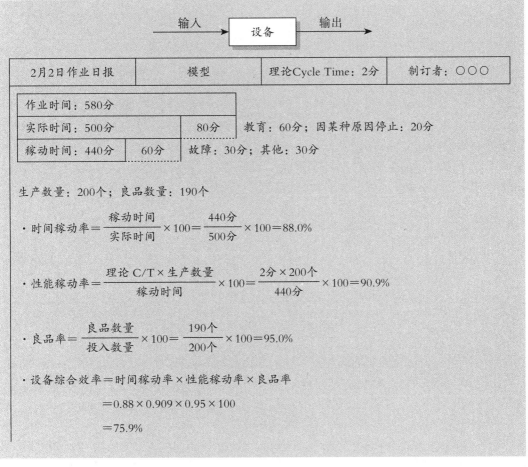

（1）生产线的OEE计算

$$设备综合效率＝时间稼动率×性能稼动率×良品率$$

流程工业如生产线，以瓶颈（Neck）工程的时间效率为基准计算OEE。

时间开动率以Neck工程设备为基准。停止时间基准分为两种：①Neck工程自身停止；②因为别的工程引起的Neck工程停止。性能稼动率以Neck工程理论C/T（Cycle Time，就是每生产一个产品需要的时间）为基准。

良品率以检查工程或者最终工程为基准，良品数量上排除再作业首检的数量（有不合理的要素，但考虑数据收集的效率性）。

实例

2月4日作业日报	NECK：D工程	理论Cycle Time：2分	制订者：○○○

作业时间：580分

实际时间：520分 ┊ 60分 ┊ 教育：60分

稼动时间：440分 ┊ 80分 ┊ 故障：30分；M/C：30分；A故障引起的D停止：20分

生产数量：200个；良品数量：190个（F工程里检查）

- 时间稼动率 $= \dfrac{稼动时间}{实际时间} \times 100 = \dfrac{440分}{520分} \times 100 = 84.6\%$

- 性能稼动率 $= \dfrac{理论 C/T \times 生产数量}{稼动时间} \times 100 = \dfrac{2分 \times 200个}{440分} \times 100 = 90.9\%$

- 良品率 $= \dfrac{良品数量}{投入数量} \times 100 = \dfrac{190个}{200个} \times 100 = 95.0\%$

- 设备综合效率 = 时间稼动率 × 性能稼动率 × 良品率

$$= 0.846 \times 0.909 \times 0.95 \times 100$$

$$= 73.1\%$$

（2）装置产业的OEE计算

$$设备综合效率 = 时间稼动率 \times 装置完好率 \times 良品率$$

装置产业如石油、化工等，一般配置备用设备，在实际生产中不会造成明显的速度损失，故引用装置完好率代替性能开动率。

装置完好率也可采用下式计算：

$$装置完好率 = 装置密封完好率 \times 装置设备完好率 \times 仪器仪表完好率$$

4. 设备效率损失的分类

设备效率损失的分类如图5-11所示。

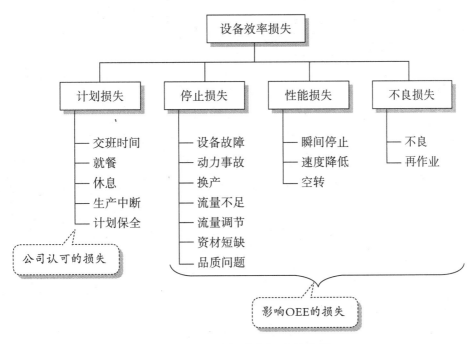

图5-11　设备效率损失的分类

影响OEE的六大损失及对策如表5-1所示。

表5-1　影响OEE的六大损失及对策

序号	损失类型	造成的原因	应对措施
1	机器故障	指由于机器故障而浪费的时间	机器超载、螺钉和螺帽松开、过度磨损、缺少润滑油、污染物	（1）总生产维护 （2）操作人员自己维护 （3）分析数据记录和运用帕累托法寻找原因，采用系统化的六源问题解决法（污染源、清扫困难源、故障源、浪费源、缺陷源和危险源）来确定问题的优先排序
2	换线和调试的损失	换线：未经调整的全速地由最后一件产品转入第一件新产品的运作，设备全速运转情况下最后一个良好的旧产品到第一个良好的新产品间所造成的损失	移交工具、寻找工具、安装新工具、调节新设置	（1）运用SMED（Single minutes Exchange of Die，快速更换）方法来缩短换线时间*（包括运转中更换原材料，如用新线） （2）通过业绩管理来按照标准监控换线时间是否合格 （3）实施持续改善行动 *虽然我们的目标是保持约10%的时间用于换线，但这里是为保证最小的库存和最小批量生产

（续表）

序号	损失类型		造成的原因	应对措施
3	计划外停工	机器故障停工或换线以外的原因造成的计划停工所损失的时间（如停工时间少于5分钟，开工推迟/完工提前）	零件卡在滑道里、清除碎屑、感应器不工作、软件程序出错	（1）班组长应花时间观察流程，注意并记录短暂停工时间（"周期练习"） （2）理解计划外停工的主要原因，实施有重点的六源问题解决法 （3）明确确定工作时间标准 （4）通过监控来记录停工时间，不断提高数据的准确性
4	速度降低	速度降低是指设备在低于其标准设计速度运行导致的损失	机器磨损、人为干扰、工具磨损、机器超载	（1）明确实际设计速度、最大速度以及造成速度受限的物理原因 （2）请工程人员进行程序检查并进行修改 （3）应用设备持续改善（Machine Kaizen）来查找低速的原因并对设计速度提出质疑
5	设备从启动到稳定期间的损失	设备从启动到正常工作所需要的时间	设备要平缓加速到标准速度、烤箱需升温到设定温度、去除多余的材料、处理相关原料的短缺	（1）了解启动过程的次品损失的原因及发生的时间、地点和设备的初始设置参数，然后运用六源问题解决法来解决 （2）使用SMED方法来减少甚至消除设置调整的必要，并实现设备参数标准化的第一轮通过流程 （3）如果因为进线部件和原材料的变化而导致次品损失，从而需要进行调整来补偿，就要建立部件质量拒收的限制，并使供应商质量管理也参与到此管理流程
6	生产次品的损失	由于报废、返工或管理次品所导致的时间损失	人工错误、劣质材料、工具破损	（1）通过往常不断的数据记录和分析了解工艺流程的变化特征 （2）运用根源问题解决工具（如5个为什么、问题解决表、鱼骨表以及PDCA） （3）向造成质量问题的有关人员反馈质量问题

第二节　个别改善的推行

一、个别改善的三大支柱

1. 全员改善提案制度

全员改善提案制度是指以企业的全部作业项目为改善对象，不分部门、职务，面向全体员工，鼓励全体员工以提案的形式向企业献言献策，并对提案进行执行、评价、发表的制度化管理体系。

2. 班组主题改善活动

班组主题改善活动是指以班组为单位，以本班组的工作内容为对象，在班组长的主导下开展的以解决工作上难点问题而推进的有计划、有目的的小组改善活动。

3. 部门课题改善活动

部门课题改善活动是指以各个部门为单位，以企业重点管理项目为对象，在课题改善专业组的主导下开展以改善作业流程、进行技术革新、优化作业方法等重大项目的专项革新活动。

二、个别改善的整体推行方法

1. 奖励为主

先期阶段，对员工提出的改善提案从各个方面进行奖励，可以有力地促进全员参与的热情。刚开始的改善提案质量不高是正常现象。如果此时就按效果进行评价和奖励，会抹杀员工的积极性。这时可以从其他方面对员工的改善提案进行评价和奖励，例如，将文采好的改善提案在企业内部刊物或网络媒体上发表，按字数给员工一定的稿费，同时对改善提案多的员工调换较好的工作岗位，使其有更多的晋升机会。通过这些方法使员工觉得自己的改善提案受到重视，同时也向全员暗示了企业推行个别改善的决心，员工的晋升将和改善提案有直接关系。

2. 中期量化

个别改善是一项长期的活动，随着改善提案的不断推行，员工的惰性开始显现。这时就有必要实行和工作业绩挂钩的量化方法。例如，将员工工资中的奖金提出一部分，再加一点作为改善提案奖金，规定每人每月必须写出2~4个改善提案才可拿到奖金。这样员工为了保住目前的利益不受损失，同时也为了能拿到新增加的部分奖金，会努力参与改善活动。

3. 建立改善提案台账

每件改善提案都要按题目、部门进行编号记录。因为改善进行到一定的阶段，有些员工为了拿到奖金会将以前别人写过的改善提案再写一遍。这时如果提案管理不当，就会使这种蒙混过关的现象得逞。所以，企业有必要对改善提案建立管理台账，如表5-2所示。

表5-2　设备个别改善提案台账

序号	提案编号	提案名称或提案内容	提案人	提交时间	积分

制表：　　　　　　　　　　　　　　　　　　　　　　　　　　_____年___月___日

4. 逐渐标准化

个别改善活动开展一年以后可按企业的特点和在实施改善活动中积累的经验进行归纳总结，形成个别改善活动管理办法。把提案的思路、流程、表格、评价等进行全面的标准化，使个别改善活动标准化、制度化。

5. 组织发表

在企业层面组织优秀改善提案和课题的发表会，让提出改善的员工和小集团代表上台讲述自己写改善的动机、思路、方法和改善取得的成果，一方面可以锻炼员工的个人能力，另一方面可以促进员工的改善热情。个别改善成果发表评分表如表5-3所示。

表5-3　个别改善成果发表评分表

评分项目		分值	发表者姓名							
1. 选定课题及理由	（1）通过课题名能够了解具体的活动内容 （2）通过具体的结果来把握问题 （3）所选的课题是否是企业方针目标或销售目标所期待的	10								
2. 把握现状	（1）是否从多个方面把握了问题 （2）是否有效地运用了图表或曲线来明确地表现出问题点	10								

（续表）

评分项目		分值	发表者姓名							
3. 设定目标	（1）目标的三要素——对象、期限、量化值是否明确 （2）目标值是否具有挑战性（难度水平）	5								
4. 解剖分析	（1）目标是否通过追求三现主义（现场、现物、现象）+二原（原理、原则），追究真正的原因 （2）是否正确有效地运用了解剖分析方法和图线	10								
5. 对策确立	（1）是否以要因分析为基础评价探讨对策方案，并付诸实施 （2）是否积极地吸收其他部门和其他企业的信息并加以灵活运用 （3）是否对每项对策都分别确认了效果	10								
6. 确认效果	（1）是否用与目标设定相同的项目和尺度来比较效果 （2）是否对无形效果、波及效果均以易于判别的形式进行了确认	10								
7. 标准化与彻底的管理	（1）是否完成了标准化和规则化 （2）能否确认取得的效果被保持下去	10								
8. 反省与今后的课题	（1）是否对活动过程进行了反省 （2）对今后的课题是否做了适当的设定	5								
9. 是否取得了成果	（1）是否在预定期限内完成了目标 （2）该活动成果对企业方针目标或销售目标是否具有贡献	20								
10. 发表的成果是否易于理解	（1）发表的成果是否易于评判 （2）发表的成果是否给听众带来了渲染的氛围（听众是否受到感染和感动）	10								
评分者姓名		100								

三、个别改善活动的进行方法与步骤

个别改善活动的进行方法如图5-12所示。

精益企业之TPM管理实战（图解版）

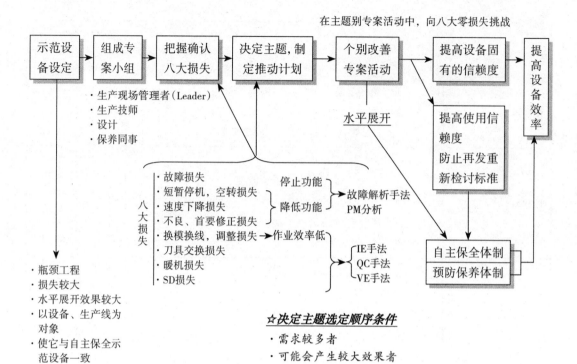

图5-12　个别改善的进行方法

个别改善的进行步骤具体如表5-4所示。

表5-4　个别改善的进行步骤

步骤		活动内容
步骤1	主题选定的理由	（1）个别改善中，瓶颈生产线、工程及设备中损失较多者 （2）从指标展开的层别中，找出最有改善效益者 （3）比较重要的或面临急需改善的课题，或进行水平展开效益大者
步骤2	设备与流程概要	了解整个相关设备与相关问题点的作业流程
步骤3	现状掌握	（1）观察不良发生的细小动作程序 （2）掌握并收集问题点的相关资讯，包括频率、位置、何时发生等 （3）不良与故障现象的明确化 （4）掌握相关生产条件的遵守度并复原
步骤4	目标的选定	（1）以零损失的观念，设定挑战的目标和活动期限 （2）决定各项损失对策的负责人
步骤5	拟订改善计划	（1）完成分析、对策、实施改善等顺序，制作推动计划的日程表 （2）实施高阶诊断

（续表）

步骤	活动内容
步骤6　问题解析及拟定对策与对策评估	（1）活用为改善所做的分析、调查、实验等所有技术方法，并建立改善方案及其评估方法 （2）不断改善，直到达成目标为止 （3）进行高阶诊断以求对策完善
步骤7　实施改善	实施必要的预算管理，并且实施改善
步骤8　确认效果	确认实施改善后的效果
步骤9　标准化	（1）实施制造标准、作业标准、资材标准、保养标准等必要的标准化与再发防止对策 （2）制作水平展开手册 （3）进行高阶诊断
步骤10　水平展开	相关生产线、工程、设备水平展开

第三节　个别改善的方法

一、why-why分析法

1. 什么是why-why分析法

　　大野耐一总是爱在车间走来走去，并不时停下来向工人发问。他反复地问"为什么"，直到回答令他满意、被他问到的人也心里明白为止——这就是后来著名的"五个为什么"。

　　有一次，大野耐一在生产线发现机器总是停转，虽然修过多次，但仍不见好转。于是，大野耐一与工人进行了以下问答。

　　一问：为什么机器停了？

　　答：因为超过了负荷，保险丝就断了。

　　二问：为什么超负荷呢？

　　答：因为轴承的润滑不够。

　　三问：为什么润滑不够？

　　答：因为润滑泵吸不上油来。

　　四问：为什么吸不上油来？

　　答：因为油泵轴磨损、松动了。

五问：为什么磨损了呢？

答：因为没有安装过滤器，混进了铁屑等杂质。

经过连续五次不停地问"为什么"，才找到问题的真正原因和解决方法，在油泵上安装过滤器。

设备发生故障，找不出对策的真正原因如图5-13所示。

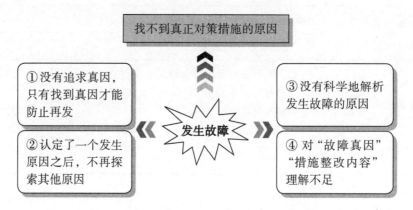

图5-13　发生故障却找不到对策的原因

所谓why-why分析法，是使用系统化的思考模式，将发现的现象由应有状态或4M（人、机械、材料、方法）的关系筛选出引起现象的因素，再以筛选出的因素为基础，一方面仔细观察、调查现场或现物，另一方面追求真正的原因，并且研究再发防止对策。

简而言之，对发现的现象连续进行多次思考"为什么（why）"的动作，并验证要因是否成立，然后对真因做有效对策的方法称为"why-why分析法"。

why-why分析法的思考架构如图5-14所示。

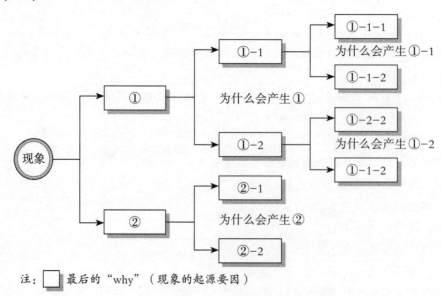

注：□ 最后的"why"（现象的起源要因）

图5-14　why-why分析法的思考架构

why-why分析法的对策是将"（最后的）why"消灭，如图5-15所示。

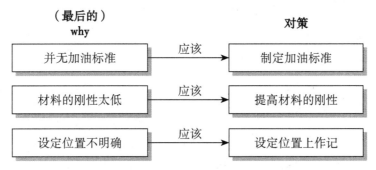

图5-15　对策是将"（最后的）why"消灭

2. 使用why-why分析法的时机

（1）在TPM活动初期阶段，也就是自主保全的第1～3步骤。

（2）大幅降低故障与不良的原因解析（由10%～15%降至1%）。

（3）追求造成现象的真因。

（4）无法凭经验推测造成现象的要因。

（5）可常见的物理原理验证造成现象的真因。

3. 现场人员使用why-why分析法的目的

（1）让现场所有人（作业人员、保养人员、管理人员等）具备逻辑思考能力（培养解析能力以排除发生在现场的不合理规定或习惯）。

（2）培养逻辑性的指导能力（通过教导别人察觉自己的错误而作出修改，同时获得成长）。

（3）培养理解机械机能、构造的能力（通过对机械机能、构造的理解，学习分辨设备异常的能力，进而建立维持设备应有机能的健全想法）。

（4）大多数保养人员、技术人员对现场一知半解，应该要求保养人员、技术人员也要具备这种能力。

（5）在现场作分析，可以准确地发现设备异常的根源。在这个过程中可以了解大多数问题只要小小的改善就可以解决，进而渐渐培养出改善精神。

（6）培养出为防止再发的想法。

（7）不只是现场的作业人员、管理人员，连同保养人员及技术人员也共同参与分析，将问题的关键找出来，创造和谐的沟通氛围。

4. 应用why-why分析法的方法

（1）从应有的状态入手

从应有的状态入手如图5-16所示。

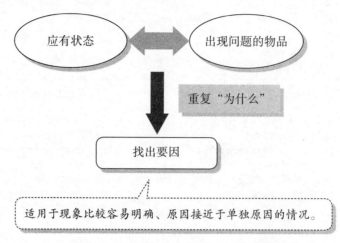

图5-16　从应有的状态入手的原理

 实例

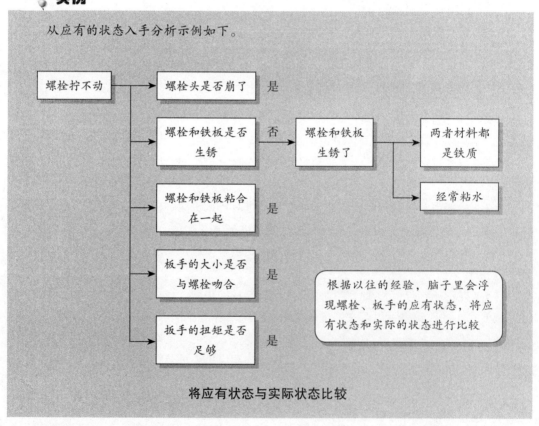

应用此方法的可参照图5-17一步一步进行。

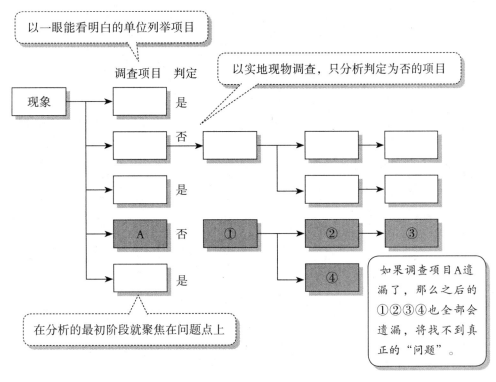

图5-17　从应有状态入手的步骤

实例

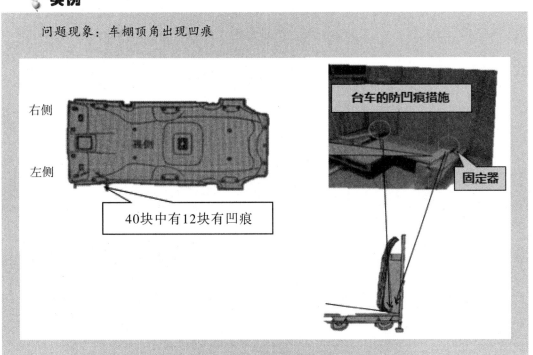

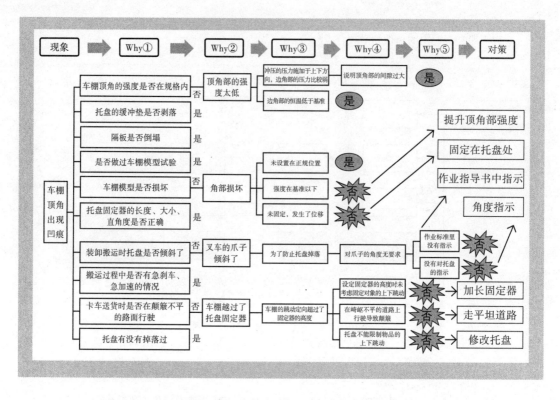

（2）从原理原则入手分析

该方法适用于现象发生机理比较复杂、问题数量比较多的情况。因为引起问题的要因无法确定，或者即使确定，很可能还存在其他要因，如图5-18所示。

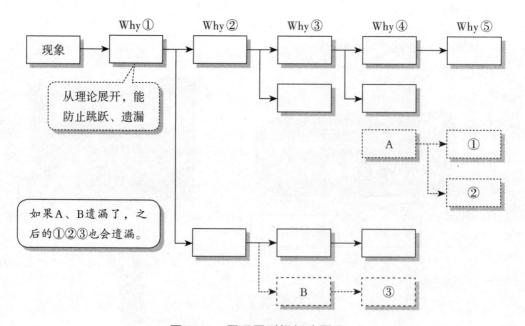

图5-18　原理原则解析法图示

实例

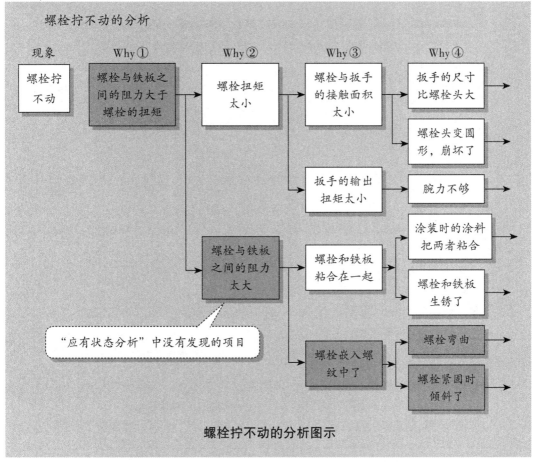

螺栓拧不动的分析图示

（3）两种分析方法如何区分使用

两者没有严格的区分标准。开始的时候，对容易理解和解析的部分利用"应有状态入手法"分析，遇到比较难解的地方可以利用"原理原则解析法"来分析，如图5-19所示。

 应有状态入手

引起某个问题的要因（如零件和制造条件等），在一定程度上已经明了，需要进一步分析，从而得出防止再发的措施时

 原理原则解析

引起某个问题的要因（如零件和制造条件等）无法确定，或者即使确定了很可能还存在其他要因，需要找出其要因并得出防止再发的措施时

图5-19　两种分析方法的选用

5. 实施why-why分析法的要点

实施why-why分析法的要点如下。

（1）整理并区分问题，掌握事实状态。整理有可能认清问题的对象、物品或事项，牢牢地把握其中的事实。要仔细观察现场、现物、现实（三现原则），找到问题点并缩小焦点，借此准确抓住"现象"。

如果是故障解析，在"为什么"解析之前，首先要明确发生的现场和现物的状态、故障的详细内容。"why"的开头，应根据产生"现象"的原理、原则（二原主义）去思考。

三现原则及二原主义如图5-20所示。

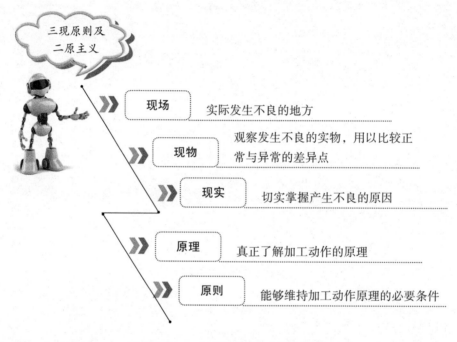

图5-20 三现原则及二原主义

（2）充分理解问题部分的机制"构造"、功能机理。实施"为什么"解析的时候要集合大家的智慧。如果是机器故障，解析时要把出现问题的部分和相关部分的草图现场画出来。如果是业务问题，也要写出发生问题的业务流程。

（3）从最后的"why"部分追溯至"现象"，确认是否合乎逻辑。

（4）继续做"why"直至出现能联系防止复发对策的要因为止。

（5）只写认为有偏差（异常）的部分。

（6）避免人的心理方面的原因追求。

（7）文章宜为简短的说明文，务必放入主语。

（8）文中勿使用"不好""坏的"等词语。

总而言之，可将注意事项归纳如图5-21所示。

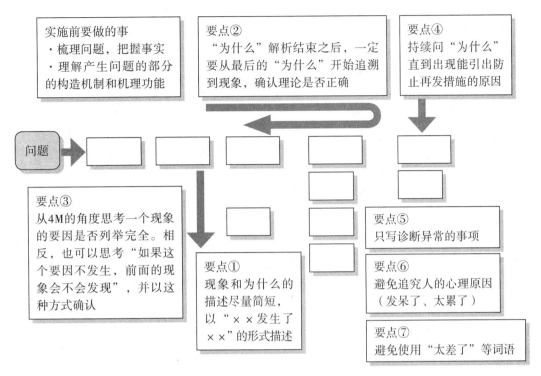

实施前要做的事
・梳理问题，把握事实
・理解产生问题的部分的构造机制和机理功能

要点②
"为什么"解析结束之后，一定要从最后的"为什么"开始追溯到现象，确认理论是否正确

要点④
持续问"为什么"直到出现能引出防止再发措施的原因

问题

要点③
从4M的角度思考一个现象的要因是否列举完全。相反，也可以思考"如果这个要因不发生，前面的现象会不会发现"，并以这种方式确认

要点①
现象和为什么的描述尽量简短，以"××发生了××"的形式描述

要点⑤
只写诊断异常的事项

要点⑥
避免追究人的心理原因（发呆了、太累了）

要点⑦
避免使用"太差了"等词语

图5-21　实施why-why分析法的要点

实例

以下两张图是对自行车车灯不亮的原因分析。第一张图很明显分析不足，需要更加具体的分析。而第二张图分析得彻底，问题得到了完全的解决。

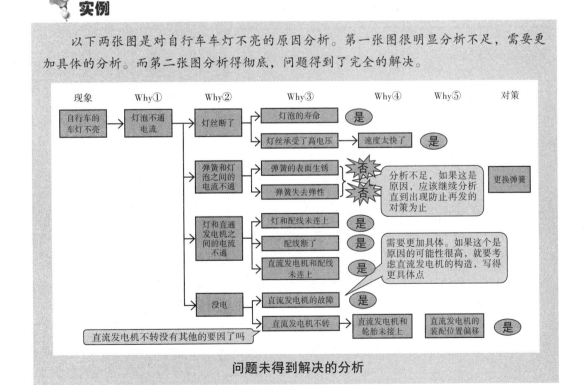

问题未得到解决的分析

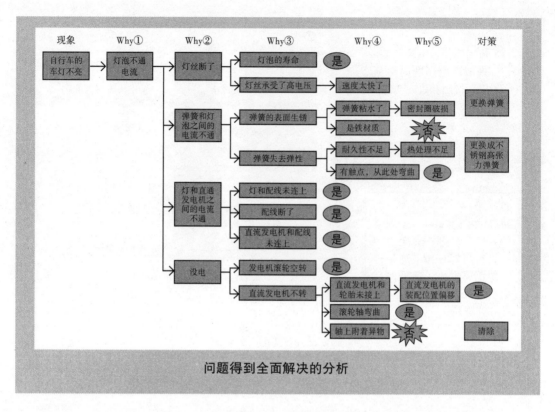

问题得到全面解决的分析

在运用why–why分析法时可以使用why–why分析法表，如表5–5所示。

表5–5　why–why分析法表

生产线名称		发生日期			停止时间	
设备名称		修复时间			故障区分	偶发　再发
现象	（简图）	调查项目	结果	良否	处置	
发生情形（图）						
					处置者	
追究原因	why 1 （调查结果原因）	why 2 （why 1的原因）	why 3 （why 2的原因）	why 4 （why 3的原因）	why 5 （why 4的原因）	

（续表）

再发防止	（目标/实际完成）	发现方法		项目	区分	内容	承办	目标	实际完成
				单点课程	要否				
				反映到基准书中	要否				
				对策水平展开	要否				
课长评语		股长评语		作业评语					效果

二、PM分析法

1. 什么是PM分析法

PM分析法是分析设备所生产的重复性故障及其相关原因的一种手法，是把重复性故障的相关原因无遗漏地考虑进去的一种全面分析的方法。

PM中的P是指Phenomena或Phenomenon（现象）及Physical（物理的），M是指Mechanism（机能）及其关联的Man（人）、Machine（设备）、Material（材料）、Method（方法），如图5-22所示。

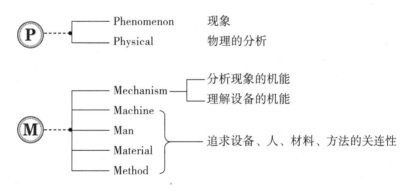

图5-22　PM的含义

PM分析就是将慢性不良及慢性故障等慢性化不正常现象依其原理、原则作物理的分析，以明白不正常现象的机能，并根据原理考虑所有会产生该影响的要因，从设备的机理、人、材料及方法等方面着手，并列表出来。

2. PM分析法的适用时机

当要求达成因设备所衍生的慢性损失为零的目标时，即可采用PM分析法，其特点是以理论指导实际，要求对设备具有相当的了解。

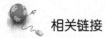 相关链接

故障的分类

故障可以分为两大类。

1. 突发型故障——致命、长时间、一般、小停止

突发型故障是指突然发生的故障，大部分由单一原因所导致。这类故障比较容易发现，而且原因和结果的关系也比较明显，所以比较容易实施相应对策。

具体示例如下。

（1）治具磨耗至某限度以上时，就无法保持精确度，因而发生不良。

（2）主轴发生某程度以上的振动而产生尺寸大的差异，导致条件急剧的改变而发生不良，在实施复原对策时，只要能将变动的条件及要因回复到原本正确的状态，问题大多能够获得解决。

2. 劣化型故障——机能低下型、质量低下型

劣化型故障有两种类型。

（1）机能低下型——设备虽正常运行，但产出量却逐渐下降。

（2）质量低下型——未知设备哪个部位发生劣化，逐渐使所生产的产品发生质量不良。

劣化型故障的成因和结果的关系非常复杂。要找出劣化损失的原因是非常困难的一件事，因为它的原因不止一个且很难明确掌握。由于原因和结果的关系不清楚，因此很难对症下药和实施相应的对策。

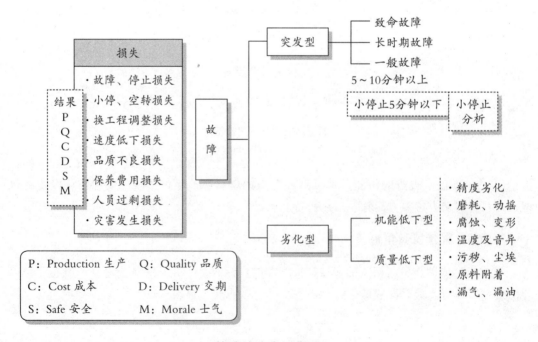

故障的分类示意图

MTBF（Mean Time Between Failur，平均故障间隔）指设备两次故障间隔时间的平均值。根据其平均值，可以判断下次设备可能的故障时间。

MTTR（Mean Time To Repair，平均修复时间）是指设备每次故障后至修复正常运作所需时间的平均值。该值用于评估修理技术能力及修理机动性是否良好，是衡量保养部门绩效的一项参考指标。

突发型故障和劣化型故障的不同如下图所示。

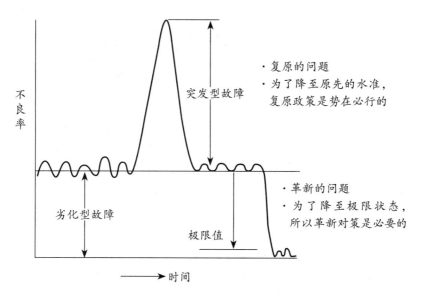

突发型故障与劣化型故障的不同

在实施各种对策之后，短时间内大部分故障会有所改善，但是过了一段时间又开始恶化，如此反复不停的情形发生。所以，为了达成零不良，如再使用以前的观念将会行不通，必须改用新的观念。

劣化型故障有两个特性。一是原因虽然只有一个，但实际构成的原因很多，而且经常改变；二是由复合原因产生，但组成的要因随时在变。

显在的原因虽然只有一个，
但是构成的原因有很多

由于复合原因产生，但组合
的要因随时在变

有很多生产现场在不了解劣化型故障特性的状况下就实施对策，所以没有办法减少故障或不良。在没有充分分析现象的状况下就缩小原因提出对策，没有考虑到其他事项，当然也无法实施正确的对策。

如果不是对症下药，针对发生的原因实施相应对策，那只能短时间内获得改善而已，无法持续，也不能收到良好的效果。

针对劣化型故障的解决方法有以下三种。

（1）对现象的识别不完全，也未充分实施分析。

（2）遗漏与现象相关连的原因。

（3）遗漏要因中潜在的缺陷。

对于大缺陷，任何人看到均会当作是一种缺陷。但是，当缺陷越来越小，如何找出缺陷，则依据各人的判断能力而有所不同。能将微小缺陷当作缺陷指出来，是减少劣化型故障的必要条件。

3. PM分析适用的水平

PM分析适用的水平如图5-23所示。

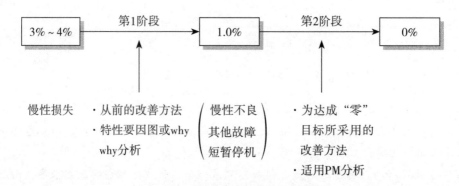

图5-23　PM分析适用的水平

4. PM分析的步骤

PM分析的主要步骤如下。

（1）现象的明确化

运用三现原则对现象加以明确化，具体的着眼点如下。

①是哪一个工程中发生的现象？

②发生在工程的哪一个部分？

③显现的方法中是否有差异？

④发生的状态中是否有差异？

⑤发生的现象中经过是否有差异？

⑥机种和机种之间是否有差异？

⑦操作人员是否有差异？

现象明确化的步骤与重点如图5-24所示。

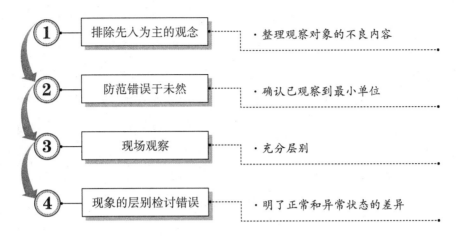

图5-24　现象明确化的步骤与重点

接下来以5W1H做现象的层别，即Who——由谁，What——做什么，Where——在哪里，When——什么时候，Which——哪一个，How——怎么做。

（2）对现象的物理分析

所谓对现象的物理分析，就是用物理、化学等方法对现象进行分析。

任何故障现象不会无缘无故发生，都存在其物理或化学背景，因此要力图用物理或者化学的原理来解释发生的故障现象。

①何谓物理量？物理量如图5-25所示。

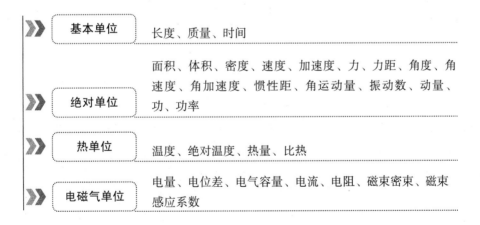

图5-25　物理量

②物理分析的步骤与重点，如图5-26所示。

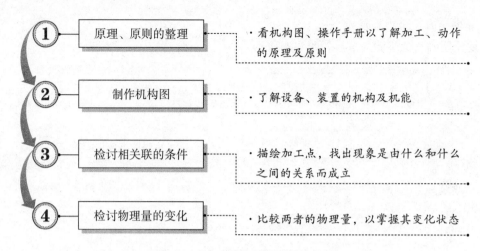

①　原理、原则的整理　　·看机构图、操作手册以了解加工、动作的原理及原则

②　制作机构图　　·了解设备、装置的机构及机能

③　检讨相关联的条件　　·描绘加工点，找出现象是由什么和什么之间的关系而成立

④　检讨物理量的变化　　·比较两者的物理量，以掌握其变化状态

图5-26　物理分析的步骤与重点

（3）探讨现象的成立条件

根据科学原理、法则来探讨现象的成立条件。通过穷举方法尽可能多列举促成现象的条件，无论其出现概率大小都应加以考虑，然后再进行分析筛选。

从原理、原则角度探讨现象成立的条件，如果具备这种条件，现象就一定会发生，对此加以整理是解决问题的关键。这就需要从物理的角度来分析现象，说明其产生的机理、成立的条件。

如果对某个现象成立的条件掌握得不充分，那么在采取对策时就只能对某些条件予以考虑并采取对策，而对其他成立条件就不予以考虑，其结果是慢性损失往往没有降低。同时还应注意，不要考虑各种成立条件的概率大小。

探讨成立条件的步骤如下。

①区分设备机能部位。

②整理设备机能部位应有的效能。

③检讨效能和不良现象之间的因果关系。

④整理设备方面的成立条件。

⑤应遵守的标准（设备及人）未被遵守时，要检讨其成立的条件。

⑥检讨依据上一个工序所成立的条件。

（4）检讨4M之间的关联性

从生产现场4M——Machine（机器、工具）、Material（材料）、Method（方法）、Man（操作人员）等方面寻找故障的原因。把与故障现象有关的原因列出来，从人、机、料、法、环等方面筛选最有关系的因素，并将所能考虑到的因素都提出来，画出因果关系图，如图5-27所示。

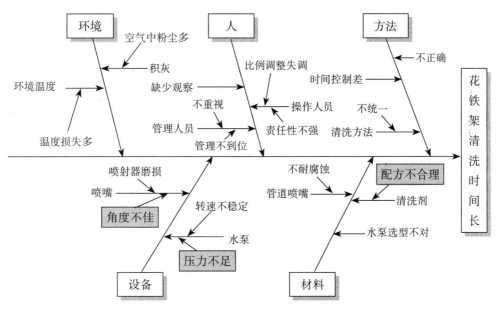

说明：由参加要因分析的9个人找出主要原因，主要原因的得票数为水泵压力不足得9票、清洗剂配方不合理得8票、喷嘴角度不佳得6票。

图5-27　因果关系图

成立条件与4M的关系如图5-28所示。

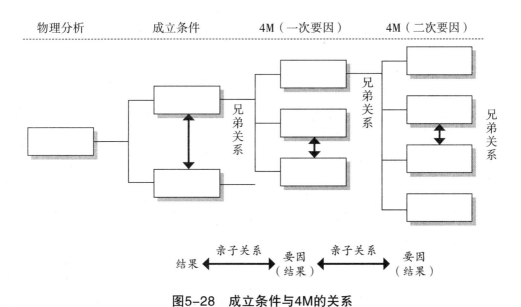

图5-28　成立条件与4M的关系

（5）确定主要原因

上一步骤中列出的一些原因可能不是主要原因，这一步就是要针对各项故障原因进行验证（调查、检验、分析），找出产生故障的主要原因。

针对各种原因，分析人员要具体地研究不同的验证方法、调查方法、测定方法、调查范围、调查项目等。如果调查方法及所需调查的因素有所偏差，则验证的结果将无法取信他人，找出的原因也不是主要原因，这样未来的解决措施就会失效。

（6）提出改进方案

企业针对各种验证后的故障要因都要提出改进的方案，根据掌握的工具、手段和方法确定如何解决问题或者改善问题。企业制定出措施后就要实施措施，针对故障问题点制定对策，实施改善，使其设备更趋完备。同时，企业在实施改善过程中要做好记录。

5. PM分析表

PM分析表是进行PM分析的一个工具，其格式如表5-6所示。

表5-6　PM分析表

部门		完成日期：　　年　月　日		经理	主管	班长
设备名称						
发生日期		制作者：				

现象	物理的看法	成立的条件	设备、材料、治工具的关连性	调查结果	对策	

6. 实施PM分析时的注意点

实施PM分析应注意以下问题。

（1）实施PM分析的成员应包含操作人员、组长、保养人员、生产及设备设计等技术人员，至少由4人组成。

（2）PM分析表尽可能以漫画的方式记录，这样可以表达出文字难以表述的事，其他人员也比较容易看懂。

（3）在列举要因时，不要在乎其贡献率与影响度的大小，必须毫无遗漏地全部列举出来。

（4）在PM分析之后，一定要逆向追溯回去，以检查其整合性（4M一次要因成立时是由哪些要因引起，而4M二次要因成立时又是由哪些要因引起的）。

（5）不能明确各要因的容许值时要先暂定基准，再依据其结果设定容许值。

三、统计分析法

统计分析法是通过统计某一设备或同类设备的零部件（如活塞、填料等）因某方面问题（如腐蚀、强度等）所发生的故障占该设备或该类设备各种故障的百分比，从而分析设备故障发生的主要原因，为修理和经营决策提供依据的一种故障分析法。

以腐蚀为例。据统计，我国每年由于腐蚀造成的损失占国民经济总产值的5%左右；在设备故障中，腐蚀故障约占设备故障的一半以上。国外专业机构对腐蚀故障作了具体分析，得出的结论是："随着工业技术的发展，腐蚀形式也发生了变化，不仅仅是因壁厚变薄或表面形成的局部腐蚀，而且还有以裂纹、微裂纹等形式出现的腐蚀。"

四、分步分析法

分步分析法是一种对设备故障的原因由大到小、由粗到细逐步进行分析，最终找出故障频率最高的设备零部件或主要故障的形成原因并采取对策的方法。这种方法对于分析大型设备故障的主要原因很有帮助。

下面是某企业用分步分析法对合成氨厂设备停车原因进行分析的范本，供读者参考。

【范本】××化工有限公司停车分步分析法

· ·

××化工有限公司停车分步分析法

第一步：统计停车时间和停车次数

首先对××化工有限公司近四年来停车的时间和次数进行统计，结果如下表所示。

停车时间和停车次数

天数 ＼ 年份	2013年	2014年	2015年	2016年
平均停车天数（天）	50	45.5	49	50
平均停车次数（次）	9.5	8.5	10.5	11

注：本案例略去原始资料。

第二步：分析停车原因

经过对相关资料的分析，确定该工厂的停车原因如下表所示。

停车原因

单位：次

事故分类 ＼ 年份	2013年	2014年	2015年	2016年
仪表事故	1	2	1.5	1.5

（续表）

事故分类＼年份	2013年	2014年	2015年	2016年
电器事故	1	0.5	1	1
主要设备的事故	5.5	5	6	6
大修	1	0.5	0.5	0.5
其他	5	0.5	1.5	2
总数	13.5	8.5	10.5	11

由上表可知，在每两次停车中就有一次是由主要设备的事故引起的。

第三步：分析停车次数最多的主要设备事故

接下来对停车次数最多的主要设备事故进行分析，得出分析结果如下表所示。

停车次数最多的主要设备事故占比

单位：%

主要设备名称＼年份	2013年	2014年	2015年	2016年
废热锅炉	21	10	－	8
炉管、上升管和集气管	19	17	19	13
合成气压缩机	13	16	16	25
换热器	10	9	8	11
输气总管	6	－	6	7
对流段盘管	5	－	－	－
合成塔	－	8	－	－
管道、阀门和法兰	－	－	5	11
空压机	－	11	9	－

分析上表可得出以下结论。

（1）合成气压缩机停车次数所占比例较高，在2016年的统计中高达25％。因为离心式合成气压缩机的运行条件苛刻，转速高、压力高、功率大、系统复杂，因振动较大，引起压缩机止推环、叶片、压缩机密封部件及增速机轴承损坏等故障出现。

（2）炉管、上升管和集气管的泄漏占比较大（13％～19％）。

（3）管道、阀门和法兰的故障占5％～11％，也比较高。

通过以上分析基本就弄清发生故障的主要部位了，接下来可以采取不同的对策以处理不同类型的故障。

第六章

质量保养

质量保养是为了保持产品的所有质量特性处于最佳状态，对与质量有关的人员、设备、材料、方法、信息等要因进行管理，对废品、次品和质量缺陷的发生防患于未然，使产品的生产处于良好的受控状态。这里强调的是为了保持产品质量而对设备进行的保养，即为了保持完美的产品质量，就要保持设备的完美。

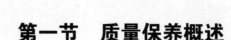

第一节　质量保养概述

一、质量保养的定义

所谓质量保养是指以"为了保持产品质量的完美（100%良品），就要保持设备的完美"为基本思想，而开展下列各项活动。

（1）以不产生产品质量不良的设备为目标来设定零不良的条件，并依时间序列点检及测定该条件。

（2）确认该测定值在标准以内，借以预防质量的不良。

（3）观察测定值的变动情形，预知发生质量不良的概率，以便事先采取防范对策。

二、质量保养的基本思路

为了防止产生由于设备及加工条件所引起的质量不良，可将质量保养活动与设备管理活动结合起来，探讨质量特性与原材料条件、方法条件及设备精度等的关联性，以便设定不产生不良的设备条件。这种条件设定就是将不良要因明确化，即为了生产良品，应该设定并维持其原材料、加工方法及设备精度等条件。同时，以自主保全活动与技能教育培训所培养出对设备专精的操作人员为基础，进而谋求对所设定的条件进行维持管理，以实现零不良的目标。以上就是质量保养的基本思路（参考图6-1）。

要避免产生不良条件，最重要的就是要从过去所检查的产品记录中掌握不良的发生原因，并采取相应的对策，改变对质量有所影响的各"点检项目"，再依时间序列加以测量，一旦预见该测量值即将超过所设定基准值时就能采取对策。

三、TPM对品质的想法

TPM活动作为经营之本，通过建设实现最佳的质量和生产效益，创造最舒适的工作环境。TPM对质量的提升基于图6-2所示的一些想法。

有关质量保养与TPM活动中各支柱（各活动）的关系，如图6-3所示。

四、决定质量的4M

对产品质量起决定性影响作用的是4M，即Man（人）、Machine（机械）、Material（材料）、Method（方法）。所以，提升质量就要从改善4M着手，如图6-4所示。

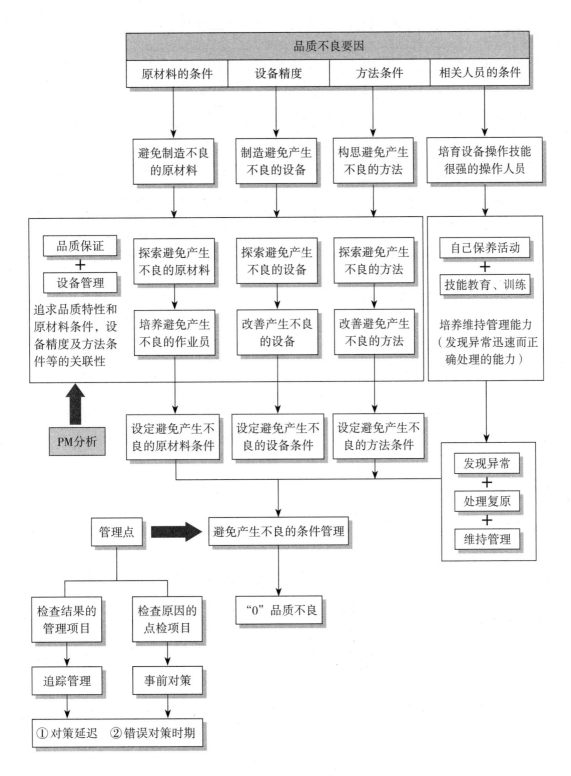

图6-1 质量保养的基本思路

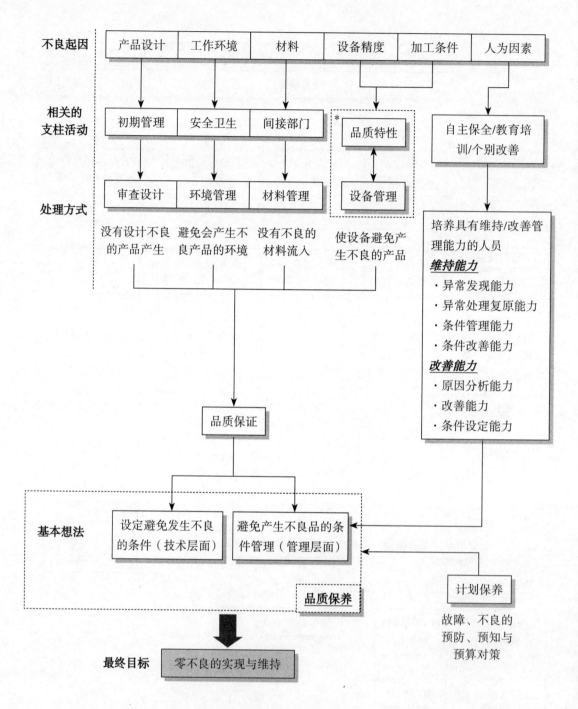

图6-2　TPM对品质的想法

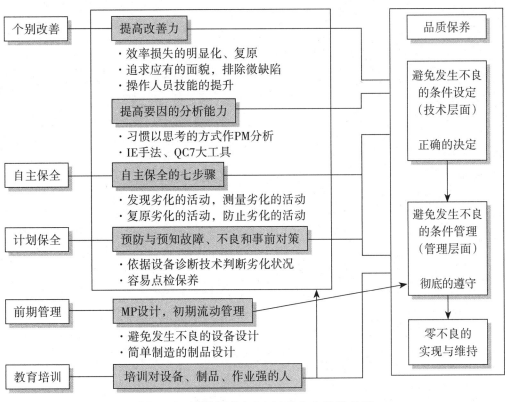

图6-3　质量保养与TPM五大支柱的关系

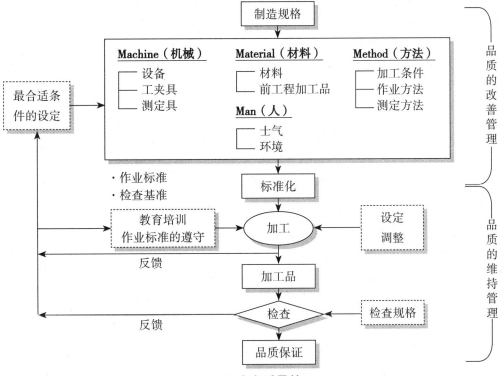

图6-4　决定质量的4M

4M改善的着眼点如表6-1所示。

表6-1 4M改善的着眼点

4M		应具体的条件	
Machine 机械	设备	设备的条件 （1）彻底清扫 （2）确实给油 （3）螺丝螺帽都锁紧 （4）设备各部位都没有松动	没有遵守条件时会怎样 （1）没有清扫，则加工中会掉落灰尘，或附着异物而形成不良 （2）给油不足则机器动作不顺利，将导致加工不良
	治具、工具	（1）治具的条件 ·治具的固定部位没有敲痕 ·加工物的固定基准面没有敲痕 ·治具各部位没有磨损 （2）工具及刀具的条件 ·使用方法正确 ·刀具固定正确（对心） ·刀具没有缺损或磨耗	（3）松动会导致加工不良 （4）有凹凸不平的敲损，会导致加工不良 （5）基准面凹凸不平，会使加工物受伤或导致加工不良 （6）有磨耗或缺损，则会导致加工不良 （7）使用工具不当，则螺丝无法锁紧而导致加工不良 （8）对心不良，就会导致加工不良 （9）刀具磨损，就会导致加工不良
	测量仪器	测量工具的条件 （1）测量器具没有灰尘 （2）测量器具的动作滑顺 （3）测量器具在校正期间内	（10）测量器有灰尘，异物的附着就会有测量误差 （11）动作不顺利就会导致有测量误差 （12）未经校正，精度不良则会有测量误差
Material 材料		（1）材料品质是否良好，会影响工程品质 ·材料没有伤痕或灰尘的附着 ·材料的构成与组织很稳定 ·材料硬度很均匀 …… （2）工程品质会受到前工程品质是否良好影响 ·前工程的加工品没有伤痕或灰尘附着 ·前工程的尺寸均匀 ……	
Method 方法	加工条件	加工条件是否良好 （1）转速、进刀速度的设定是否良好，是否遵守所规定的条件 （2）温度、湿度的设定是否良好，是否遵守所规定的条件 （3）压力、流量的设定是否良好，是否遵守所规定的条件 ……	
	作业方法	是否采用正确的作业方法 （1）加工物是否确实固定在基准面，有没有夹到异物 （2）换线步骤有没有规定，是否遵守所规定的条件 （3）作业步骤有没有规定，是否遵守所规定的条件	

（续表）

4M		应具体的条件
Method 方法	测定方法	测定方法是否良好 （1）测定时有无留痕，视差所产生的问题 （2）测定时是否留意正确的测定压力 （3）对测定器具，有没有制定测定标准书，有没有遵守 ……
Man 人（士气）		这里所谓的士气就是一股"干劲"。要做好品质，除了提高品质的意识以外，员工更需有排除防碍良好品质的"对微小缺陷很介意"，无论如何也要解决的强烈问题意识 （1）随时都要遵守标准，才会制造出高品质产品的强烈意愿 （2）发生不良时，彻底找出3M的不正常点（微缺陷）的强烈的问题意识 （3）日常作业中，遇到"有一点点怪""奇怪""好像与平常不太一样"等问题，就会很介意而立即向主管报告。同时，自己也有追根究底的强烈意识

第二节　质量保养的步骤

企业应以质量保养活动来设定避免产生不良的4M条件，并使其易于遵守，而且以点检项目的集约化、点检基准值的设定来落实条件管理项目的标准。上述条件管理与倾向管理为质量保养的两大活动。质量保养的步骤如表6-2所示。

表6-2　质量保养的十步骤

步骤			内容	注意点
质量改善	准备	1	现状确认	（1）确认质量规格、质量特性 （2）制作QC单位工程流程图 （3）质量不良状况与现象的调查层别	（1）明确应维持的产品质量特性值 （2）明确设备系统机构、机能加工原理、顺序等 （3）掌握工程质量不良发生状况 （4）层别不良现象 （5）明确发生不良现象单位工程
	调查分析	2	发生不良工程调查	制作QA矩阵，并对不良项目的发生单位进行工程调查	单位工程与不良项目的关联性调查

189

（续表）

步骤			内容	注意点
质量改善	调查分析	3	4M条件调查分析	（1）单位工程别的4M条件调查 （2）指出现场调查的不完备点	（1）依图纸、标准、作业指导书等调查4M条件 （2）依加工原理、设备、机能，追求4M应有条件 （3）现象调查后，要明确4M条件设定，掌握不完备点
	改善检讨	4	问题点对策检讨	（1）制成问题点一览表，加以检讨对策 （2）设备状态的确认与复原改善	（1）用自主保全活动维持状态的确认及调查加工条件、换模方法 （2）不能只满足设备条件的设备改善
		5	解析良品化条件不确定者	（1）良品制造条件不确定者的解析 （2）以实验来设定应有状态	（1）回归加工原理原则，毫不遗漏地追求加工条件与设备精度的关联 （2）整理同一设备有复数的质量特性问题时，设备的各部位对质量特性的影响程度 （3）依PM分析、FMEA、实验计量法来追求不良要因与4M的关联，并设定质量满足的4M条件 （4）为保证质量特性值保持在规格内，应决定设备精度以及加工条件的暂定容许值（暂定基准值）
	改善	6	改善4M条件缺陷	（1）将4M条件的缺陷显示出来 （2）实施改善 （3）评估结果	（1）依解析结果的4M条件项目实施4M的点检、调查 （2）指出问题点，追求复原与改善 （3）将所有点检项目纳入暂定容许值，确认质量特性是否能满足规格值
		7	设定4M条件	设定能制造良品的4M条件	
质量保养	标准化	8	点检法集中化改善	点检法集中化、固定化的检讨与改善	（1）将点检项目分为静态精度、动态精度、加工条件，以期将项目能集中以便归纳 （2）同时可进行短时间、容易进行点检的改善
		9	决定点检基准值	（1）点检基准值的决定 （2）制作质量保养矩阵图	（1）为将质量特性值纳入规格内，把设备精度容许值（基准值）以振动测定法等来设定代用特性值

（续表）

步骤			内容	注意点
质量保养	标准化	9 决定点检基准值	（3）点检依赖性提升、简单化、省人化	（2）除了需要特别的测定技术或分解点检需要技能与时间的项目外，皆作为生产部门的点检项目 （3）检讨点检依赖性的改善、简单化、省人化，并实施改善
		10 标准的修订与倾向管理	（1）改订原料标准、点检标准及作业标准 （2）倾向管理与结果的确认	（1）管理者应对组员说明为什么要做这些点检，并依据设备机构、构造、机能或产品加工原理实施教育 （2）点检基准的追加由全员自行追加 （3）通过倾向管理，在未超过标准值之前实施对策 （4）在所决定的标准以外的质量问题发生时，应进行基准值的修订与点检项目、方法的检讨

一、现状确认

这一步骤是为了设定质量保养活动的基准点和目标值而进行的现状调查，也是使质量保养活动顺利进行的重要措施。

首先，通过确认对象产品的规格值，发掘可能达不到规格的所有质量特性不良项目；其次，进行质量制造、工程流程图、发生不良状况与现象的调查与识别，并将这些不良、客户投诉处理以及因不良而进行的检查工时全部换算为损失成本，让全员都知道。总之，质量保养第一步的注意要点如下。

（1）质量规格、特性值的确认：掌握产品规格、特性值与制造规格、检查规格，并明确其维持的质量特性。

（2）制作单位工程QC图：制作单位工程QC流程图，明确设备及系统的机构、机能、加工原理顺序等，并调查在单位工程中维持质量的管理项目（如基准、方法等），如图6-5所示。

（3）对质量不良状况和现象的调查与识别：在工程中掌握发生不良状况，并对该现象作识别，使其发生的单位工程明显化。

（4）目标设定与拟订质量保养活动推行计划：以现状调查结果为基准来设定活动目标值，并拟订活动推行计划。推行计划可以用主要产品作示范，先行实施，然后再向其他产品水平展开。

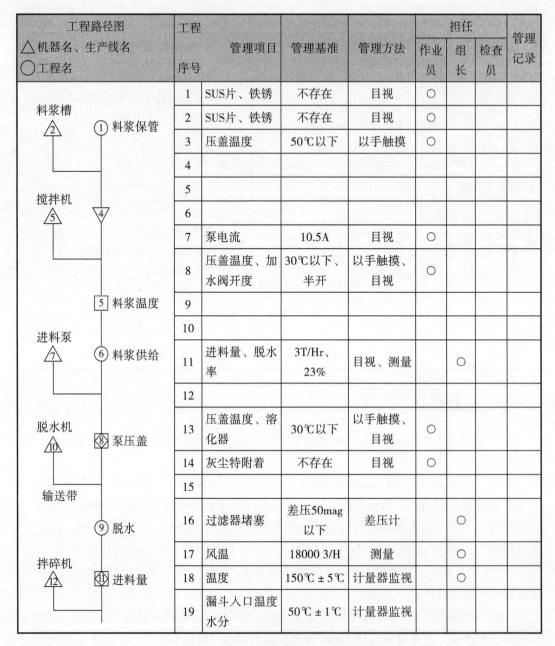

工程路径图 △ 机器名、生产线名 ○ 工程名	工程序号	管理项目	管理基准	管理方法	担任 作业员	担任 组长	担任 检查员	管理记录
料浆槽 △2 ①料浆保管	1	SUS片、铁锈	不存在	目视	○			
	2	SUS片、铁锈	不存在	目视	○			
	3	压盖温度	50℃以下	以手触摸	○			
	4							
搅拌机 △5 △4	5							
	6							
	7	泵电流	10.5A	目视	○			
	8	压盖温度、加水阀开度	30℃以下、半开	以手触摸、目视	○			
□5 料浆温度	9							
	10							
进料泵 △7 ⑥料浆供给	11	进料量、脱水率	3T/Hr、23%	目视、测量		○		
	12							
脱水机 △10 ◇8 泵压盖	13	压盖温度、溶化器	30℃以下	以手触摸、目视	○			
	14	灰尘特附着	不存在	目视	○			
输送带	15							
⑨脱水	16	过滤器堵塞	差压50mag以下	差压计		○		
	17	风温	18000 3/H	测量		○		
拌碎机 △12 ◇11 进料量	18	温度	150℃±5℃	计量器监视		○		
	19	漏斗入口温度水分	50℃±1℃	计量器监视				

图6-5　工程流程图与管理项目

二、发生不良工程调查

这一步就是对在第一步已经明确的单位工程与不良形式的关联性进一步分析，之后制作成表6-3所示的QM矩阵表，以便调查分析可能哪个工程会产生质量的不良，哪个工程的设备或方法条件变化时会发生不良，另外，要与过去的实际不良情形进行对比，做重要度分析。

表6-3　QM（质量保养）矩阵表

单位名称	工程名称	制品名称
镀制厂镀锌一课	耐指纹处理	热浸镀锌耐指纹钢板

制定者	制定日期	版次
×××	××年××月××日	第一版

修订内容	修订日期

4M区分	序号	管理设备(部位)	管理项目	基准值	点检方式	点检周期	点检者	积料架转印痕	表面皮膜转印痕	未涂布皮膜	涂装辊转印痕	边缘皮膜污染	板面黄线	易懂(定量化)	容易设定	不易变化	变化立刻知道	变化容易复原	质量保养水平	评价水平
设备	01	药剂桶	过滤网	#200	目视	生产前	操作人员	○	○	◎				○	○	○	○	○	D	○
设备	02		输送管路	固定、不弯折	目视	生产前	操作人员		○					○	○	○	×	○	D	×
条件	03	Air Pump	空气压力	5 kg/cm2以上	压力表检测	生产前	操作人员		○	◎				○	○	○	×	×	D	×
设备	04		运作	正常作动	目视	随时	操作人员		○					○	○	×	×	○	D	×
设备	05		侧缘挡板	正常作动	目视	随时	操作人员		○					○	○	○	×	○	D	×
设备	06		表面硬度	55～60 HS	硬度试验	入厂时	操作人员		○					○	○	○	×	×	D	×
设备	07	涂装辊	表面粗糙度	Ra: 0.6-0.8um	粗糙度试验	入厂、研磨	操作人员				◎	○		○	○		○	×	D	×
条件	08		转速(万向接头)	30 rpm以上	转速计检测	1次/4小时	操作人员				○	○		○	○		×	○	D	×
设备	09		万向接头	固定良好	转动测试	生产前	操作人员			◎				○	○	○	○	○	D	○
条件	10		上气缸压力	0.7-2.5 kg/cm2	压力表检测	1次/4小时	操作人员		○					○	○	×	×	○	D	×
设备	11		表面状况	无破损、无结皮	目视	随时	操作人员				○	○	○	○	○	×	×	○	D	×
条件	12		喷嘴位置	由内往外偏移约150	目视	尺寸变化	操作人员		○			◎	○	○	○	○	○	○	D	○
设备	13	空气刀	喷嘴	无阻塞	目视	随时	操作人员					◎		○	○	○	○	○	D	○
条件	14		空气阀开度	450以下	阀门度检测	尺寸变化	操作人员		○			○		○	○	○	○	○	D	○
条件	15	IR OVEN	钢板温度	60 ℃以上	温度计量测	1次/1小时	操作人员	◎						○	○	○	○	○	D	○
条件	16		Zone1、2、3	1,2: 90%以上、3: 90%以内	温度计量测	随时	操作人员	◎						○	○	×	○	○	D	○
设备	17		转向辊	无皮膜附着	目视	随时	操作人员	◎						×	○	○	×	○	D	×
材料	18	药剂	调值比例	原液80%以上	目视	生产前	操作人员		○					○	○	○	○	○	D	○
材料	19	钢板	Passline位置	钢板宽度中心线最大偏移10mm	目视	随时	操作人员		○					×	×	×	×	×	D	×
材料	20		收卷温度	45 ℃以下	温度计量测	1次/1小时	操作人员							○	○	○	○	○	D	○

注：①质量特性之关连性：◎——影响度高，○——有影响，空白——无关连性；②容易QM设备条件之关连性：○——符合，×——不符合；③质量保养水平：A——设备不良可预知和改善，B——设备可检知不良但自行处置，C——设备可检知不良但人力处置，D——人力检知不良且人力处置，E——无管理；④评价水平之关连性：◎——完全遵守点检基准，△——一部份遵守点检基准，×——未遵守点检基准。

三、4M条件调查分析

这一步是通过QM矩阵图来掌握单位工程质量的不良形式，进而了解使用什么样的原材料、什么样的设备、什么样的方法及什么样的点检以防止再发生不良。一般情况下，4M条件是以"什么"为开端，如图6-6所示。

一般而言，条件、基准尚未确定或不明确的情况下，如果由现场人员自行判断的比重占到20%～40%时，最好进行改善。

工程	射出工程		成型工程	
设备	染色	供给	形成	
部位	染色机	供料处	FD	簇射
不良	翘起		翘起	翘起
形式	卷曲		弯曲	弯曲
	刮线			

4M	条件基准		条件基准	

| 设备 | 异音 ○
原料漏出 ○
发热 ○
漏气 ○
○ | 异音 ○
原料漏出 ○
发热 ○
回转数精度 △
气缸内附着 ⊗ | 不可有电镀剥落 △
不可有生锈、伤痕 △
与模具的中心部不可脱离 ○
不可有真空泄漏
不可有污垢集聚 ⊗
曲面上不可堵塞 ○
曲面上不可折断 ⊗
不可真空堵塞 △ | 槽不可有漏水及不可配管堵塞 |
| 方法 | 料+58-ug ○
主材A±3%
混合机附着 ○
检查 | 回转N±0 ○
电流安培B±30 ○ | FB研磨 △
不可密封垫泄漏 ○
订出与模具中心的紧合的规范 △
清扫期间 ○
模具与F0之间 △ | 水阀、水量阀开度 |

图6-6　4M条件调查表

四、问题点对策检讨

本步骤是将4M条件的问题点依工程类别抽出，制成问题点检一览表，然后再探讨问题点的对策，确定对策改善的责任人，付诸实施。对于不能立即采取对策的，将在第五步中再予以检讨。

五、解析良品化条件不确定者

本步骤是对第四步中不能采取对策的问题点重新加以调查分析，通过运用PM分析法、FMEA及实验计划法等方法来寻找对策。

实例

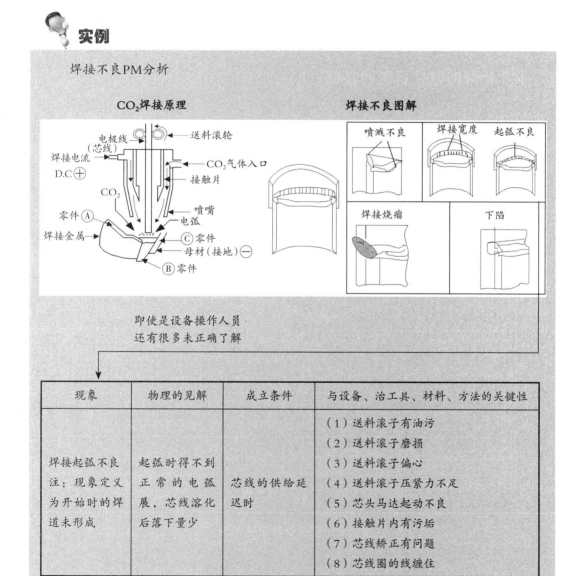

（续表）

现象	物理的见解	成立条件	与设备、治工具、材料、方法的关键性
焊接起弧不良 注：现象定义为开始时的焊道未形成	起弧时得不到正常的电弧展，芯线溶化后落下量少	芯线与母材的间隔不良时	（1）接触片芯线伸出量不足 （2）芯线的前端位置与工件贴合不好 （3）上下移动汽缸的滑动部分松动
		工件旋转时间不均	（1）工件旋转用齿轮背向压坏 （2）定时器精度不良 （3）工件回转用芯头马达不良

六、改善4M条件缺陷

本步骤是落实对问题点所制定对策的改善方案，定时对实施结果是否满足原设计所要求的质量特性进行评估。

七、设定4M条件

本步骤是对之前所做的避免产生不良的4M条件与基准进行检讨与设定。

八、点检法集中化改善

本步骤是将所设定的4M条件全部明确化，其条件必须全部加以点检。为了使点检出的不良情形不再发生，其点检项目较一般点检项目多。但由于其在维护管理上有困难，所以必须依图6-7所示的步骤将其集中化与固定化。

九、决定点检基准值

为了不遗漏任何点检项目，掌握质量特性与设备各部位的精度标准值的关联性，制作质量保养矩阵就显得十分重要。对于质量点检矩阵来说，列明何时、何地、何人、如何进行点检管理十分重要。当然，让全员理解为什么这样做更加重要。此外，本步骤也需要提升点检的信赖性、简单化、省人工的改善。

质量点检矩阵的案例如表6-4、表6-5所示。

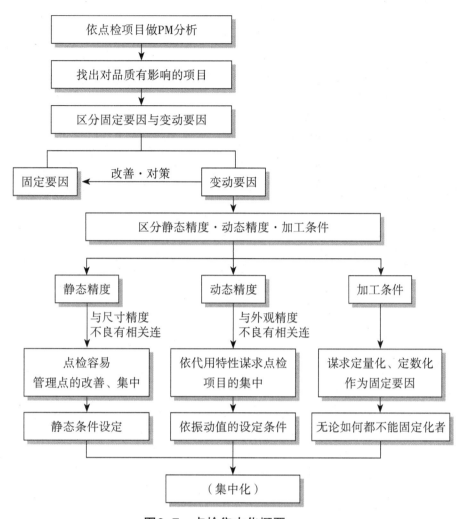

图6-7　点检集中化概要

表6-4　品质点检矩阵实例

设备部位		A	B		D	E	F
设备部位		砂轮主轴	工件主轴		工作台	辅助导轨	辅助导轨
测定项目		振动	振动		平行度	磨耗量	磨耗量
基准位		Ymm/S	Ymm/S		Aμm以下	Bmm以下	Cmm以下
基准位		以下	以下				
测定间隔		1次/月	1次/月		1次/月	换模换线时	换模换线时
品质特性	真圆度	○	○				
品质特性	圆筒度					○	○
品质特性	伤痕				○	○	○

表6-5　品质点检矩阵实例

设备部位	压出机					FD					
	RT温度	槽	螺杆	温度	外型	间隙	上模	下模	间隙	冷水	
点检项目	温度	磨耗量	磨耗量	温度	磨耗量	厚度差异	V.AC孔径	VA.CO孔径	厚度差异	水量	温度
基准值	185℃±3℃	径0.3mm以下	径0.3mm以下	22℃±3℃	0.22mm内	1.33mm±0.03以内	1.00.2以下	1.00.2以下	1.55mm±0.03以内		15℃±2℃
周期	1次/日	1次/6月	换模换线时	1次/日	换模换线时	换模换线时	换模换线时	换模换线时	换模换线时	1次/周	1次/周
凹凸	○	○	○				○			○	○
光泽				○	○						
嵌合						○			○		
翘弯	○			○			○	○		○	

十、标准的修订与倾向管理

为了避免产生不良，企业必须对已设定的各要因条件进行有效维持，按规定的周期、方法实施点检，并对其变化的程度进行倾向管理。为了建立这种条件管理体制，除了生产部门以外，保养部门也有必要实施点检教育培训，形成各种基准书、标准书，并依图6-8所示的步骤进行指导。

当单位设备的点检项目与基准值不合时，企业应找出与质量不良相关联的要因组件，并把它定位为设备要件，再制作重点的"保养Q要件表"，标识在该设备的部位上，确实遵守及实施倾向管理，以达成零不良的目标。

图6-9所示为"设备Q要件表"示例，为了使目标保养确实按既定目标进行点检，可利用卡片法做成保养记录，以确保设备保养确实得以实施。

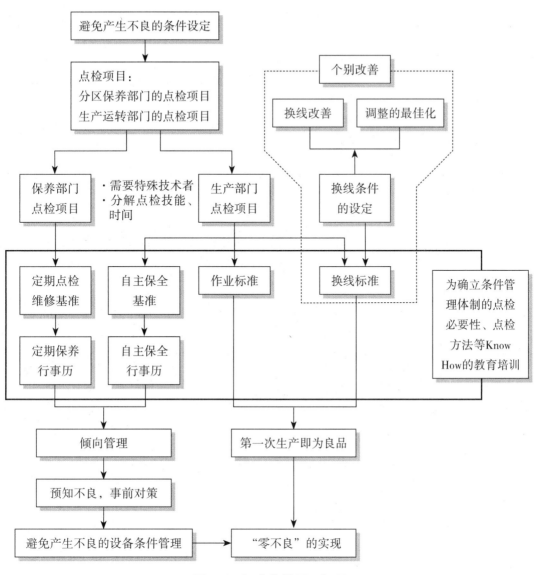

图6-8　标准化的展开概要

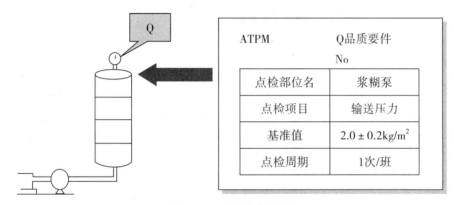

图6-9　Q要件表示例

第三节　提升质量的现场设备管理活动

一、减少设备磨损

设备的故障很多都是由于长时间使用引发磨损、老化而引起的，因而采取相应的对策可以有效减少故障的发生和延长设备的使用时间。

时常清扫设备，
保持设备清洁。

设备的角落也要进行清扫
并润滑，可以有效减少磨损。

1. 设备磨损的类型

设备磨损一般分为物质磨损和技术磨损两种。其中，物质磨损又可分为运转使用的磨损和闲置过程中的磨损。

（1）物质磨损

物质磨损也被称为有形磨损，即设备在使用过程中自身的消耗，如某些零部件的磨损。在正常情况下，设备的物质磨损主要是在运转使用中产生的磨损。

①设备在运转中受到机械力的作用，零部件会发生摩擦、震动和疲劳等现象，致使设备及其零部件的实体产生磨损。

②设备在闲置过程中，由于自然力的作用，外加保养、管理不善，也会自然锈蚀，丧失其精度和工作能力。

（2）技术磨损

技术磨损也被称为无形磨损，是指由于科学技术的进步，各种性能和效率更高的设备不断被设计制造出来，使原有设备的价值受到影响而造成的损失。

2. 设备磨损的对策

设备磨损的对策如图6-10所示。

图6-10　设备磨损的对策

（1）开展清洁活动

①开展下班前5分钟整理、整顿、清洁活动，专门清扫设备。

②及时清理设备使用过程中产生的粉屑。

③查找滴漏、破损、残缺的源头。

④对设备进行全面彻底的清扫，不放过任何一个死角。

⑤电气元器件使用时间久后，其表面也会大量吸尘，破坏散热效果，最终导致其性能劣化。因此，企业应要求作业人员主动定期清扫电气元器件。

（2）开机前点检

企业可设定一些简单易行的项目，制作"点检一览表"，开动设备之前或在作业结束之后由操作人员进行确认，发现异常则及时报告。

（3）定期更换易损件

有的企业在购入设备时就购入一定数量的易损件。易损件的库存数量可参考设备制造厂家的推荐，也可按自己的实际经验来决定。

一些寿命即将结束的部件，不要等到完全坏了才更换。从表面上看，部件用到坏了才更换似乎节省了一些费用，但坏之前所生产的产品就无法确保质量，最终产生难以估量的浪费。

（4）定期校正精度

设备累计使用时间一到，就应该立即校正精度。仅靠一次校正并不能确保设备全过程的精度，日常巡视时应留意表6-5所列事项，并将结果记录下来。

表6-5　日常巡检应注意事项

事项	具体内容	结果
电气方面	（1）配线及接头部位有无龟裂、松垮、暴露、老化 （2）各种信号、电压、频率发出装置以及相关的输入和输出信号值是否正常 （3）仪表盘指针游动是否正常 （4）各种控制开关动作是否准确 （5）软件运行是否有变慢或不动作的迹象	

（续表）

事项	具体内容	结果
机构方面	（1）各种定位柱（杆）、导向柱（杆）紧固螺丝（栓）、铆接头、焊接处、粘接处，有无松脱、脱落、变形 （2）材料表面有无氧化、龟裂、掉漆 （3）机构滑动、滚动、旋转、传动部位是否缺少润滑剂，开动时有无异常响声 （4）各机械的动作时间、行程大小、压力、扭矩等是否符合要求	
环境方面	（1）设备设置场所的温湿度、腐蚀性气体、光照度、电磁波干扰等是否正常 （2）建筑物的地面水平、震动、通风散热等是否正常	

二、设备的精度校正

现场管理活动中如使用的设备精度有误差，检测出来的结果必然是不正确的，甚至会出现把合格品当作不良品废弃的情况，所以对设备的精度进行校正是必须的。

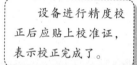

设备进行精度校正后应贴上校准证，表示校正完成了。

影响产品性能的高低温试验设备也要定期进行校正。

1. 需要进行精度校正的设备

（1）生产工艺设备

①直接决定产品性能的生产工艺设备，如电烙铁温度、电批扭矩、张力仪等要校正。

②影响产品性能稳定的保管设备，如恒温箱、无尘车间等要校正。

（2）辅助生产设备

空压机压力、输送带行进速度等要校正。

（3）检测设备

"来料检查标准书""标准作业书""出货检查标准书"中所使用的检测、试验设备及质量追踪所使用的检测设备要校正。

2. 精度校正的方法

校正的方法有内部校正和外部校正两种，如图6-11所示。

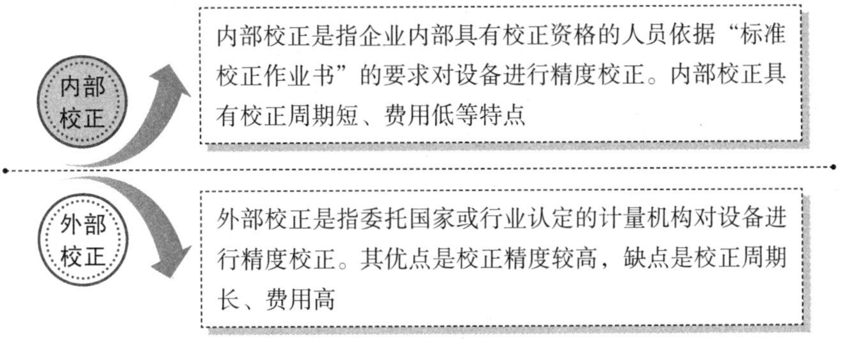

 内部校正是指企业内部具有校正资格的人员依据"标准校正作业书"的要求对设备进行精度校正。内部校正具有校正周期短、费用低等特点

 外部校正是指委托国家或行业认定的计量机构对设备进行精度校正。其优点是校正精度较高，缺点是校正周期长、费用高

图6-11　校正的方法

3. 精度校正的步骤

（1）培养校正人员

校正人员应通过国家指定机构、企业内部、行业指定机构、特殊制造厂商等培训。

（2）制定"标准校正作业规程"

该作业规程应确定以下内容。

①设备实际使用频率。使用频率越高，校正周期越短。

②相应法律、行规、制造厂商的推荐校正周期。

③客户对产品精度的要求。越严格，校正周期越短。

（3）按"标准校正作业规程"要求进行校正

①按设备精度、校正周期、校正项目的要求进行校正。

②事先与该设备使用部门协调好时间，尽量在短时间内完成。

③为校正而设定的各种条件，要采取各种标志以防被人误改。

④如果是用"母器"进行校正的话，需要在"台账"和被校正设备上标注清楚。

⑤在校正完成的设备上贴"已校正"的标贴。

4. 校正结果及其处理

（1）精度校正的结果

精度校正后会出现以下几种结果。

①精度没有偏差，经校正后精度更高。

②精度有偏差，经校正后回到标准范围内。

③精度有偏差，经校正仍无法回到标准范围内。

（2）结果的处理

①第一种结果，只须记录校正结果。

②第二、第三种结果处理如表6-6所示。

表6-6　第二、第三种结果处理

事项	第二种结果	第三种结果
设备的处理	设定新的（更短）的校正周期	（1）替换成精度正常的设备 （2）彻底维修或废弃精度偏差的设备 （3）限定只能在某个非生产的范围内（场合）使用精度存在偏差的设备 （4）寻找其他设备替代原有发生偏差的设备，对替代品也要进行精度校正
产品的处理		（1）立即确认对产品质量有何影响 ①对质量无影响的，已完成的产品照常出货 ②对质量有影响的，视其影响程度大小作出综合判定和处理 （2）追溯质量发生偏差的时间，估算每一时段的影响程度，采取相应对策 ①收集不同时段的样品，再次检测，确定质量偏差的初发时间 ②联络后工序、客户，采取必要的应变措施 ③工序内判定合格但尚未流到下一工序的部件，再次检测

5. 精度校正管理的注意事项

（1）对于新购入的设备，在使用前最好进行精度校正。

（2）校正对象与非校正对象都要进行识别管理，识别越详细，错漏机会就越少。

（3）当由于精度偏差过大，无法校正而废弃设备时，废弃的设备必须做好标识，报请相关部门审批。

（4）"母器"要尽量避免在生产上频繁使用，以免本身精度发生偏差。

（5）不要将所有设备的校正周期都进行相同的设定，既要考虑保证精度，又要设法降低校正成本。

三、禁止异常操作设备

一般来说，对设备的操作顺序都有严格的要求，制造厂家的操作说明对此也有相应规定，不遵守操作规程会直接导致或加速机器产生故障。然而，生产现场中不按操作规程进行作业的情况经常发生。因此，企业必须要有相应的对策禁止异常操作。

机器上张贴禁止调整参数的告示，明确禁止异常操作。

机器上张贴了操作提示和注意事项，能有效地预防异常操作。

1. 异常操作的含义

异常操作是指正常操作手法以外的操作，分为对设备、产品、人员有损害和无损害两种。不论有无损害，企业都应该严格禁止，预防异常操作发生。

2. 禁止异常操作的措施

（1）操作的标准化设置

企业应制定"设备操作规程"，并以此为依据来培训操作人员、维修人员、管理人员。操作人员须经过考试合格，才能操作设备。

设备操作规程必须包括以下内容。

①设备技术性能和允许的极限数，如最大负荷、压力、温度、电压、电流等。

②设备交接使用的规定。岗位人员交接时必须对设备运行状况进行交接，内容包括设备运转的异常情况、原有缺陷变化、运行参数的变化、故障及处理情况等。

③操作设备的步骤，包括操作前的准备工作和操作顺序。

④紧急情况处理的规定。

⑤设备使用中的安全注意事项。

⑥设备运行中故障的排除方法。

（2）设置锁定装置

①通过计算机设定程序或者在机械上设定异常操作锁定机构，使设备只能按正常步骤操作。

②操作键盘上设有透明保护盖（罩、护板），既可以看见动作状态，又能起保护作用。即使不小心碰到按键，设备也不会误启动。

（3）明确非操作人员不得操作

向所有人员讲明"非操作人员，严禁擅动设备"，对违反者给予处罚。设备旁边也应设置明显标志以作提醒。

（4）制定异常补救措施

预先制定各种异常操作后的补救措施，并对操作人员进行培训，即使出现异常操作，也能使损失降到最低。

第七章

事务改善

TPM是全员参与的持续性集体活动。没有间接管理部门的支持，企业实施 TPM精益化管理是不可能持续下去的。事务改善是间接管理部门的事务革新活动，其内容包括对生产管理事务、销售管理事务、行政后勤管理事务以及其他间接管理事务的改善。事务改善的目的是改善管理系统，消除各类管理损耗，减少间接工作人员，提高办事效率，更好地为生产活动服务。

第一节　事务改善的内容

事务改善管理对企业的发展具有重要的推动作用，企业必须找到完善事务改善管理的主要措施。事务改善管理的核心在于设置合理、有效的行政管理规章制度和组织结构，使各部门、各岗位在行政管理部门的协调下处于良好的运作状态。

一、间接部门损失类型

间接部门被企业视为收集、加工和提供信息的"事务性工厂"。从这个角度看，间接部门同样存在着不少事务效率损失。在间接部门中，最有代表性的损失有两大类，即时间损失和品质损失。

1. 时间损失

间接部门中的时间损失主要来自以下四个方面，如图7-1所示。

例如，月底进行的事务处理与结果报告应该及时送达经营阶层和管理阶层，如果中间有所拖延，必然会造成行动的延迟

寻找文件和档案的时间是最典型的时间损失，如果文件的管理者不在，无法迅速找到文件，很可能会耽误重要事务

最大的时间浪费往往出现在会议时间的不可控上。统计资料表明，90%以上的企业内部会议都是没有效率的

事务处理延误　寻找文档的时间　会议的时间　信息提供延迟

任何科学决策都要建立在充分、详细的信息基础之上。企业高层要想正确地认识现状，必须参考适时、适量的信息，如果信息提供延误，制定的决策比对手慢一步，就可能使企业陷入危机

图7-1　时间损失的类型

2．品质损失

间接部门所制作的传票（计划书）、报告文件的品质对根据这些文件采取具体行动的生产部门具有很重要的意义。一旦出现文件传送错误或遗漏等情况，很可能造成品质损失。

虽然在部门内部发现这种错误时可以重写或补足，但是会造成时间的损失。如果错误的传票（计划书）流到后续流程，带来的损失会很大。尤其在当今信息流通速度极快的情况下，当发现错误时，资料可能已经被严重误用，由此花在补救措施上的成本往往是人工作业时期的数十倍甚至更多。因此，避免不良品流入后续流程是间接部门工作的基本原则。

二、事务改善工作的内容

企业事务改善工作主要包括以下四个方面的内容，如图7-2所示。

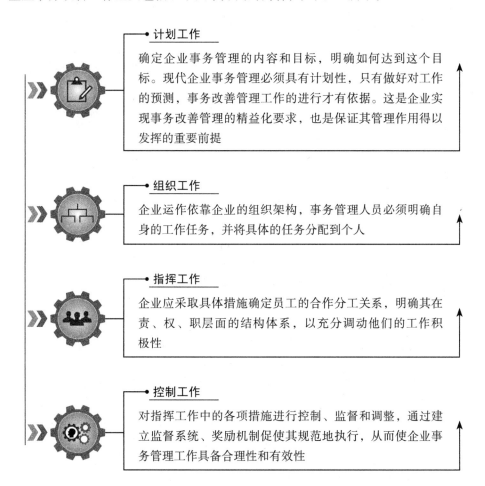

计划工作
确定企业事务管理的内容和目标，明确如何达到这个目标。现代企业事务管理必须具有计划性，只有做好对工作的预测，事务改善管理工作的进行才有依据。这是企业实现事务改善管理的精益化要求，也是保证其管理作用得以发挥的重要前提

组织工作
企业运作依靠企业的组织架构，事务管理人员必须明确自身的工作任务，并将具体的任务分配到个人

指挥工作
企业应采取具体措施确定员工的合作分工关系，明确其在责、权、职层面的结构体系，以充分调动他们的工作积极性

控制工作
对指挥工作中的各项措施进行控制、监督和调整，通过建立监督系统、奖励机制促使其规范地执行，从而使企业事务管理工作具备合理性和有效性

图7-2　事务改善工作的内容

1. 日常事务管理费用控制

企业日常事务管理费用控制包括以下内容。

（1）明确日常办公用品的范围及其申购流程和审批流程，编制完善的入库和领用记录，分析日常需求的常用项目和基本开支，定期进行盘点和统计。

（2）制定完善的资产管理制度，严格按照资产管理制度实施管理，对企业资产进行盘点、造册，按个人和部门进行区分和统计，并强化个人使用资产的规范化、责任感。除了企业资产管理专员以外，禁止企业员工私自调换个人使用资产，每位员工拥有自己的个人资产表格，由个人负责资产的保管、使用和维护。

（3）对各分公司、各项目的行政管理人员进行培训。在申报流程严格把关，坚持节约使用、循环利用的原则，尽量精简审批物品，并将其控制在制度允许范围内。特殊需求须经总经理审批。

（4）物资和设备的申购须严格按照企业资产申购流程进行审批，审批通过后由企业行政部统一购买（特殊物品须经审批通过后，由实际使用部门自行购买，但需将明细、发票提供给行政部登记造册）。

（5）设备出现故障需要维修时，应统一上报企业资产管理专员并详细说明基本情况，由资产管理专员按维修申请流程进行审批后统一联系维修厂家进行维修，并对资产维修的费用、项目做详细登记，综合考虑资产折旧、维修成本和购买新资产之间的权重。

（6）设备的报废须严格按照资产报废处理流程执行，逐级审批通过后才可进行资产报废。

（7）定期对企业设备进行盘点，如发生资产转移，资产管理专员须及时作出资产信息更新。大件、高价值部门共用的固定资产，须指定相关责任人。

2. 事务改善的要点

企业正常运转的前提是有序的管理。企业要想进一步壮大，就必须将事务管理工作放在与经济利益同等重要的位置来考虑。企业高层尤其要树立"精益化管理出效益"的意识，进一步优化管理体系，为企业发展提供组织保障。因此，企业在进行事务改善时要注意以下几个要点，如图7-3所示。

要建立一套完整的管理体系

企业从上级部门到下级部门都要有一个完善、健全、明确的流程，部门之间的隶属关系一定要明确。这样做可以明确责任制，建立清晰的问责机制

② ➤➤ 要充分利用现代化资源

随着现代化网络的发展，企业管理要将一系列的操作流程简便化、清晰化。这样做不仅可以节省管理资源、提高管理效率，还可以将企业的一系列事务公开，将奖惩制度公布于众，真正地激励员工

③ ➤➤ 事务管理必须联系企业实际，做到具体问题具体分析

每个企业都有自己的情况与特点，可以参考国内外先进企业的管理策略，但是一定要符合自身的发展情况

图7-3 事务改善的要点

三、事务改善制度

1．一次编制成制度

在事务处理过程中，各部门需要分别填写形式不同而内容相似的同一事务处理传票，因而增加了抄录的麻烦。因此，企业可以利用一次编制成的制度，将所需要的各种传票合并。

一次编制成的制度既有优点又有缺点，具体说明如图7-4所示。

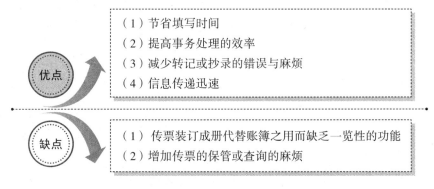

优点
（1）节省填写时间
（2）提高事务处理的效率
（3）减少转记或抄录的错误与麻烦
（4）信息传递迅速

缺点
（1）传票装订成册代替账簿之用而缺乏一览性的功能
（2）增加传票的保管或查询的麻烦

图7-4 一次编制成制度的优、缺点

2．督促制度

督促制度是指对处理事务的人员在处理日自动催促的一种方式。

3. 查检表的应用

查检表可用作事务改善的工具，其内容一般如下。

（1）日常事务工作有无可取消之处？

（2）日常事务工作有无可合并之处？

（3）部门之间有无重复工作发生？

（4）传票或表格有无改善的余地？

（5）传票或表格是否传递过多部门？无关紧要的部门是否可取消？

（6）类似的表格是否可一次书写完成？

（7）是否可利用督促箱帮助进行事务工作？

（8）事务处理手续可否固定化？

（9）文件表格的副本或抄本是否要求过多？

（10）签章是否过多？转记是否错误过多？

四、事务改善的形式

在一般企业中，事务改善可以采取两种形式：一种是事务改善，另一种是事务革新。

1. 事务改善

所谓事务改善是指对现行的事务制度和事务手续进行研究并改善，以提高事务作业的效率。事务改善的方法又可分为以下两种，如图7-5所示。

 事务作业效率个别性的提高

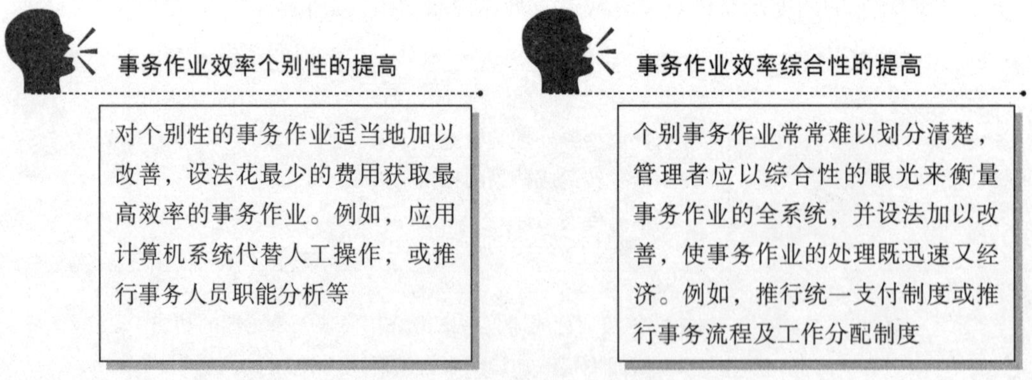

对个别性的事务作业适当地加以改善，设法花最少的费用获取最高效率的事务作业。例如，应用计算机系统代替人工操作，或推行事务人员职能分析等

 事务作业效率综合性的提高

个别事务作业常常难以划分清楚，管理者应以综合性的眼光来衡量事务作业的全系统，并设法加以改善，使事务作业的处理既迅速又经济。例如，推行统一支付制度或推行事务流程及工作分配制度

图7-5 事务改善的方法

2. 事务革新

事务革新的目的在于清除一些与管理目的不相符合的事务，创立一些合乎管理目的的事务，使新建立的事务制度经济、有效。

五、事务改善的步骤

事务改善小组具备越多的知识、技术和方法，对事务改善越有利。如果事务改善小组的知识和技能不足，"事务改善"立意虽好，却无法获得良好的效果，浪费企业资源。优良的事务改善小组应具备事务管理理论与经验和调查分析的技术，掌握原有的作业技术，并且有洞察能力。有了这些能力，只要依照一定的步骤推行事务改善，就能够达到改善目标。一般而言，事务改善有以下几个步骤。

1. 把握现状

在合理的事务改善过程中，把握现状包括两项内容：一是观察现状，二是拟订计划。一方面从对现状的观察中了解目前事务作业的情况，另一方面拟订调查计划以进一步发现原有事务作业中存在的问题。

没有事务作业经验或对事务作业现状没有仔细观察的人往往凭想象推行事务改善，结果却阻碍了事务作业的进行。所以，在推行事务改善时，事务改善小组必须先充分了解将要推行事务改善部门的原有事务作业现状，然后从中发现问题点。此外，事务改善小组也可以通过调查了解事务作业现状。在调查事务作业现状之前，事务改善小组应拟订调查计划，如确定要收集的资料、资料收集的对象和方法。

2. 发现问题

现状调查的目的在于了解目前事务处理的情况。将调查所得到的数据与事务管理理论相互比较，就可以发现目前事务作业不合理的问题点。调查事务作业现状的方法很多，常用的有通盘调查法、事务流程分析法、职务分担分析法和事务作业研究法。

3. 改善方案的拟定

改善方案的拟定包括改善方案的制定与改善方案的修正。前者只是寻找最佳的可行改善方案，后者是根据后来事务作业的实际情况而对"最佳可行方案"加以修正。

在找出目前事务作业的问题点并加以检讨后，改善小组便可以制定可行的改善方案。企业可以从所有方案当中挑选出最有利的改善方案，然后付诸实施。小的改善方案可以是对表格的改善，大的改善方案可以是对整个事务管理制度的改良。

在付诸实施最佳改善方案时，有时因事务作业的实际情况或其他原因一定的缺陷，这时企业必须对"最佳改善方案"加以修正，使改善方案更趋完美。

4. 改善方案的实施

改善方案的实施能否成功，要看实施前的准备是否充分。在为实施改善方案做准备时，企业应考虑以下事项，如图7-6所示。

事务改善的时机是否已经成熟

在实施改善方案之前，事务改善小组应该充分分析改善方案的益处，以获取最高决策层的核准与有力的支持，然后设法让实际推行单位及相关单位理解。改善方案的实施由事务改善小组负责推动，但最主要的还是实际推行单位的配合。使推行单位同心协力推动事务改善是事务改善方案能否成功的关键所在

人员准备是否充足

事务改善方案由事务改善小组负责推动。事务改善小组应对事务推行单位的人员进行培训，帮助他们在心理上或事务改善技巧上有所准备

表格或账票的准备是否充分

在推行事务改善方案时，要采用哪些新表格或新账票，继续沿用哪些旧表格或账票，废弃使用哪些旧表格或账票，这些都应事先准备好

事务机器的准备与操作人员的培训

设备到底要购买还是要租借？这需要用经济观点决定。设备准备好后，事务改善小组要培训操作人员如何使用

改善试行阶段的调整

事务改善方案应该设有3～6个月的试行期，因为通常在更换制度期间会发现意想不到或不妥当的地方。如发现有不妥当的地方应立即修正，然后再根据修正后的改善方案逐步实施事务改善

图7-6　实施改善方案前考虑的事项

5．实施后的评价

事务改善方案必然有许多优点，但是方案实施之后，这些优点是否能够全部表现出来呢？企业应对新方案实施的前后情形加以比较。例如，可以提出以下问题。

（1）新方案实施之后能否节省事务作业时间，能节省多少？

（2）新方案实施之后能否提高事务作业效率，能提高多少？

（3）新方案实施之后能否降低事务作业成本，能降低多少？

如果方案实施后的效果有所降低，事务改善小组应该设法提出其他改善方案，继续进行事务改善。

第二节　改善提案活动

改善提案活动通常作为TPM活动的一部分，与整体TPM活动同时进行。但很多企业会单独开展提案的改善活动，以便更有针对性地提高设备管理水平。

一、改善提案活动的作用

改善提案活动有以下四个作用。

（1）培养员工的问题意识和改善意识，提高员工发现问题、解决问题的能力以及技能水平，改善员工的精神面貌，创建积极进取、文明健康的企业文化。

（2）改善员工工作环境，提高员工满意度。

（3）改善设备的运行条件，提高设备运行效率。

（4）培养员工从细微处着眼消除各种浪费、损耗现象的能力，降低成本，提高效率。

二、改善提案活动的特点

改善提案活动的特点如下。

（1）拥有制度化的奖励措施。

（2）鼓励改善提案的自主实施。

（3）不限定提案内容。

（4）提案格式标准化。

（5）提案活动不是片面地追求所谓的经济利益。

三、改善提案活动的要求

企业坚持开展改善提案活动，可以培养自主、积极进取的员工，塑造积极向上的企业文化。改善提案活动的具体要求如图7-7所示。

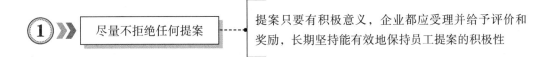
① 尽量不拒绝任何提案　　提案只要有积极意义，企业都应受理并给予评价和奖励，长期坚持能有效地保持员工提案的积极性

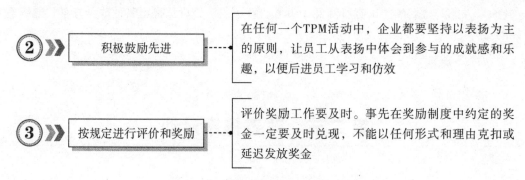

图7-7　改善提案活动的具体要求

四、实施改善提案活动

1. 树立对改善提案活动的正确认识

企业应采取措施帮助员工树立对改善提案活动的正确认识。

（1）鼓励全体人员积极提出提案。只要是有益的，再小的提案都是可取的。员工提出的提案数量越多，说明员工对企业存在的问题越关注。

（2）写提案不会影响正常工作。提案并不是随便就能写好的，它需要员工了解和熟悉工作，有很强的观察事物和发现问题的能力，还需要有很强的责任心。

2. 为改善提案活动宣传造势

在改善活动推行之前，企业可以进行宣传造势，具体措施如下。

（1）用宣传栏、宣传手册、宣传画、范例讲解等形式进行宣传教育。

（2）设置改善提案看板，将改善提案的相关信息刊登在看板上，使各级员工明确了解。

（3）制造推行气氛：各单位组织讨论或举办知识问答赛等。

（4）企业领导在员工大会上宣布提案委员会的成立并强调提案的重要性，引起员工重视。

（5）企业领导参与颁奖并经常过问活动推进情况。

3. 掌握改善提案活动的要点

企业开展改善提案活动需要掌握以下要点。

（1）提前编制好"提案书"，让员工按要求编写。"提案书"如表7-1所示。

表7-1　提案书

提案题目				
提案人		所属部门		提案日期	

（续表）

提案内容概述：
陈述问题：
分析原因：
对策建议：

（2）定期召开提案推进会议，制定提案管理制度，及时处理存在的问题。

（3）经常进行技术和管理培训，提高员工素质。

（4）定期向总经理汇报提案推进情况。

（5）选择重点、优秀的提案在全企业范围发表，鼓励员工多写提案。

（6）公布评分办法。

4．积极开展各类评比和展示活动

随着活动的推进，开展各类评比和展示活动很有必要，原因如下。

（1）做好评比和展示工作可以营造一种良好的、热烈的改善氛围。

（2）让员工从中体验到成就感。

（3）为员工提供一个相互学习和借鉴的机会。

（4）改善企业面貌，营造积极向上的企业氛围。

5．明确提案效果核算标准

制定统一的提案等级评价基准是做好等级评价工作的前提条件。提案效果核算标准包括两方面内容，如表7-2所示。

表7-2　提案效果核算标准

序号	类别	具体说明
1	有形效果的核算标准	企业有必要制作一份统一的改善效果（有形效果）核算基准。这一基准需要覆盖对成本或效率产生影响的一些主要项目，主要包括设备投资及折旧费用，材料、零件、产品损耗费用等

217

（续表）

序号	类别	具体说明
2	无形效果的核算标准	有形效果是可以量化的，无形效果的评价基准比较难确定，多数情况下要靠主观判断来决定。为了使各部门能较有效、客观地评判提案效果，企业可以规定在涉及较高级别的评价时，需要通过讨论的形式决定提案的级别

6. 确定奖励金额标准

对提出改善提案的员工实施奖励（物质和精神）是激发全体员工参与此项活动的最根本的措施，具体的奖励标准如表7-3所示。

表7-3　奖励金额标准

序号	类别	具体说明
1	物质奖励标准	物质奖励一般分为现金奖励和实物奖励两种，大部分企业以现金奖励为主。对各个级别的提案应发放多少奖金，企业要根据奖金预算（财务部门或企业高层管理者认可的预算额度）来决定
2	精神奖励标准	除了物质奖励之外，企业可以辅之以精神鼓励，如颁发月度、季度、年度冠军奖状或锦旗，还可以通过评选提案之星来鼓励员工积极提案

第八章

环境改善

环境改善是指创建安全、环保、整洁、舒适、充满生气的作业现场，识别安全环境中的危险因素，消除事故隐患及潜在危险。现场的5S活动是现场一切活动的基础，是减少设备故障和安全事故，拥有整洁、健康工作场所的必备条件，是TPM八大支柱活动的基石，是推行TPM活动的前提。因此，企业要想做好TPM活动，一定要做好现场5S。

第一节 设备5S管理

5S是指整理、整顿、清扫、清洁和素养，是一种常见的生产及设备管理方法。通过5S管理，可以清除设备污迹，使其保持干净整洁；明确设备摆放位置，加强设备保养；进而确保设备能够长期正常运转。

一、设备整理

设备整理就是将工作场所中的设备清楚地区分为需要与不需要，需要的加以妥善保管，不需要的进行相应的处理。

1. 整理的目的

（1）腾出空间，改善和增加作业面积

在生产现场有时会滞留一些不用的、报废的设备等，这些东西既占用现场的空间，又阻碍现场的生产。因此，企业必须将这些东西从生产现场整理出来，留给作业人员更多的作业空间以方便操作。

（2）消除管理上的混放、混料等差错事故

各类大大小小的设备杂乱无章地堆放在作业现场，会给管理带来难度，很容易造成工作上的差错。

设备杂乱无章地堆放在一起，很容易造成工作上的差错。

（3）减少磕碰机会，提高产品质量

在生产现场往往有一些无法使用的设备，如果不及时清理，时间长了会使生产现场变得凌乱不堪。这些地方通常是管理的死角，也是灰尘的来源，在一些对无尘要求高的企业，将直接影响产品的质量。通过整理就可以消除这些影响质量的因素。

2. 区分必需设备与非必需设备

（1）"要"与"不要"的基准

在实施整理过程中，对"要"与"不要"必须制定相应的判别基准。

①真正需要的设备：包括正常的设备，电气装置，车、推车、拖车、堆高机，正常使用的工具等。

②不要的设备：主要是指不能或不再使用的设备、工具。

（2）保管场所基准

保管场所基准是指到底在什么地方"要"与"不要"的判断基准，根据设备的使用次数、使用频率来判定应该将其放在什么地方才合适。制定时应对保管对象进行分析，根据设备的使用频率来明确放置的适当场所，制作"保管场所分析表"，如表8-1所示。设备的使用与保管场所主要如表8-2所示。

表8-1　保管场所分析表

序号	设备名称	使用频率	归类	是必需品还是非必需品	建议场所
		1年没用过1次			
		也许要用			
		3个月用1次			
		1星期用1次			
		3天用1次			
		每天都用			

表8-2　设备的使用与保管场所

	使用频率	处理方法	建议场所
不用	全年一次也未使用	废弃特别处理	待处理区
少用	平均2个月~1年用1次	分类管理	集中场所
普通	1~2个月用1次或以上	置于车间内	各摆放区
常用	1周使用数次、1日使用数次、每小时都使用	工作区内随手可得	作业台

备注：应视企业具体情况决定划分的类别及相应的场所。

3. 处理非必需设备

处理非必需设备的方法有以下几种。

（1）改用。将其改用于其他项目，或用于其他需要的部门。

（2）修理、修复。对故障设备进行修理、修复，以恢复其使用价值。

（3）作价卖掉。由于销售、生产计划或规格变更，购入的设备用不上，可以考虑与供应商协商退货，或者（以较低的价格）卖掉，回收货款。

（4）废弃处理。对那些实在无法发掘其使用价值的设备必须及时实施废弃处理，处理时要注意不得污染环境。

4. 建立一套非必需设备废弃的程序

为了维持整理活动的成果，企业应建立一套非必需设备废弃申请、判断、实施及后续管理的程序。一般来说，该程序一定要包括以下内容。

（1）设备所在部门填写"设备废弃申请单"，如表8-3所示，提出废弃申请。

（2）技术或主管部门确认设备的利用价值。

（3）相关部门确认再利用的可能性。

（4）财务等部门确认。

（5）高层负责人作出最终的废弃处理认可。

（6）由指定部门实施废弃处理，填写废弃单，保留废弃单据备查。

（7）由财务部门做账面销账处理。

表8-3　设备废弃申请单

申请部门		设备名称		
设备编号		设备型号		
废弃理由		购买日期		
可否再利用	类别	判定部门	判定	负责人签字
			□可　□不可	
			□可　□不可	
			□可　□不可	
			□可　□不可	
其他判断			□可　□不可	
			□可　□不可	
认可	□废弃□其他处理		总经理	
废弃	仓库部门：	凭证	提交财务	

二、设备整顿

整顿就是将整理后留下来的需要品或腾出来的空间进行整体规划，旨在提高使用设备的效率。

1. 设备整顿的常用方法

（1）全格法

全格法即依设备的形状用线条框起来。例如，小型空压机、台车、铲车的定位，一般用黄线或白线将其所在区域框起来。

> 设备的形状用黄线或白线将其所在区域框起来。

（2）直角法

直角法即只定出设备关键角落。例如，对小型工作台、办公桌的定门，有时在四角处用油漆画出定位框或用彩色胶带贴出定置框。

> 对小型工作台、办公桌的定门，有时在四角处用油漆画出定位框或用彩色胶带贴出定置框。

2. 设备的整顿要点

整顿设备要注意以下几点。

（1）设备旁边必须设置"设备操作规程""设备操作注意事项"等，对设备的维修保养也应该做好相关记录。这不但能给予员工正确的操作指导，也可让前来考察的客户对企业有信心。

设备旁必须设置"设备操作规程""设备操作注意事项"等。

（2）设备之间的摆放距离不宜太近，近距离摆放虽然可节省空间，却难以清扫和检修，而且还会相互影响操作而导致意外。如果空间有限，则首先考虑是否是整理做得不够彻底，再考虑是否有整顿不合理的地方，导致空间的浪费，要多考虑改善的技巧与方法。

设备之间的摆放距离不宜太近，近距离摆放虽然可节省空间，却难以清扫和检修，而且还会相互影响操作而导致意外。

（3）把一些容易相互影响操作的设备与一些不易相互影响操作的设备作合理的位置调整。在设备的下面再加装滚轮，以便轻松移动设备，也便于清扫和检修。

（4）将一些电子设备的附件，如鼠标等进行形迹定位，方便操作。

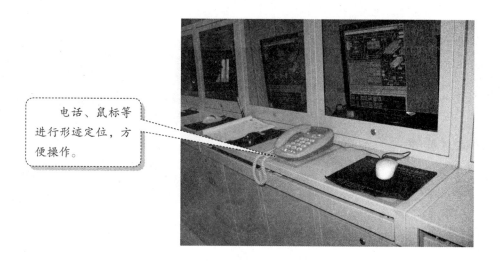

电话、鼠标等进行形迹定位，方便操作。

3. 工具的整顿

（1）工具等频繁使用物品的整顿

对频繁使用的物品应重视并遵守使用前能"立即取得"、使用后能"立刻归位"的原则。

①应充分考虑能否尽量减少作业工具的种类和数量，利用油压、磁性、卡标等代替螺丝，使用标准件将螺丝共通化，以便可以使用同一工具。

②将工具放置在作业环节最接近的地方，避免取用和归位时过多的步行和弯腰。

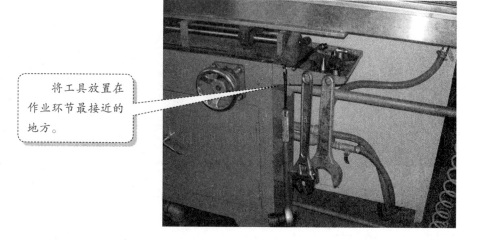

将工具放置在作业环节最接近的地方。

③对于需要不断取用、归位的工具，最好用吊挂式或放置在双手展开的最大极限之内。采用插入式或吊挂式"归还原位"，也要尽量使插入距离最短，挂放方便又安全。

④要使工具准确归还原位，最好以复印图、颜色、特别记号、嵌入式凹模等方法进行定位。

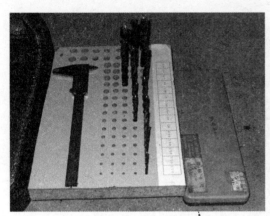

嵌入式凹模、形迹图以便于工具"归还原位"。

工具最好能够按需要分类管理，如平时使用的锤子、铁钳、扳手等工具，可列入常用工具集中共同使用；个人常用的可以随身携带；对于专用工具，则应独立配套。

（2）切削工具类的整顿

这类工具使用率高，且搬动时容易发生损坏，在整顿时应格外小心。

①经常使用的应由个人保存；不常用的可以存放于"磨刀房"等处所，尽量减少工具种类，以通用化为佳。先确定必需的最少数量，将多余的收起来集中管理。

不常用的工具，可以存放于"磨刀房"等处所。

②刀具在存放时要方向一致，以前后方向直放为宜，最好能采用分格保管或波浪板保管，且避免堆压。

③刀具可利用插孔式的方法，把每支刀具分别插入与其大小相适应的孔内，这样可以对刀锋加以防护，节省存放空间且不会放错位。

④对于锯片等刀具可分类型、大小、用途等叠挂起来，并勾画形迹，使其易于归位。

⑤注意防锈，在抽屉或容器底层铺上易吸油的绒布。

4. 整顿的注意事项

（1）在进行整顿前一定要先关上设备的电源，确保安全第一。

（2）设备之间不能靠得太近，以留有适合的操作空间。

（3）对于一些难以移动的重型设备，可以考虑使用一些技巧，如安装轮子等。

三、设备清扫

将设备内部和外部清扫干净并保持现场干净整洁，有利于改善员工的心情，保证产品的品质，减少设备故障。

1. 清扫前的准备

（1）安全教育

企业应对员工做好清扫的安全教育，对可能发生的事故（触电、挂伤碰伤、涤剂腐蚀、坠落砸伤、灼伤等不安全因素）进行预防和警示。

（2）设备常识教育

企业应对员工就设备的老化、出现的故障、可以减少人为劣化因素的方法、减少损失的方法等进行教育，使他们通过学习设备基本构造，了解其工作原理，能够对出现尘垢、漏油、漏气、震动、异常等状况的原因进行分析。

（3）技术准备

技术准备是指清扫前制定相关作业指导书、相关表格，明确清扫工具、清扫重点、加油润滑的基本要求、螺丝钉卸除和紧固的方法及具体顺序步骤等。其中，要明确清扫重点，可以使用清扫重点检查表，如表8-4所示。

表8-4　清扫重点检查表

方法	重点	是	否	备注
用眼睛看	1. 压力表位置是否容易点检			
	2. 压力表的正常值是否容易判读			
	3. 油量计位置是否适当			
	4. 油面窗是否干净			
	5. 油量是否处于正常范围内			

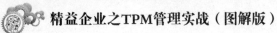

（续表）

方法	重点	是	否	备注
用眼睛看	6. 油的颜色是否正常			
	7. 给油口的盖子是否锁紧			
	8. 油槽各部位是否存在可让灰尘跑进去的空隙			
	9. 给油口盖子的通气孔是否阻塞			
	10. V形皮带装置数量是否正确			
	11. V形皮带装置形式是否正确			
	12. 皮带是否固定牢固、不振动			
	13. 皮带及皮带轮的安全盖是否透明且容易点检			
	14. 皮带及皮带轮是否正常无倾斜			
	15. 马达及减速器的连轴器是否正常无损耗			
	16. 马达及减速器是否调整正确			
	17. 减速器的润滑油是否干净、未被污染（如水分、金属、油泥等）			
	18. 马达的冷却风扇是否干净无灰尘			
	19. 吸气过滤器的滤网是否干净			
用耳朵听	1. 马达是否有异音			
	2. 皮带、链条是否有滑动声			
	3. 设备是否会发出奇怪的声音			
用鼻子闻	气门阀运作时是否有异味产生			
用手摸	1. 马达外表是否有异常的发热现象			
	2. 马达是否有振动、转动不匀的现象			
	（以下各项均须关掉设备电源进行点检）			
	3. 马达及各处的安全盖是否松动			
	4. 皮带的张力是否不足			
	5. 各部螺丝是否有松动的状况			
	6. 各处配管是否有交叉接触现象			
	7. 各处配管是否有摩擦而致破损的状况			
	8. 设备各部是否有漏水的状况			
	9. 设备各部是否有漏油的状况			
	10. 如有漏水（油）的情况，把设备擦干净，查看漏水（油）的状况是否严重			

2. 实施清扫

（1）不仅设备本身，其周围环境、附属、辅助设备也要清扫。

设备周围环境、附属、辅助设备也要清扫。

（2）对容易发生跑、冒、滴、漏部位要重点检查确认，并将漏出的油渍擦拭干净。

（3）清扫时油管、气管、空气压缩机等看不到的内部结构要特别留心。

（4）核查并清除注油口周围有无污垢和锈迹。

（5）核查并清除表面操作部分有无磨损、污垢和异物。

（6）检查操作部分、旋转部分和螺丝连接部分有无松动与磨损，如有则通知设备管理部前来处理。

（7）每完成一台设备的清扫工作之后，自行检查，确保设备干净整洁。

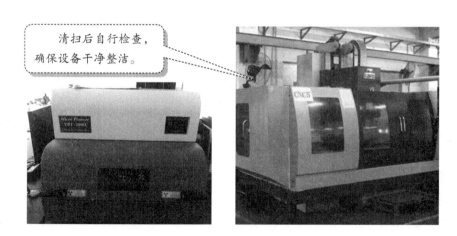

清扫后自行检查，确保设备干净整洁。

3. 查找设备的"六源"

员工在开展清扫工作的同时也要注意查找设备的"六源"，具体要求如下。

（1）查污染源

污染源是指由设备引起的灰尘、油污、废料、加工材屑等，甚至包括有毒气体、有毒液体、电磁辐射、光辐射以及噪声方面的污染。设备整顿人员要寻找、收集这些污染源的

229

信息，通过源头控制、采取防护措施等办法加以解决。

（2）查清扫困难源

清扫困难源是指设备难以清扫的部位，包括设备周边角落；设备内部深层无法使用清扫工具的部位；污染频繁，无法随时清扫的部位；人员难以接触的区域，如高空、高温、设备高速运转部分等。解决清扫困难源的方法有：通过控制源头，采取措施使其不被污染；设计开发专门的清扫工具。

> 设备周边角落是清扫困难源。

（3）查危险源

危险源是指和设备有关的安全事故发生源。由于现代企业的设备都有向大型、连续化方向发展的趋势，一旦出了事故，就会给企业乃至社会带来危害。设备安全工作必须做到"预防为主、防微杜渐、防患于未然"，必须消除可能由设备引发的事故和事故苗头，确保设备使用的元器件符合国家有关规定、设备的使用维护修理规范符合安全要求等。对特种设备如输变电、压力容器等严格按照国家的有关规定和技术标准，由有资质的单位进行定期检查和维修。

（4）查浪费源

浪费源是指和设备相关的各种能源浪费。第一类浪费是"跑、冒、滴、漏"，包括漏水、漏油、漏电、漏气、漏汽以及各种生产用介质等的泄漏；第二类是"开关"方面的浪费，如"人走灯还亮""设备空运转"，冷气、热风、风扇等方面的能源浪费。要采取各种技术手段做好防漏、堵漏工作，通过在开关处设置提示信息，帮助员工养成节约的好习惯。

（5）查故障源

故障源是指设备自身故障。要通过日常的统计分析逐步了解掌握设备故障发生的原因和规律，制定相应的措施以延长设备正常运转时间。如因润滑不良造成的故障，应采取加强改造润滑系统；因温度高、散热差引起的故障，应通过加强冷风机或冷却水来实现等。

（6）查缺陷源

缺陷源是指现有设备不能满足产品质量的要求。企业应围绕保障和提高产品质量，寻找影响产品质量的生产或加工环节，并通过对现有设备进行技术改造和更新来实现。

四、设备清洁

清洁就是对清扫后状态的保持，将前3S（整理、整顿、清扫）实施的做法规范化，并贯彻执行及维持成果。

1. 编制设备的现场工作规范

设备的现场工作规范有助于巩固前3S的成果，并将其制度化。

企业在编制现场工作规范时，要组织技术骨干，包括设备部门、车间、维护组、一线生产技术骨干，选择典型设备、生产线、典型管理过程进行攻关，调查研究、摸清规律、进行试验，通过"选人、选点、选项、选时、选标、选班、选路"，制定适合设备现状的设备操作、清扫、点检、保养和润滑规范，确定工作流程，制定科学合理的规范。

如果在保养检查中发现异常，操作人员自己不能处理时，要通过一定的反馈途径，将保养中发现的故障隐患及时报告到下一环节，直到把异常状况处理完毕为止，并逐步推广到企业的所有设备和管理过程，最终达到台台设备有规范，各个环节有规范。要使设备工作规范做到文件化和可操作化，最好用看板、图解的方式加以宣传与提示。

2. 开展5分钟3S活动

企业应积极开展5分钟3S活动，鼓励员工每天在工作结束之后，花5分钟时间对自己的工作范围进行整理、整顿、清扫。以下是5分钟3S的必做项目。

（1）整理工作台面，将材料、工具、文件等放回规定位置。

（2）清洗次日要用的换洗品，如抹布、过滤网、搬运箱。

（3）清扫设备，并检查设备的运行状况。

（4）清倒工作垃圾。

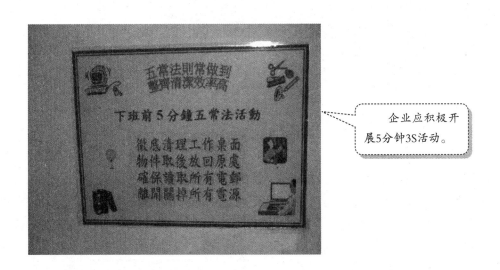

企业应积极开展5分钟3S活动。

五、员工素养

素养活动的目的是使员工时刻牢记5S规范，并自觉地贯彻执行，不能流于形式。

1. 提高员工素养

要做好设备管理工作，除了规范设备日常工作以外，企业还要从思想和技术培训上提高员工的素养。

（1）养成良好的工作习惯

良好的工作习惯首先体现在正确的姿势上。同时，要让员工在思想意识上破除"操作人员只管操作，不管维修；维修人员只管维修，不管操作"的习惯。

良好的工作习惯首先体现在正确的姿势上。

操作人员要主动打扫设备卫生和参加设备故障排除工作，把设备的点检、保养、润滑结合起来，实现在清扫的同时，积极对设备进行检查维护以改善设备状况。设备维护修理人员要认真监督、检查、指导使用人员正确使用、维护保养好设备。

设备维护修理人员要认真监督、检查、指导使用人员正确使用、维护保养好设备。

（2）人员的技术培训

企业应对设备操作人员进行技术培训，让每个设备操作人员真正做到"三好四会"。"三好"即管好、用好、修好；"四会"就是会使用、会保养、会检查、会排除故障。

对设备操作人员进行技术培训。

2．定期考核评估

（1）对设备管理工作进行量化考核和持续改进

5S管理中，提高员工技术水平，改善员工工作环境，有效开展设备管理的各项工作，要靠组织管理、规章制度以及持续有效的检查和考核来保证。

企业应将开展5S前后产生的效益对比统计出来，并制定各个阶段更高的目标，做到持续改进，让经营者和员工看到变化与效益，从而真正调动全员的积极性，变"要我开展5S管理"为"我要开展5S管理"，避免出现"一紧、二松、三垮台、四重来"的现象。

统计对比应围绕生产率、质量、成本、安全环境、劳动情绪等进行。对设备进行考核统计的指标主要有规范化作业情况、能源消耗、备件消耗、事故率、故障率、维修费用和设备有关的废品率等。

企业应根据统计数据，以一年为周期，不断制定新的发展目标，实行目标管理。实施过程中要建立设备主管部门、车间、工段班组、维护组、操作人员等多个环节互相协助、交叉的检查考核体系，同时要确保考核结果与员工的奖酬、激励和晋升相结合。

（2）5S的评估

设备5S的评估是对5S活动的定期总结，有利于发现不足并持续改善，可采用表8-5的形式进行。

表8-5　设备5S评估表

第一步骤（不正常部位的发现）		所属单位	部班
		评估人	

项目	评估重点	得分	小计
传动部	1. 减速机的油液面标示是否清楚		
	2. 马达、减速机、皮带、链条、电磁离合器等是否有吱吱响和打滑的声音		
	3. 安全护盖是否安装牢固		
	4. 皮带张力是否设定		
	5. 马达空间冷却风扇是否积存污垢		
油、空压	1. 泵、电磁阀、接头等处是否漏油		
	2. 压力表是否正确显示数值及是否可正常归零		
	3. 给油口的封盖是否栓紧		
	4. 空压气动三元件、定位是否适当及正确使用		
	5. 配管、固定夹是否无松脱现象		
电气	1. 电压、电流表示的界限数值是否正确		
	2. 照明类灯管是否不亮，灯罩有无不良现象		

（续表）

项目	评估重点	得分	小计
电气	3. 极限开关、光电开关、近接开关是否沾有水、油、粉尘		
	4. 是否存在机器破损或安装不良（松动）现象		
	5. 配线、配管、软管有无松脱		
螺丝、螺帽	1. 是否有松动（适当锁紧：M10-280千克/厘米）		
	2. 安装孔的附近是否放置着螺丝或螺帽（马达、减速机、汽缸、轴承、电磁阀、极限开关等）		
	3. 螺丝的长度是否超出螺帽2～3个螺牙度		
	4. 调整螺丝的固定螺帽是否有松动现象		
	5. 会产生振动的部件是否使用了齿形垫圈		
评定：好——5分，普通——3分，差——1分		总分	

第二节　目视管理

目视管理是利用形象直观、色彩适宜的各种视觉信息和感知信息组织现场生产活动，以提高劳动生产率的管理方式。目视管理是能看得见的管理，能够帮助员工用眼看出工作的进展是否正常，并迅速地作出判断和决策。在现场巡视时，现场管理人员可以通过目视化工具了解同类型设备的运行速度或不同时段同一台设备的运行速度是否有异常情况，掌握人机稼动、物品流动等是否合理、均一。

一、目视管理的手段

对于设备故障、停机等情况，企业可以使用目视管理的手段和工具对其进行预防管理。具体地说，目视管理主要有以下几种手段。

1. 设备定置管理

设备定置管理是以生产现场的设备为主要对象，研究和分析人、物、场所的情况以及它们之间的关系，并通过整理、整顿、改善生产现场条件，促进人、机器、原材料、制度和环境有机结合的一种方法。设备定置管理主要包括三个方面的内容，如图8-1所示。

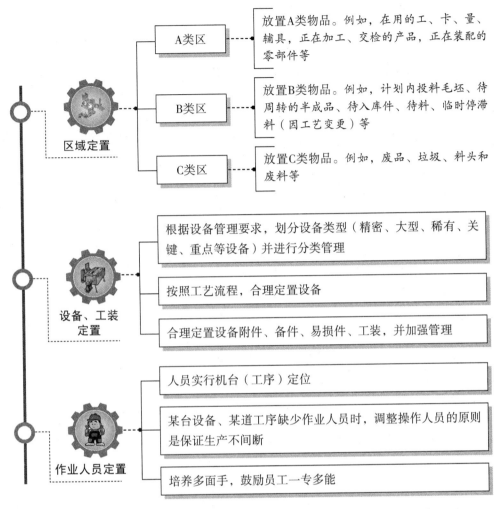

图8-1 设备定置管理的内容

2. 看板管理

看板是现场目视管理的工具，其特点是一目了然、使用方便。因为生产现场的员工和管理者无法花费很多时间来浏览看板上的内容，所以看板上的内容应尽量以图表、标志为主，文字为辅，即使从远处也能一看便知。看板设置得好坏，直接影响到看板管理的实施效果。一般来说，制作看板要注意以下要点，如图8-2所示。

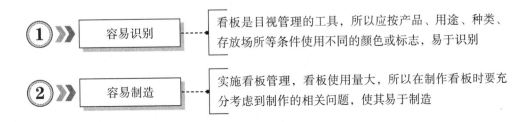

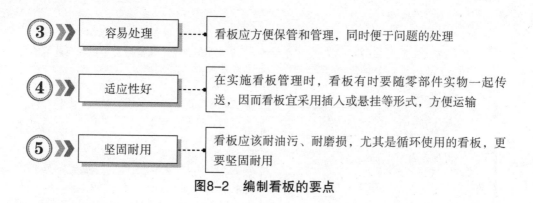

③ 容易处理 ---- 看板应方便保管和管理，同时便于问题的处理

④ 适应性好 ---- 在实施看板管理时，看板有时要随零部件实物一起传送，因而看板宜采用插入或悬挂等形式，方便运输

⑤ 坚固耐用 ---- 看板应该耐油污、耐磨损，尤其是循环使用的看板，更要坚固耐用

图8-2　编制看板的要点

3. 红牌作战

红牌是指用红色的纸制作成的问题揭示单。其中，红色代表警告、危险、不合格或不良。问题揭示单记录的内容包括责任部门、对存在问题的描述和相应的对策、要求完成整改的时间、完成的时间以及审核人等。红牌作战的实施程序如图8-3所示。

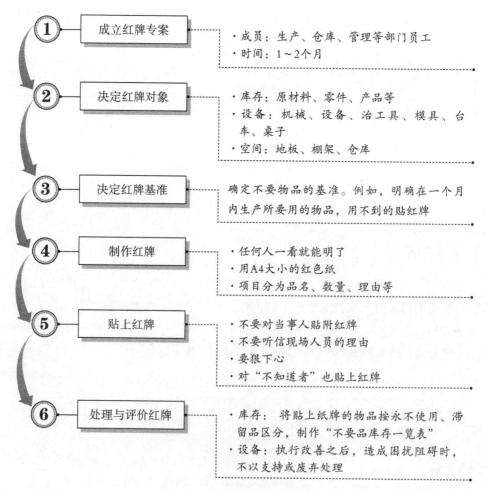

① 成立红牌专案 ---- ·成员：生产、仓库、管理等部门员工
·时间：1～2个月

② 决定红牌对象 ---- ·库存：原材料、零件、产品等
·设备：机械、设备、治工具、模具、台车、桌子
·空间：地板、棚架、仓库

③ 决定红牌基准 ---- 确定不要物品的基准。例如，明确在一个月内生产所要用的物品，用不到的贴红牌

④ 制作红牌 ---- ·任何人一看就能明了
·用A4大小的红色纸
·项目分为品名、数量、理由等

⑤ 贴上红牌 ---- ·不要对当事人贴附红牌
·不要听信现场人员的理由
·要狠下心
·对"不知道者"也贴上红牌

⑥ 处理与评价红牌 ---- ·库存：将贴上纸牌的物品按永不使用、滞留品区分，制作"不要品库存一览表"
·设备：执行改善之后，造成困扰阻碍时，不以支持或废弃处理

图8-3　红牌作战实施流程

4. 颜色管理

颜色管理法是运用人们对不同颜色的心理反应以及人们的分辨能力和联想能力，将企业内的管理活动和实物披上一层有色的外衣，使管理方法可以利用红、黄、蓝、绿几种颜色区分。例如，当设备出现问题时，让员工自然、直觉地联想到标志灯，达到让每一个人对问题都有相同的认识和解释的目的。

一般而言，只要掌握色彩的惯用性、鲜明性及对应的明确意义，在不重复使用的情况下即能发挥颜色管理的效果。颜色管理的应用如图8-4所示。

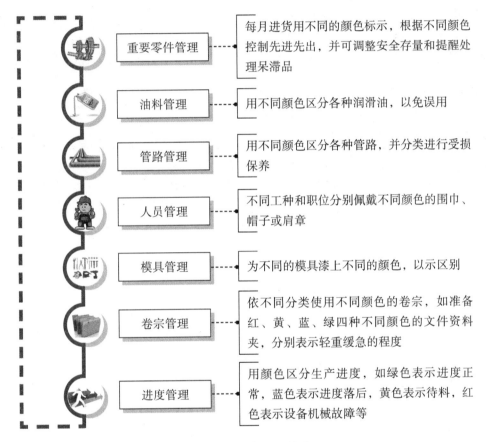

重要零件管理	每月进货用不同的颜色标示，根据不同颜色控制先进先出，并可调整安全存量和提醒处理呆滞品
油料管理	用不同颜色区分各种润滑油，以免误用
管路管理	用不同颜色区分各种管路，并分类进行受损保养
人员管理	不同工种和职位分别佩戴不同颜色的围巾、帽子或肩章
模具管理	为不同的模具漆上不同的颜色，以示区别
卷宗管理	依不同分类使用不同颜色的卷宗，如准备红、黄、蓝、绿四种不同颜色的文件资料夹，分别表示轻重缓急的程度
进度管理	用颜色区分生产进度，如绿色表示进度正常，蓝色表示进度落后，黄色表示待料，红色表示设备机械故障等

图8-4　颜色管理法的应用

5. 识别管理

需要进行识别管理的项目有设备名称、管理编号、精度校正、操作人员、维护人员、运作状况、设备位置、安全逃生路线、生命救急装置和操作流程示意。识别管理可采取以下几种方法。

（1）画出大型设备的具体位置。

（2）在显眼处悬挂或粘贴标牌、标贴。

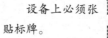
设备上必须张贴标牌。

设备的日常清洁要做好，还要挂上标识牌。

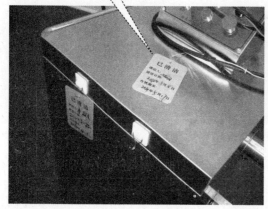

设备的运行状态都要挂上标牌，以便随时掌控。

（3）为特殊设备规划专用场地并设警告提示。

（4）危险区域设置颜色鲜艳的隔离装置或紧急停止装置。

（5）设备作业有声音、灯光提示。

二、目视管理的应用

1. 作业指示看板

企业可以在每台设备的旁边设置一个作业指示看板，用以提示该设备的操作要点。这个看板不但可以提醒作业人员注意，还可以协助那些对作业不熟悉的人进行提前训练。

2. 运用颜色管理仪表

设备上的仪表一般用来显示该设备某个部位的运行情况。仪表上的数字或者刻度也是目视管理的一种方法，但每一个仪表所代表的意义不一定一样，所以很容易产生辨识上的困难。

为了增强仪表的易辨性与功能性，也为了让员工能够看懂它们，在必要时能立即处理异常情况，企业可以用颜色区分不同的仪表。

3. 停机原因看板

设备故障、材料供应不上、换模具、保养等都会造成设备的停机，这些停机原因中有一些是正常停机，有一些是管理上的问题。

为了帮助相关人员了解停机原因，也为了能够尽快解决问题，企业可以在设备上安装一个停机原因看板。只要设备一停机，作业人员就可以在这个看板上显示停机原因，方便相关人员快速寻求对策。

4. 停机状况显示看板

不管设备基于什么原因停机，企业的生产活动总会因此受到影响。如果在工厂显眼的地方设置一个设备停机状况显示看板，用来显示当天的总停机时数，便会引起相关人员的重视并使停机问题迅速得到解决。当然，如果能同时把停机所造成的损失一并显示出来的话，效果会更好。

下面提供一份某企业设备停机状况看板的范本，供读者参考。

【范本】××实业有限公司机加工车间6月10日设备停机状况看板

××实业有限公司机加工车间6月10日设备停机状况看板

机台名称	停机原因	停机时数	停机损失
冲床	螺丝松脱	8分钟	280元
铣床	送料卡住	6分钟	120元
钻床	钻头断裂	10分钟	400元
数控车床	程序错误	20分钟	1500元
		当日总损失	2300元

5. 责任者看板和日常保养检查看板

对一般设备进行的保养按照保养程度的不同可以分成三级，最基础级的日常保养由现场的作业人员负责。到底作业人员有没有做好设备的日常保养？每台设备的日常保养应该由谁负责？如果管理者不能有效地掌握这些情况，就无法做好日常保养。而且，日常保养如果做得不彻底，对产品质量和设备寿命都会有影响。因此，让现场作业人员重视日常保养工作的最佳方法还是目视管理。

6. 保养确认单

企业都会定期为设备安排各种保养，这时可以用目视管理掌握相关人员是否按照预定进度执行了工作。例如，设备每三个月要做一次二级保养。为了能更明确地掌握状况，企业可以设计一份"保养确认单"，设备完成保养后即可将"保养确认单"贴于设备上。"设备保养确认单"如表8-6所示。

表8-6 设备保养确认单

部门：　　　　　　　　　　日期：＿＿＿＿年＿＿月＿＿日　　　　　编号：

设备设施名称/位置		填报人		□ 日常维修
		接单时间		□ 大修
报修内容		开工时间		□ 中修
		完工时间		□ 小修 □ 保养 保养周期：
维修/保养内容				

维修/保养材料及费用	名称	型号	数量	单价	合计（元）	备注
	合计（大写）：					
备注						
执行人			审核/日期			

备注：长期外包项目的日常维修保养，如费用在合同范围内发生，可不填写此表。

7. 一条直线法

通常，人们用螺丝来固定设备上两个不能焊死的部分。但是，设备经长时间使用后会出现螺丝松动的现象。解决这个问题的办法是将螺丝拧紧后，在螺丝和设备或螺丝和螺丝帽之间画一条直线。一旦螺丝松动，这条线就会发生偏差，操作人员就知道螺丝出现了松动，可立即采取紧固措施。

机器上的相关提示都实施目视管理。

绿灯表示设备处于正常作业状态。

三、目视管理的推进

实施目视管理，首先要彻底推动5S。5S是实施目视管理最基本的工具，只有通过实施5S，彻底做好整理、整顿，改善材料、零件、产品等存放位置的布置和保管方法，目视管理才可以实施。

1. 建立目视管理体系

企业可以按工作场所的工作别、个人别建立一目了然的目视管理体系，明确每个人的作业内容、作业量和作业计划进度等，以把握现状，并可在发现问题后迅速采取有效对策。

2. 设定管理目标

开展某项活动时，企业必须制定评价活动实绩或成果的管理指标，作为生产或事务现场的行动基准。这样管理者便可通过管理指标设定的目标，积极地指导下属完成目标。

3. 选择目视管理工具

在实施目视管理时，企业可利用海报、看板、图表、各类标示、标记等工具正确传达信息，使全员了解生产流程的正常或异常状态，了解判定事态的标准和采取行动的标准。因此，目视管理要具体可行，必须根据设定的管理项目准备目视管理工具。

4. 定期赴现场评价

实施目视管理时，评审人员必须借助查检表定期到工作场所进行评价，以测定各阶段的实施情况与程度，同时指出受评者的优缺点，以利于受评者努力维持优点，设法改正缺点。

5. 举行发表会和表扬大会

为了使目视管理活动多样化，除了评价实施情况以外，企业还要举行发表会，让所有员工体会目视管理活动所有参与者的成果，并举行表扬大会，给予优胜部门肯定。为了公平、公正、公开起见，评价结果要通过合理的查检表显示。

第三节　设备安全管理

设备是企业的重要资产，也是容易出事故的点。因此，企业各级人员都要严格做好设备的安全管理工作，如进行设备安全教育、制定设备安全管理制度等，全方位确保设备及工作人员的安全。

一、设备安全教育

安全教育是做好安全工作的重要步骤，企业应通过安全教育让员工充分认识到保证设备的安全能减少设备事故的发生。

1. 安全教育的内容

设备安全教育的具体内容如下。

（1）根据设备的特点介绍安全技术基础知识。

（2）讲解本岗位使用的设备、工器具的性能，防护装置的作用、使用方法和注意事项。

讲解设备的名称、编号、功能说明及注意事项。

（3）讲解本工种的安全操作规程和岗位责任，强调思想上应时刻重视安全生产，自觉遵守安全操作规程，不违章作业，爱护和正确使用机器设备和工具。

（4）介绍各种安全活动以及作业环境的安全检查和交接班制度。

（5）讲解如何正确使用、爱护劳动防护用品和文明生产的要求。

（6）讲解事故多发部位、原因、相关的特殊规定和安全要求，介绍常见事故，对典型事故案例进行剖析，等等。

2. 安全教育的方式

（1）专栏

企业可以设置与安全相关的专栏，如"安全知识专栏""安全事故专栏"等。

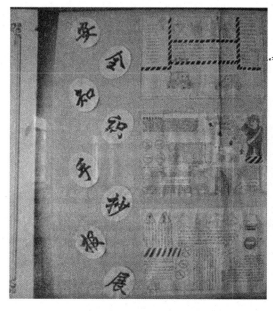

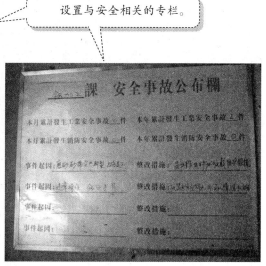

设置与安全相关的专栏。

（2）宣传画

安全宣传画主要分为两类：一类是正面宣传画，讲明小心谨慎、注意安全的好处；另一类是反面宣传画，强调粗心大意、盲目行事的恶果。

通过反面宣传画，强调粗心大意、盲目行事的恶果。

通过宣传画可以使员工认识到安全生产的重要性，认识到不安全生产会造成什么样的后果，给员工以警示。

（3）影片

由于宣传画只给出危害的印象，并不能说明事故的全部情节，也不能表示出其环境、起源、危险状况和产生的后果以及如何预防发生事故等问题，因此，企业已更多地利用电影、电视等来提高员工的安全意识，同时避免了员工不愿意接受枯燥的命令和劝告。但应注意影片所反映的情况应符合正常劳动条件，应如实地反映出员工的感觉、习惯和情况。

为了培训而专门摄制的影片对解释新的安全装置或新的工作方法十分有效，它可以给出说明、示范、实验室试验、分析技术过程，用有条理的方法解决疑难、复杂的问题，并用慢动作再现的方式使员工看到其中的细节。

（4）幻灯片

幻灯片的优点是放映方便，且能给出更详细的解释，并可以随时提问题。

（5）报告、讲课和座谈

报告、讲课和座谈也是安全宣传教育的有力工具。特别是在新员工刚入厂时，通过这种形式的安全教育，可以让他们对安全生产问题有一个全面的了解。此外，针对事故状况、安全规则、保护措施等问题的专题讲座，能使听众与讲解人有直接接触、交流的机会，加强宣传教育的效果。

（6）安全竞赛等活动

企业还可以开展多种形式的安全竞赛活动，提高员工安全生产的积极性。可把安全竞赛列入企业的安全计划中，在车间班组进行安全竞赛，对优胜者给予奖励。竞赛的结果不在于谁胜谁负，而在于加强员工的安全意识，降低事故发生率。

此外，企业还可以举办安全日、安全周或安全月等活动，通过报刊、广播、电视、电影展览、示范表演、讨论等向人们宣传安全生产的重要性。

（7）展览及安全出版物

① 展览是通过实物、图片等方式让员工了解危害和排除危害的措施。将展览与其他安全活动结合起来，或通过展览把员工的注意力集中到企业近来发生的事故上，往往会取得更佳的效果。

将展览与其他的安全活动结合起来效果更好。

② 安全出版物包括定期出版的安全杂志、简报，描述安全装置、操作规则等方面的调查和研究成果，预防事故方法等有图示说明的文章，等等。

③ 安全宣传资料还有小册子、传单以及安全邮票上的图示和标语等形式。

二、设备安全制度管理

要使设备安全运行并发挥最佳效益，企业必须建立起严格的设备安全使用及操作制度。

1. 岗位责任制

设备使用维护工作必须体现在操作人员的岗位责任制中。严格贯彻岗位责任制可保证设备使用维护的各项规章制度得到贯彻，从而保证设备处于良好的技术、安全状态，为企业生产经营创造有利的条件。

2. 定人定机制度

企业实行定人定机制度，更容易落实岗位责任制。企业主要设备的操作人员，由车间提出定人定机名单，经设备动力部门审批备案后才可执行。做到重点设备定人定机，重点管理，并执行交接班制度。操作人员凭设备操作证上岗作业。

> 做到重点设备定人定机，重点管理。

机械设备标识牌			
设备名称	弯曲机	编　　号	4#
规格型号	GWJ-40	操作司机	
机修责任人		电气负责人	
进场日期	2017.8.1	状　　态	良好

3. 操作证制度

主要设备的操作人员包括学徒、实习生等均应经过培训，考试合格并取得操作证后才能独立操作设备。原则上每个人只允许操作同一种型号的设备。熟练技工经一专多能专业培训考试合格后，才可允许其操作操作证上所规定型号的设备。

操作人员必须经技术培训，熟练掌握技术操作规程和安全操作规程后才可取得操作证。操作证由企业相关部门统一发放，禁止转借。特殊工种操作人员，须经培训取得特殊工种操作证后才能上岗。

企业应在设备的使用场所张贴相应警示标识，如"必须持证上岗"等，应不断提高设备操作人员的技术水平，加强技术培训并定期进行考试。对考试合格者予以奖励；对于考试不合格者，可吊销其操作证并调离原岗位。

操作证

必须持证上岗

> 企业应在设备的使用场所张贴相应警示标识。

4. 安全检查、检验制度

（1）制定安全检查制度是设备安全管理的重要措施，是防止设备出现故障和发生事故的有效方法。企业通过检查可全面掌握设备技术状况和安全状况的变化及设备的磨损情况，及时查明和消除设备安全隐患，根据检查发现的问题开展整改，确保设备的安全运行。

（2）安全检验是按一定的方法与检测技术，对设备的安全性能进行预防性检测，以确定设备维修计划或安全运行年限的一种活动。

5. 维修保养制度

设备长期使用，必然造成各种零部件的松动、磨损，从而使设备状况不良、动力性能下降、安全可靠性降低。因此，建立维修保养制度，根据零部件磨损规律制定出切实可行的计划，定期对设备进行清洁、润滑、检查、调整等作业，是延长设备使用寿命、防止损坏、避免运行中发生事故的有效方法。

> **锅炉房设备维修保养制度**
>
> 一、锅炉的检修保养计划应由主管设备的领导、技术人员及司炉长参加共同制定，并明确检修保养的炉号、项目、方法、时间和责任。
>
> 二、对采暖锅炉和停用的生产锅炉，应根据停用的时间采用有效的保养方法。
>
> 三、制定好锅炉的小修、大修计划，并定期检查落实情况。设备的检修期限应根据设备需要检修量确定，不能单纯为了抢生产进度而随意缩短检修期限，影响质量，甚至挤掉检修时间。
>
> 四、认真编制和执行停炉检修计划，并报送主管部门和当地技术监督部门。
>
> 五、运行中的锅炉设备在发生影响安全的故障时，应采取相应的检修措施，严禁违章运行。

某企业锅炉房设备维修保养制度。

6. 设备交接班制度

企业的主要设备，有些处于连续运行状态，因此必须建立设备交接班手续，形成设备交接班制度，以明确设备维护保养的责任，提供设备使用的第一手资料，为设备故障的动态分析和生产情况分析提供可靠的依据。设备交接班工作应该做好以下几项。

（1）凡是多班制设备，操作人员都必须执行交接班制度，并认真、准确地填写"设备交接班记录"。对于一班制设备，操作人员应填写"设备使用日记"。设备交接班记录的格式如表8-7所示。

表8-7　设备交接班记录

设备名称		设备编号		型号规格	
交班人		交接班时间		班次	
接班人					
任务情况：					

（续表）

设备运行情况：
保养情况：
设备附属工具情况：
注意事项：

（2）交班人员下班前必须认真清扫、擦拭设备，向接班人员介绍润滑、安全装置、转动系统、操作机构等各部位的情况，运行中有无可疑情况，维护、调整、检修情况。双方清点工具、仪表和检测仪器，认真进行交接并填写记录。

（3）接班人员必须提前10～15分钟到达现场，了解设备情况并认真检查记录填写情况。如果确认设备情况正常，记录填写无误，即可签字接班；否则，应立即提出疑问并及时报告本班班组长处理。设备接班后发生的问题，由接班人员负责。

（4）交班组长应将本班组内设备的使用与故障情况记录在组长值班记录内，向接班组长交代清楚并签字。如有较大问题、故障或危险隐患，应及时向设备主管报告。

（5）值班的机长、电工、钳工都应进行交接班，交接所负责区域内的设备情况并填写交接班记录。

（6）车间设备员、安全员、设备工程师、设备主任、设备管理部设备管理员、设备管理部部长应定期或不定期地抽查设备交接班制度的执行情况。

（7）"设备交接班记录簿""设备运行记录簿""设备安全状况记录簿"填写完毕后应由车间保管，其中主要记录应于当月底摘抄记入设备管理档案中。

三、设备安全操作规程管理

要做好设备的安全管理，必须制定设备安全操作规程，作为正确使用设备的规范依据。

在设备上张贴设备安全操作规程。

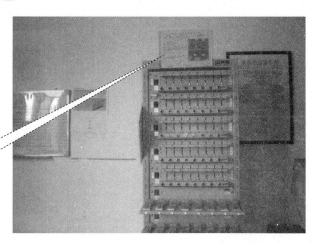

1. 安全操作规程的编制原则

安全操作规程的编制原则是贯彻"安全第一，预防为主"的方针，根据设备使用说明书的操作维护要求，结合生产及工作环境进行编制。其内容要结合设备的实际运行情况，突出重点、文字简洁、通俗易懂。规程条款的先后顺序最好与操作顺序相同。

安全操作规程的编制依据是国家及行业的有关法律、法规、规程、标准。

2. 安全操作规程内容

安全操作规程的内容主要包括以下三项。

（1）设备安全管理规程，主要是对设备使用过程中的维修保养、安全检查、安全检测、档案管理等的规定。

（2）设备安全技术要求是对设备应处于什么样的技术状态所做的规定。

（3）设备操作规程是对操作程序、过程安全要求的规定，它是岗位安全操作规程的核心。

3. 设备安全操作规程的通用要求

设备安全操作规程的通用要求有以下内容。

（1）在开动设备、接通电源之前应清理好工作现场，仔细检查各部位是否正确、灵活，安全装置是否齐全可靠。

（2）开动设备前首先检查油池、油箱中的油量是否充足，油路是否畅通并按润滑图表卡片进行润滑工作。

（3）变速时，各变速手柄必须转换到指定位置。

（4）工件必须装卡牢固，以免松动甩出，造成事故。

（5）对已卡紧的工件不得再行敲打校正，以免损伤设备精度。

（6）要经常保持润滑工具及润滑系统的清洁，不得敞开油箱、油眼盖，以免灰尘、杂质等异物进入。

（7）开动设备时必须盖好电器箱盖，不允许有污物、水、油进入电机或电器装置内。

（8）设备外露基准面或滑动面上不准堆放工具、产品等，以免碰到设备而影响其精度。

（9）严禁超性能、超负荷使用设备。

（10）采取自动控制时，首先要调整好限位装置，以免超越行程造成事故。

（11）设备运转时，操作人员不得离开工作岗位，并应经常注意各部位有无异常（异音、异味、发热、振动等）。一旦发现故障，应立即停止操作，及时排除。凡属操作人员不能排除的故障，应及时通知维修人员排除。

（12）操作人员离开设备或装卸工件、对设备进行调整、清洗或润滑时，都应停止并切断电源。

（13）不得随意拆除设备上的安全防护装置。

（14）调整或维修设备时，要正确使用拆卸工具，严禁乱敲乱拆。

（15）操作人员注意力要集中，穿戴要符合安全要求，站立位置要安全。

（16）特殊、危险场所的安全要求等。

4. 安全操作规程的制定步骤

安全操作规程的制定可按下列步骤进行。

（1）调查、收集资料信息

安全操作规程应具有很强的针对性和可操作性。为了制定出合理的安全操作规程，企业必须对设备运行情况进行深入调查，并收集、分析相关资料信息。这些资料包括以下内容。

①该类设备现行的国家、行业安全技术标准，安全管理规程，有关的安全检测、检验技术标准规范。

②该设备的使用操作说明书，设备工作原理资料及设计、制造资料。

③同类设备曾经出现的危险、事故及其原因。

④同类设备的安全检查表。

⑤作业环境条件、工作制度、安全生产责任制等。

（2）编写规程

企业在确定规程内容后即可按统一格式编写安全操作规程。安全操作规程的格式一般可分为"全式"和"简式"两种。

"全式"一般由总则、适用范围、引用标准、定义或名词说明、操作安全要求构成，通常用于适用范围较广的规程，如行业性规程。"简式"一般由操作安全要求构成，其针对性很强，企业内部制定的安全操作规程通常采用简式。

四、设备伤害防范

设备伤害是指由于设备误操作或防护不到位而给设备操作人员造成的伤害。

1. 设备伤害的类型

设备伤害主要有以下一些基本类型。

（1）卷入和绞缠

引起卷入和绞缠伤害的是做回转运动的设备部件（如轴类零件），包括联轴节、主轴、丝杠等；回转件上的凸出物和开口，如轴上的凸出键、调整螺栓（或销）、圆轮形状零件（链轮、齿轮、皮带轮）的轮辐、手轮上的手柄等。在运动情况下，这些部件容易将人的头发、饰物（如项链等）、衣袖或下摆卷缠而引发伤害事故。

（2）卷入和碾压

引起卷入和碾压伤害的主要是相互配合运动的部件，如相互啮合的齿轮之间，齿轮与齿条之间，皮带与皮带轮、链与链轮进入啮合部位的夹紧点。两个做相对回转运动的辊子之间的夹口引发的卷入；滚动的旋转件引发的碾压，如轮子与轨道、车轮与路面等。

（3）挤压、剪切和冲撞

引起挤压、剪切和冲撞伤害的是做往复直线运动的零部件，如相对运动的两部件之间、运动部件与静止部件之间由于安全距离不够产生的夹挤，做直线运动部件的冲撞等。直线运动有横向运动（如大型机床的移动工作台、牛头刨床的滑枕、运转中的带链等部件的运动）和垂直运动（如剪切机的压料装置和刀片、压力机的滑块、大型机床的升降台等部件的运动）。

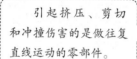引起挤压、剪切和冲撞伤害的是做往复直线运动的零部件。

（4）飞出物打击

由于发生断裂、松动、脱落或弹性位能等机械能释放，使失控的物件飞甩或反弹出去，会对人造成伤害。例如，轴的破坏引起装配在其上的皮带轮、飞轮、齿轮或其他运动零部件坠落或飞出；螺栓的松动或脱落引起被它紧固的运动零部件脱落或飞出；高速运动的零件破裂碎块甩出；切削废屑的崩甩；等等。另外，还有弹性元件的位能引起的弹射，例如，弹簧、皮带等的断裂；在压力、真空下的液体或气体位能引起的高压流体喷射；等等。

（5）物体坠落打击

处于高位置的物体具有势能，当它坠落时，势能转化为动能，容易造成伤害。例如，高处掉下的零件、工具或其他物体的坠落；悬挂物体的吊挂零件破坏或夹具夹持不牢引起物体坠落；由于质量分布不均衡、重心不稳，在外力作用下发生倾翻、滚落；运动部件运行超行程脱轨导致伤害，等等。

（6）切割和擦伤

容易造成切割和擦伤伤害的部件有：切削刀具的锋刃，零件表面的毛刺，工件或废屑的锋利飞边，设备的尖棱、利角和锐边，粗糙的表面（如砂轮、毛坯），等等。无论物体的状态是运动的还是静止的，这些由于形状产生的危险都会构成伤害。

（7）碰撞和刮蹭

容易造成碰撞和刮蹭伤害的部件有设备结构上的凸出、悬挂部分（如起重机的支腿、吊杆、机床的手柄等），长、大加工件伸出机床的部分，等等。这些物件无论处于什么状态（运动或是静止），都可能产生危险。

（8）跌倒、坠落

跌倒、坠落是指由于地面堆物无序或地面凸凹不平导致的磕绊跌伤，接触面摩擦力过小（光滑、油污、冰雪等）造成打滑、跌倒。假如由于跌倒引起二次伤害，那么后果将会更严重。例如，人从高处失足坠落，误踏入坑井坠落；电梯悬挂装置破坏，轿厢超速下行，撞击坑底对人员造成伤害。

2. 实现设备安全的措施

设备安全应考虑其使用的各个阶段，包括设计、制造、安装、调整、使用（设定、示教、编程或过程转换、运转、清理）、查找故障和维修、拆卸及处理；还应考虑设备的各种状态，包括正常作业状态、非正常作业状态和其他一切可能的状态。

决定设备安全性的关键是在设计阶段就采用安全措施。此外，使用阶段也要采用各种安全措施来最大限度地减小风险。

（1）由设计者采取的安全措施

①本质安全技术。这是指在设备的功能设计中采用的、不需要额外的安全防护装置而直接把安全问题解决的措施，因此也称为直接安全技术措施。本质安全技术是设备设计中优先考虑的措施。

②安全防护。当直接安全技术措施不能或不完全能实现安全时，必须在设备总体设计阶段设计出一种或多种专门用来保证人员安全的装置，也称为间接安全技术措施。

③使用信息。对于本质安全技术和安全防护都不能有效防预的风险，可通过使用文字、标记、信号、符号或图表等信息进行具体说明，并提出警告，将遗留风险通知员工，提供指示性安全技术措施。

④附加预防措施。这种预防措施体现在三个方面。

a. 着眼紧急状态的预防措施，如急停装置、陷入危险时的躲避和援救保护措施。

b. 附加措施，如设备的可维修性、断开动力源和能量泄放措施，设备及其重型零部件容易而安全的搬运措施，安全进入设备的措施，设备及其零部件稳定性措施等。

c. 在设备上贴上一些提示标志或警示标志，让员工有所警觉，避免危险情况的发生。

张贴安全警示语。

张贴安全警示标志。

（2）由员工采取的安全措施

①个人劳动防护用品。

个人劳动防护用品是保护劳动者在设备使用过程中人身安全与健康所必备的一种防御性用品，在意外事故发生时对避免或减轻伤害能起到一定的作用。按防护部位不同，劳动防护用品可分为九大类：安全帽、呼吸护具、眼防护具、听力护具、防护鞋、防护手套、防护服、防坠落护具和护肤用品。

个人劳动防护用品——安全帽。

使用个人劳动防护用品时应注意以下几点。

a. 根据接触危险能量的作业类别和可能出现的伤害，按规定正确选配。该用的一定要坚持佩戴，不该用的坚决不用。如果使用不该用的防护用品，不但不会起到保护作用，还可能造成无谓的伤害。

b. 防护用品一定要达到保护功能的要求，并合乎使用条件的技术指标。使用中应注意用品的有效使用期，并及时检查超出有效使用期的予以报废，否则起不到应有的防护作用。

c. 个人劳动防护用品不可取代安全防护装置，它不能避免或减少所面临的危险，只能在危险来临时起一定的防御作用。因此，防护用品应与安全防护装置配合使用。

d. 必要的防护用品如手套等，应放置在设备旁边，方便取用。

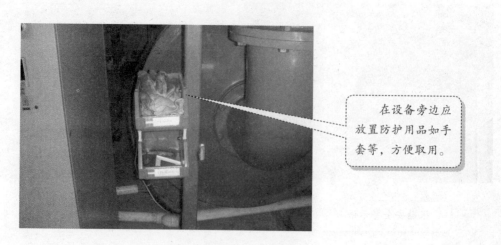

在设备旁边应放置防护用品如手套等，方便取用。

②作业场所与工作环境的安全性。

作业场所是指利用设备进行作业活动的地点、周围区域及通道。作业场所与工作环境的安全要求有以下几点。

a. 设备布局应方便操作，设备之间、设备与固定建筑物之间应保持安全距离；通道宽敞无阻，充分考虑人和物的合理流向，满足物料输送的需要并有利于安全。

b. 作业场所不得过于狭小，工、卡、量具应按规定摆放，原材料、成品、半成品应堆放整齐、平稳，防止坍塌或滑落。

c. 地面平整、无坑凹、无油垢水污，废屑应及时清理；室外作业场所应有必要的防雨雪遮盖；在有障碍物或悬挂突出物以及设备可移动的范围内，应设防护或醒目标志。

d. 保证足够的作业照明度，满足通风、温度、湿度要求，严格控制尘、毒、噪声、振动、辐射等有害物，使其不得超过规定的卫生标准。

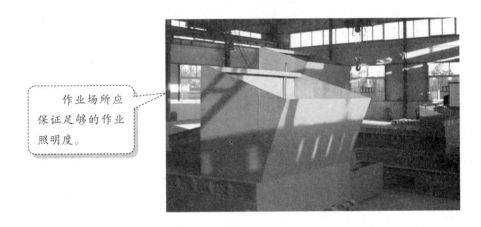

作业场所应保证足够的作业照明度。

③安全管理措施。

安全管理措施包括对人员的安全教育培训、建立安全规章制度、对设备（特别是重大、危险设备）的安全监察等。

五、电气设备安全管理

企业在生产活动中会用到各种电气设备，因此用电量往往很大，所以必须做好电气设备的安全管理。

1. 制定电气作业规章制度

规章制度是人们从长期生产实践中总结出来的操作规程，是保障安全、促进生产的有效手段。安全操作规程、电气安装规程、运行管理和维修制度及其他规章制度都与安全有直接的关系。

2. 电气安全教育

电气安全教育是为了使工作人员了解关于电的基本知识，认识安全用电的重要性，掌握安全用电的基本方法，从而能安全、有效地进行作业。

3. 电气安全检查

电气设备长期带缺陷运行、电气工作人员违章操作是发生电气事故的重要原因。为了及时发现并排除隐患，企业应教育所有电气工作人员严格执行安全操作规程，建立一套科学、完善的电气安全检查制度并严格执行。检查时如果发现设备门未关闭，应及时关闭。

检查时如果发现设备门未关闭，应及时关闭。

4. 电气设备安全提示

在电气设备上悬挂安全提示标志，如"高压电箱开关、严禁触摸""当心触电"等，提醒操作人员注意。

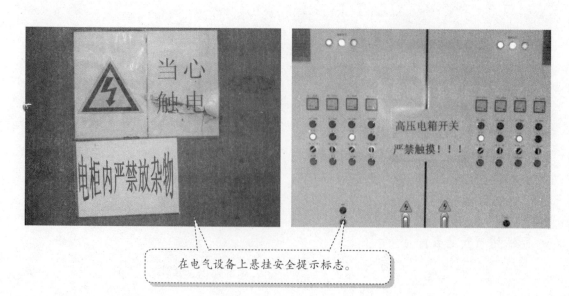

在电气设备上悬挂安全提示标志。

5. 使用电气安全用具

为了做好电气设备安全应使用安全用具，并做好其保管工作，具体要求如下。

（1）存放用具的地方要干净、通风良好、不准堆放任何杂物。

（2）凡橡胶制品，不可与油类接触，并小心使用，避免破损。

（3）绝缘手套、靴、夹钳等应存放在柜内，使用中应防止受潮、受污等。

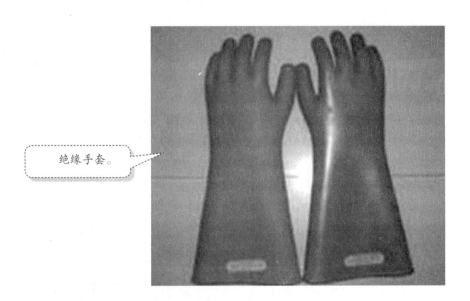

绝缘手套。

（4）绝缘棒应垂直存放，验电器用过后应存放于盒内并置于干燥处。

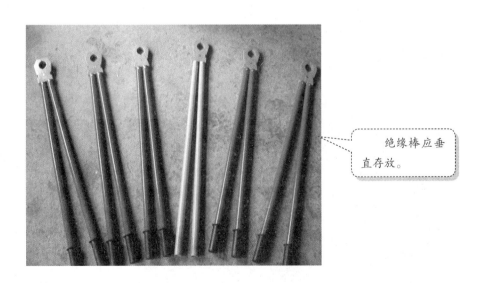

绝缘棒应垂直存放。

（5）电气安全用具均不可用作其他用途。

六、设备安全检查

安全检查的目的是及时发现设备的安全隐患并采取对策消除隐患，从而保障生产安全。

1. 实施检查

（1）作业岗位日常检查

作业岗位员工每天操作前应对自己岗位的设备进行自检，确认安全后再操作。检查内容主要包括设备的防护、保险、报警装置情况，控制机构、使用规程等完好情况。

作业岗位员工每天操作前，对自己岗位的设备进行自检，确认安全才操作。

作业岗位员工对检查中发现的问题应及时解决。例如，发现设备警示标志脏污，要及时通知清洁人员前来擦洗干净。问题处理完毕才能作业，如无法处理或无把握，应立即向班组长报告，待问题解决后才可作业。

如发现设备警示标志脏污，要及时通知清洁人员前来擦洗干净。

（2）安全人员日常巡查

企业安全委员会主任、安全员等安全人员应每日到生产现场进行巡视，检查设备安全情况。巡查工作要按照"巡检牌"的要求进行。

安全人员应每日到生产现场进行巡视，检查设备安全情况。巡查工作要按照"巡检牌"的要求进行。

（3）设备管理人员检查

设备管理人员要经常对设备进行检查，确保设备处于正常运转状态。

设备管理人员要经常对设备进行检查。

（4）定期综合性安全检查

企业应定期实行综合性安全检查，从检查范围来讲，包括全厂检查和车间检查。检查周期根据实际情况确定，一般全厂检查每年不少于两次，车间检查每季度一次。

企业应定期实行综合性安全检查。

2. 制作安全检查表

（1）表格的制作

检查表的内容应符合专业安全技术防护措施要求，如设备结构的安全性、设备安装的安全性、设备运行的安全性及运行参数指标安全性、安全附件和报警信号装置的安全可靠性、安全操作的主要要求及特种作业人员的安全技术考核等。

（2）注意事项

检查表要力求系统完整，不漏掉任何能引发事故的关键危险因素。因此，编制安全检查表时应注意以下事项，如图8-5所示。

事项一	检查表内容要重点突出、简繁适当、有启发性
事项二	各类检查表的项目内容应针对不同被检查对象有所侧重，分清各自职责内容，尽量避免重复
事项三	检查表的每项内容要定义明确，便于操作
事项四	检查表的项目内容能随工艺的改造、环境的变化和生产异常情况的出现而不断修订、变更和完善
事项五	应列出所有能导致事故的不安全因素，确保各种不安全因素及时被发现并消除

事项六　实施安全检查表应依据其适用范围，并经各级领导审批，使企业管理者重视安全检查。检查人员检查后应签字，对查出的问题要及时反馈到各相关部门并落实整改措施，做到责任明确

图8-5　安全检查注意事项

七、设备事故的处理

设备事故的发生有多种原因，企业在进行处理时要做到及时、有效。

1. 设备事故发生的原因

（1）设备的不安全状态

①防护、保险、信号等装置缺乏或有缺陷。

a. 无防护：无防护罩、无安全保险装置、无报警装置、无安全标志、无护栏或护栏损坏、设备电气未接地、绝缘不良、噪声大、无限位装置等。

b. 防护不当：防护罩没有安装在适当位置、防护装置调整不当、安全距离不够、电气装置带电部分裸露等。

②设备、设施、工具、附件有缺陷。

a. 设备在非正常状态下运行：设备带"病"运转、超负荷运转等。

b. 维修、调整不良：设备失修、保养不当、设备失灵、未加润滑油等。

c. 强度不够：机械强度不够、绝缘强度不够、起吊重物的绳索不符合安全要求等。

d. 设计不当：结构不符合安全要求，制动装置有缺陷，安全间距不够，工件上有锋利毛刺、毛边，设备上有锋利倒棱等。

（2）操作人员的不安全行为

①操作错误、忽视安全、忽视警告，包括未经许可开动、关停、移动机器，开动、关停机器时未给信号，开关未锁紧造成意外转动，忘记关闭设备，忽视警告标志、警告信号，操作错误，供料或送料速度过快，机械超速运转，冲压机作业时手伸进冲模，违章驾驶机动车，工件刀具紧固不牢，用压缩空气吹铁屑等。

②使用不安全设备。临时使用不牢固的设施，如工作梯；使用无安全装置的设备，所拉临时线不符合安全要求等。

③设备运转时进行加油、修理、检查、调整、焊接或清扫等活动。

④造成安全装置失效。拆除了安全装置，安全装置失去作用，因调整错误而造成安全装置失效。

⑤用手代替工具操作。用手代替手动工具、用手清理切屑、不用夹具固定、用手拿工件进行机械加工等。

⑥攀、坐不安全位置，如平台护栏、吊车吊钩等。

⑦不按要求进行着装。如在有旋转零部件的设备旁作业时，穿着过于肥大、宽松的服

装；操纵带有旋转零部件的设备时戴手套；穿高跟鞋、凉鞋或拖鞋进入车间等。

⑧在必须使用个人防护用品的作业场所中，没有使用个人防护用品或未按要求使用防护用品。

⑨无意或为排除故障而接近危险部位，如在无防护罩的两个相对运动零部件之间清理卡住物时，可能造成挤伤、夹断、切断、压碎或因人的肢体被卷进而造成严重的伤害。

（3）技术和设计上的缺陷

①设计错误。设计错误包括强度计算不准、材料选用不当、设备外观不安全、结构设计不合理、操纵机构不当、未设计安全装置等。即使设计人员选用的操纵器是正确的，如果在控制板上配置的位置不当，也可能使操作人员混淆而发生操作错误，或不适当地增加了操作人员的反应时间而忙中出错。预防事故应从设计开始。设计人员在设计时应尽量采取避免操作人员出现不安全行为的技术措施并消除机械的不安全状态。设计人员还应注意作业环境设计，不适当的操作位置和劳动姿态都可能使操作人员产生疲劳或思想紧张而容易出错。

②制造错误。即使设备的设计准确无误，但制造设备时发生错误，也容易成为事故隐患。在生产关键性部件和组装时，应特别注意防止发生错误。常见的制造错误有加工方法不当、加工精度不够、装配不当、装错或漏装了零件、零件未固定或固定不牢。工件上的划痕、压痕、工具造成的伤痕以及加工粗糙都可能造成设备在运行时出现故障。

③安装错误。安装时，旋转零件不同轴，轴与轴承、齿轮啮合调整不好，过紧或过松，地脚螺拧得过紧，设备内遗留工具、零件、棉纱而忘记取出等，都可能使设备发生故障。

④维修错误。

a. 没有定时对运动部件加润滑油，在发现零部件出现恶化现象时没有按维修要求更换零部件等。

b. 当设备大修重新组装时，可能会发生与新设备最初组装时发生过的类似错误。

c. 安全装置失效而没有及时修理，设备超负荷运行而未制止，设备带"病"运转等。

（4）管理缺陷

①无安全操作规程或安全规程不完善。

②对规章制度执行不严，有章不循。

③对现场工作缺乏检查或指导错误。

④劳动制度不合理。

⑤缺乏监督。

2. 事故的处理

（1）事故处理程序

发生事故时，负伤人员或最先发现的人应立即报告直接管理人员并进行相应处理。处理流程如图8-6所示。

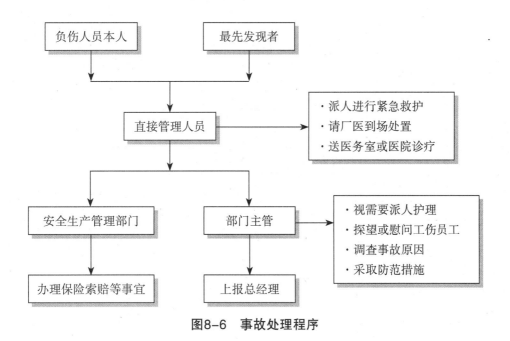

图8-6 事故处理程序

（2）事故紧急处理措施

①切断有关动力来源，如气（汽）源、电源、火源、水源等。

②救出伤亡人员，对伤员进行紧急救护。

③大致估计事故的原因及影响范围。

④及时寻求援助，同时尽快移走易燃、易爆和剧毒等物品，防止事故扩大并减少损失。

⑤采取灭火、防爆、导流、降温等紧急措施，尽快终止事故。

⑥事故被终止后，要保护好现场，以便调查分析。

采取灭火措施，尽快终止事故。

（3）事故的调查分析

事故调查分析主要是为了弄清事故情况，从思想、管理和技术等方面查明事故原因，从中吸取教训，以防止类似事故再次发生。

①在事故调查分析后，要填写"设备事故报告表"以备核实。"设备事故报告表"的格式一般如表8-8所示。

表8-8 设备事故报告表

单位：　　　　　　　　　　　　　　　　　　　　　　填报日期：　　　年　　月　　日

设备名称		型号规格		本厂编号		安装地点	
事故发生日期		事故责任者		技术等级		事故类别	
直接损失费		间接损失费		合计			
事故发生经过及其原因				事故责任者本人意见			
损坏损失情况				车间机械员意见			
车间主任审核处理意见				人力资源部处理意见			
设备部处理意见				总经理批示			

②企业要编制"设备事故划分统计表"，如表8-9所示，为事故的预防处理提供资料。

表8-9 设备事故划分统计表

事故次数			事故原因分类（次）							事故损失			事故频率（次/台）			故障停机		备注
总计（次）	重大事故（次）	一般事故（次）	违章作业	脱岗	超负荷运转	无安全措施	未按时检修	检修质量差	设备先天不足	其他	修理费用（元）	停产损失	设备开动台数	事故频率	重大事故频率	停机台时	停机率	

第九章

教育培训

教育培训的目的是培养新型的、具有多种技能的员工，这样的员工能够高效并独立地完成各项工作。企业能够为员工提供的教育培训可分为OJT（On the Job Training，在岗训练）与Off-JT（Off the Job Training，岗外训练）。

第一节 企业教育培训的类型

一、教育培训的层次

为了扎实开展TPM活动，开展多层次、持续性的教育培训是非常必要的。针对不同的对象，企业可以将教育培训划分为以下几个层次，如图9-1所示。

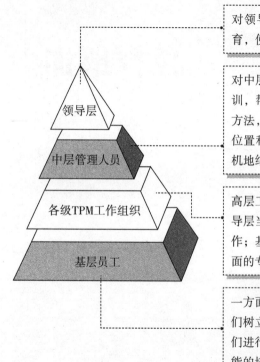

图9-1 教育培训的层次

对领导层主要进行推行TPM的意义和重要性的教育，使他们能够以战略的眼光看待TPM的推行工作

对中层管理人员进行比较全面的TPM知识的教育培训，帮助他们深刻理解TPM的宗旨、目标、内容和方法，使他们能够明确各部门在TPM推行活动中的位置和作用，并能够将TPM要求与本部门的业务有机地结合起来，策划和开展好本部门的工作

高层工作组织应系统学习TPM知识，以便能够给领导层当好参谋，整体策划TPM体系，指导各部门工作；基层工作组织需要有针对性地学习TPM某一方面的专业知识，如"目视化管理"的方法等

一方面对基层员工进行改变旧观念的教育，帮助他们树立"谁用机器谁维护"的意识；另一方面对他们进行设备结构、点检、处理方法等基础知识和技能的培训，帮助他们学会进行自主保全

教育培训是提高员工能力的手段，企业必须进行持续不断的培训，并对同一内容进行反复教育培训。不同的TPM推进阶段应有不同的训练内容，训练形式也应多样且有趣活泼，如开展OPL（One Point Lesson，单点课程）、知识竞赛等。

二、维修人员的教育培训

设备维修人员须接受专门的教育培训，以掌握维修技巧。

1. 维修人员应具备的素养

维修人员应具备的素养具体如图9-2所示。

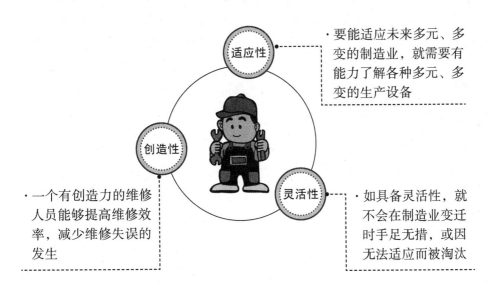

图9-2　维修人员应具备的素养

2. 维修人员教育培训要点

设备维修要实现效率化，就是要实现设备维修的可靠化、系统化以及维修人员的技术与成本适当平衡的目的。维修人员教育培训的具体要点如下。

（1）了解教育培训的主要内容。企业应为每名新入职维修人员配发一套教育培训教程。

（2）使用教育培训辅助工具。例如，现在电脑在线培训正逐步替代传统的教育培训方法，所以受训人员应熟悉电脑操作。

（3）企业的政策与规章。

（4）安全、环保的规章与执行。

（5）基本维护工程原理，如机械元件、材料的测量与控制、电气设备的控制原理等。

（6）基本的手艺、手工具和机械技艺等。

三、新员工作业指导

1. 新员工作业指导步骤

企业管理者可以按以下三个步骤对新员工进行指导。

（1）对作业进行说明

询问员工对作业的了解程度，以前是否从事过类似的作业；讲授作业的意义、目的、质量及安全等重要性；重点强调安全方面的内容，使安全问题可视化；对零部件的名称和关键部位、使用的工装、夹具的放置方法进行说明。

（2）示范

示范时对每一个主要步骤和关键之处进行详细说明，针对重点作业进行指导；然后让员工试着进行操作，并让其简述主要步骤、关键点和理由，使其明白作业的5W1H，如果有不正确的地方要立即纠正；在员工真正领会之前，反复进行指导。

（3）注意观察员工操作并进行指导

观察员工操作，对其操作不符合要求或不规范之处进行指导。

2. 新员工教育培训要点

（1）新员工技能训练由相关部门定期组织安排。如有需要，人力资源部协助提供训练场地和设施；训练人员应及时将培训记录填写完整，并将记录交到人力资源部。

（2）新员工在试用期内（入职后一个月）必须接受至少一次本工序的技能训练；试用期满且合格转正的员工在转正之后的三个月内，以及转岗、调岗的员工正式入职后，必须再接受至少一次的技能训练。

（3）有同行业相关经验的新入职员工也必须参加技能训练，以便统一操作规范，接受部门考核。

（4）工作年限满一年的员工必须接受一次工作技能训练，包括与本员工工作相关联的2~3个工序的技能训练。

（5）工作年限满两年以上的员工，必须参加本部门75%~90%以上工序的技能训练。当绝大多数工序技能训练考核都达到非常熟练的程度时，建议其参加其他的技能或者管理训练。

第二节 在岗训练

在岗训练（On the Job Training，OJT）以不离开现场为要求，以对电气、仪表、程控电脑的生产制程控制（以下简称为"程控"）为训练要点。以下是OJT的实施步骤。

一、明确受训对象

首先要明确作业人员完成生产现场各种作业所需要的能力，这里所说的能力是指与作业相关的知识、顺序、作业要点、应该达到的品质水准、作业速度等；然后对分配至生产线的作业人员的能力进行评价，找出其与必备能力的差距。

二、确定技能需求

操作人员在执行TPM的过程中，一般需要具备以下技能。

1. 具备发现和改善设备问题点的能力

（1）能够发现设备的问题点。

（2）理解给油的重要性，掌握正确给油的方法和给油确认方法。

（3）能够理解清扫的重要性并掌握正确的清扫方法。

（4）理解切削粉末、冷却用品的飞溅问题的重要性，并能够对其进行改善。

（5）能够自觉对发现的问题进行复原或改善。

2. 熟悉设备的功能和结构，具备找出造成异常现象原因的能力

（1）掌握设备在结构上需要注意的事项。

（2）能够完成对设备的清扫和点检。

（3）了解判断异常的基准。

（4）了解发生异常的原因。

（5）能够正确判断停止设备运行的必要性。

（6）能够进行简单的故障诊断。

3. 理解设备和品质之间的相关性，具备能够预知和发现品质异常的能力

（1）对现象能够进行物理方面的分析。

（2）了解品质特性和设备之间的相关性。

（3）了解设备的静态、动态精度需要维持的范围，并能够进行点检。

（4）了解造成不良的原因。

4. 具备修理能力

（1）能够更换零部件。

（2）能够判断零部件的寿命。

（3）能够追踪故障发生的原因。

（4）能够实施应急措施。

（5）能够支援分解点检。

5. 具备单独解决发生在自己业务范围内的问题的能力

（1）关注作业当中的浪费现象，能够缩短清扫、给油、点检、准备作业及调整的时间。

（2）能够进行故障、瞬间停止方面的预防措施。

（3）能够进行切削工具的更换和切削工具使用寿命的改善。

（4）能够进行速度损失的改善。

（5）能够预防品质不良的发生。

（6）能够进行顺序损失的改善。

（7）能够进行设备安全和操作安全的改善。

（8）具备与上级沟通协商的能力。

为了适应设备管理现状，推进TPM活动，企业可将设备管理拓宽到品质保证和保全等活动范围。这里需要注意的是，所需的技术、技能必须全部传授给员工。

三、训练的内容

1. 操作人员的训练内容

一般来说，操作人员应进行以下相关内容的训练。

（1）电业安全工作规程、运行操作规程、事故处理规程、技术等级标准、岗位规范和有关规程制度。

（2）历年发生的事故的分析、积累的设备异常情况资料汇编和反事故技术、措施等。

（3）现有设备和新设备的构造、原理、参数、性能、系统布置和运行操作方法。

（4）安全、经济的运行方式和先进工作方法。

（5）设备检修或异动后对新技术的运用。

（6）季节变化对设备运行的影响及预防措施。

（7）设备运行专业理论或操作技能示范等。

2. 维修人员的训练内容

维修人员的训练内容如下。

（1）电业安全规程、现场检修（试验）规程、检修工艺规程、技术等级标准、岗位规范及有关规程制度等。

（2）本企业发布的事故快报、事故通报、事故资料汇编及反事故措施等。

（3）现有设备及新设备的构造、原理、性能、系统布置和一般运行知识。

（4）检修工具和器具、试验仪器、仪表的使用方法。

（5）设备的检修方法和检修质量验收标准。

（6）新技术、新工艺的应用。

（7）检修（试验）专业理论和操作性能示范等。

第十章

设备信息化管理

设备从采购入库到使用变更，再到维修和报废处理，涉及使用、管理、监察、决策等多个部门，环节众多，流程复杂。所以，企业在实施TPM管理的过程中，利用信息化手段实现对设备的精益化管理具有重要意义。

第一节 建立全寿命周期的动态设备资产基础管理体系

一、设备资产树的建立与基础信息结构设计

设备管理计算机系统与工业企业其他应用软件系统的最主要区别是管理对象涉及面广、管理事务繁杂、数据类型多、保障性质强。因此，系统的成败主要取决于对设备管理业务理解的准确性，而不仅仅是基于计算机对数据关系的认识。一方面，由于设备管理业务的专业性很强，一般的软件开发人员无法很好地掌握设备管理工作的特性；另一方面，设备管理工作者由于计算机开发能力的限制，也很难成功地设计一套设备管理软件。为设备管理系统建立标准的信息结构和合理地设计设备资产树，是成熟和实用的企业设备资产管理系统（Enterprise Asset Management，EAM）产品必须解决的两大重要问题。

1. 建立标准的信息结构

设备管理的众多数据信息可以通过管理行为或价值目标的不同进行分类。从计算机的信息观点来看，设备管理系统的数据信息可从以下四个角度进行分类，具体说明如图10-1所示。

管理层级分类

指设备管理程序层级，一般可分为管理与控制级、执行与调度级、作业与事务处理级

设备管理的信息分类

按工作对象可分为投资规划信息（对应于前期管理）、设备资产与变动信息（对应于资产台账及档案管理）、技术与运行状态信息、维护与维修信息、备件信息和人员管理信息等；按信息的性质可分为计划信息、作业实施信息和统计信息等；按资金运用可分为资金计划信息、作业费用信息和效益评价信息等

设备管理的元素分类

包括部门设置、设备分类、主次设备、用途分类、变动形式、管理类型、财务分类等

设备管理的作业分类

> 按设备管理的作业类型划分，主要包含12大类的作业事务，如购置、资产建账、资产变动、运行记录、点检检查检验作业、故障事故处理、保养作业、润滑作业、维修作业、备件采购、库存管理、设备报废等

图10-1　设备管理系统数据信息的四个角度

这些信息在进行结构化的统一组织和设计后，才能形成EAM的标准信息结构，作为EAM的数据信息处理基础。

2. 设备资产树的设计

EAM标准信息结构统一组织的基础是设备资产树的合理设计。一般有两种类型的设计方法，第一种是固定结构的设备资产树，设备树的节点定义后不支持用户的扩展；第二种是开放结构的设备资产树，支持用户按管理的需要建立多节点的设备树，每一节点作为管理的一个层次，节点越多，数据信息的集成性就越高。常见的设备资产树如图10-2所示。

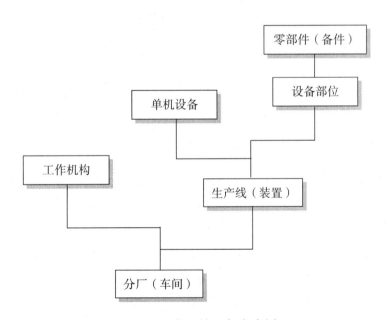

图10-2　常见的设备资产树

在EAM中，以单体设备作为管理对象和以设备部位作为管理对象是完全不同的两种管理方法，使用软件所能达到的效果也完全不同。以设备部位为对象进行设计和管理，可将设备的点检、故障、保养、润滑、技术分析、维修和备件的数据信息进行统一的量化管理，为管理工作提供量化的决策分析支持。这是以单体设备为对象的管理所难以做到的。所以，设备资产树的设计及其不同的设计方法，事实上为企业提供了不同的管理与工作组

织平台。能否在计算机技术的支持下对设备进行全寿命周期的动态化管理，就看软件是否支持按设备部位进行数据信息的组织和处理。

二、设备全寿命周期管理模型设计

对设备资产进行全过程的管理，必须以全寿命周期理论为指导。实现全寿命周期管理的关键，是建立计算机化的寿命周期管理模型。

设备资产周期费用的采集工作量大，准确性要求高，分析所依赖的数据基础样本的科学性要求高。而我们提供的寿命周期费用管理只是一个简便且符合寿命周期管理理论的实际模型，如图10-3所示。这个简便且实际的模型允许不采集和分析那些等同费用与等同价值表现的设备周期费用，而对与设备使用、维护、维修及其价值运动密切相关的费用的采集和分析作为管理与分析的基础，使企业管理者可通过排序的方法评价设备资产的周期费用表现与价值表现，从而为设备维修、改造与更新，提供决策分析服务。

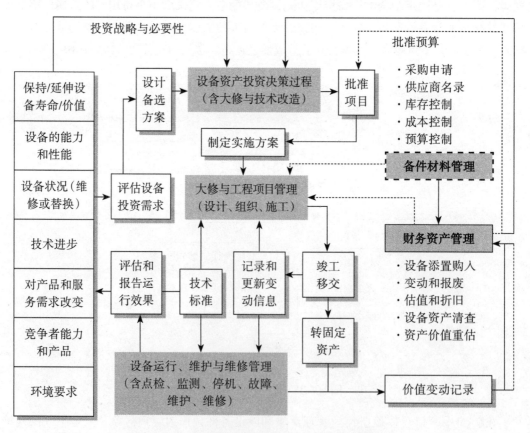

图10-3　全寿命周期管理的实用计算机模型

三、设备全寿命周期费用分析的计算机实现方法

设备资产寿命周期管理的重要工作之一是对全寿命周期费用进行采集与计算，而这一

直是人工对设备实行寿命周期管理工作的障碍。即使对计算机来说，这也是一个难题。下面将介绍设备的经济寿命计算与分析方法、基于全寿命周期费用的设备资产运行价值分析方法，以及利用这两种计算结果进行设备维修、改造与更新的决策分析方法。

1. 设备的经济寿命计算与分析方法

设备的经济寿命计算公式如下：

$$T=\frac{\sqrt{2(P-L)}}{M}$$

其中：T——设备的经济寿命，即最佳使用年限；

P——设备的原值；

L——设备年终的残值，$L=$净残值－拆除费用；

M——年平均递增的维持费用。

第一年的维持费用按年平均维持费用的一半计算。

计算设备的经济寿命时，P值是确定的，L值是已知的，关键是M值。以下为两种具体的算法。

（1）假定该设备未投入实际运行，它本身未发生维持费用，我们以企业中同类设备已发生的维持费用作为计算依据。如按同类设备统计，该同类设备共有D台，在一个已知使用年限T'的维持费用（包括运行、维护与维修费用），合计为N'，则每台设备的年平均维持费用为：$N=N'÷T'$D。这时，$M=2N÷T'$。

（2）统计该台设备在一个已知使用年限T'的维持费用（包括运行、维护与维修费用），假定该设备的合计维持费用为N'，则该设备的年平均维持费用为：$N=N'÷T'$。这时，$M=2N÷T'$。

设备经济寿命的分析，以A类设备为主进行计算，求得设备的经济寿命后应将经济寿命与物理寿命作对比分析。

2. 设备资产的运行价值分析

设备资产运行价值的计算公式如下：

$$V=F/C$$

其中：V——设备资产运行价值，表明设备资产的使用价值；

F——设备资产产出价值，以产量或产量的经济价值表示；

C——设备资产运行成本，以全寿命周期费用表示。

设备的全寿命周期费用$C=C_1+C_2+C_3$。

其中：

C_1指拥有费用，包括设备资产购置费用（包括各种税金）、设备资产安装费用、更新改造费用；

C_2指运行费用，包括设备能源介质消耗费用、特种设备检验费、资产保险费用、综合管理费用等；

C_3指维护费用，包括设备维修费用、设备润滑费用、设备保养费用、备件材料消耗费用、点检、检查、检验、化验、故障与异常处理费用等。

上述费用中有的是可以在软件系统中直接读取的，有的则不能。对于不能直接读取而软件系统中又无法获得的费用，可直接通过键盘输入。

设备资产运行价值的分析结果只有在两种情况下才具有分析的意义，一种是同类型设备之间进行比较，另一种是同一设备的不同时间周期之间进行比较。

3. 利用全寿命周期费用分析为设备维修、改造与更新决策提供支持

（1）当设备的维修计划费用大于其当前净值时，该设备的维修计划应予重新评估。

（2）当设备的使用年限超过其经济寿命周期，且维修费用的增加不能导致设备运行价值的同比增加时（由于维修而可能增加的产量或产量的经济价值由键盘输入），该维修计划应予重新评估，且考虑进行技术改造的可能性。

（3）设备技术改造后增加的设备寿命周期费用所引起的设备的运行价值不能同比增加时，该设备技术改造方案应予重新评估。

（4）出现上述第三种情况时，该设备应列入更新计划。

四、利用计算机建立设备管理KPI评价体系

1. 动态的设备资产基础管理体系的建立

以设备资产树和"生产线——单体设备——工作机构——设备部位——零部件"的设备体系结构为基础，建立动态的设备资产基础管理体系，对计算机系统有三项基本的工作要求。

（1）以设备部位为对象，建立完整的设备技术工作标准。例如，基于设备部位的故障体系、维修标准、保养标准及设备点检、完好检查、精度检验、状态检测、润滑五定标准等，应当使这些技术标准成为运行、维护与维修的现场工作依据。

（2）自动集成有关一台设备的各种数据信息记录，包括现场数据采集、历史数据整理与关键绩效指标（KPI）的处理与分析等。

（3）实现设备资产、运行、维修、备件管理工作的一体化计算机管理，形成设备整个寿命周期的完善的基础管理体系、完整的数据信息体系及统计报表体系。在此基础上，自动生成包含动态数据在内的完整的设备管理档案。

2. 利用计算机建立设备管理KPI评价体系

设备资产管理的关键绩效指标（Key Performance Indicator，KPI）分析方法建立在全寿命周期管理基础之上，即以全寿命周期费用为基础，对设备基础管理的质量和效果进行综合的量化评价，通过量化指标反映设备的运行性能、设备管理工作质量和工作效率等。

（1）关键指标（KPI）的确定与计算方法

建立企业关键绩效评价指标体系和进行绩效管理的重点是确定关键指标（KPI），并通过计算机系统自动计算KPI值。我们推荐以下七项指标。

①设备的完好状况：设备完好率 $=\dfrac{\text{设备完好率完好设备总台数}}{\text{生产设备总台数}}\times100\%$。

②设备的可用性：用设备利用率来衡量。

公式一：设备利用率 $=\dfrac{\text{每小时实际产量}}{\text{每小时理论产量}}\times100\%$

公式二：设备利用率 $=\dfrac{\text{每班次（天）实际开机时数}}{\text{每班次（天）应开机时数}}\times100\%$

公式三：设备利用率 $=\dfrac{\text{某抽样时刻的开机台数}}{\text{设备总台数}}\times100\%$

③设备管理质量评价：事故故障停机率 $=\dfrac{\text{故障停机时间}}{\text{工作时间}}\times100\%$。

④设备可靠性评价：MTBF与MTTR分析。

⑤备件库存状态评价：备件库存资金周转率 $=\dfrac{\text{备件库存资金}}{\text{每年备件采购资金}}\times100\%$。

⑥维修费用率：指企业全部维修费用占总生产费用的百分率，是反映维修效率的一个经济性指标，计算公式为：

$$\text{维修费用率}=\dfrac{\text{全部维修费用}}{\text{总生产费用}}\times100\%$$

⑦平均单台设备年维修费用：平均单台设备年维修费用 $=\dfrac{\text{年维修总费用}}{\text{年投入使用设备总台数}}$。

（2）设备资产KPI管理评价体系

企业可依据确定的KPI指标，制定企业设备资产管理的总体目标，并将目标分解，形成分厂与车间的KPI年度计划与月度计划、A类设备的KPI月度计划与重点工作计划，这是管理的质量基线。计算机可依据全寿命周期管理所提供的数据，自动进行企业、分厂和A类设备的实际KPI值计算，并与KPI计划值进行比较分析。在这个分析基础上，部门或KPI管理责任人可提出KPI绩效评估报告，分析和提出影响KPI执行效果的原因与主要薄弱工作环节，给出提高或改善KPI的具体措施。企业通过建立KPI评价管理体系，如图10-4所示，不断提高与改善设备管理的基础工作。

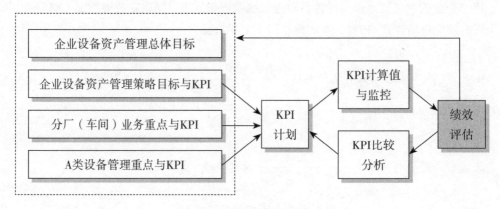

图10-4　KPI管理评价体系

第二节　建立以点检和故障分析为核心的设备运行预警体系

TPM设备管理是以管理为重心替代以检修为重心，由预防维修、在线检修替代事后维修。这就要求将设备运行管理的重点放在提早发现隐患、在使用中对隐患进行整改、对故障进行预测分析等方面。因此，建立以点检和故障分析为核心的设备运行预警体系十分重要。计算机系统可通过运行记录、停机记录、点检、完好检查、定期检查、精度检验、故障记录、事故记录、状态监测等常规管理方法和现代化技术手段，记录设备以往的状况并准确监控设备的当前运行状况，分析设备运行的可靠性与经济性，为制定合理的维修与维护策略提供量化依据。

一、点检的计算机受控管理

我国许多企业将设备点检作为基础管理工作的核心予以重视和推行，特别是大型制造和加工企业逐步建立了岗位点检、定期巡检、专业点检和精密点检的分级点检工作体系。但是，因为点检的基础工作性质以及存在庞大的点检记录，如何对点检进行受控管理，保证点检工作的质量，是企业面临的一个重要问题。计算机的应用为解决这个问题提供了一个重要手段。

点检受控管理的计算机工作模型如图10-5所示，其工作方法如下。

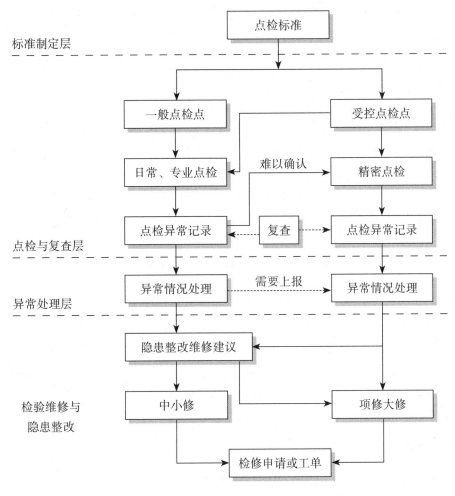

图10-5 点检受控管理的计算机工作模型

（1）将点检点分为一般点检点和受控点检点两类，并实行分级管理。一般点检点的点检工作由车间或分厂直接负责管理；关键设备、主要设备、一般设备的关键点检部位作为受控点检点，建立统一的计算机点检标准与点检记录档案，实现企业级的统一管理与点检工作监督。

（2）依据统一的点检工作标准自动生成包括点检完成时限在内的点检工作计划，分级实施点检并进行点检记录处理。

（3）建立点检异常记录及处理的封闭循环工作体系，通过计算机网络将异常记录及隐患整改、检维修建议送达相关责任人员，与预防维修体系形成封闭循环工作网络，使点检真正成为预防维修的重要工作基础。

为了保证点检工作的可验证性（在规定的时间取得可靠的记录），企业还可引入PDA技术，将点检点、点检执行时间、点检人、点检记录等置于计算机的控制与监督之下。

二、故障代码体系设计与故障分析计算机模型

1. 故障代码体系的建立

故障是设备运行中伴随着性能劣化趋势而客观存在的。对故障进行量化分析是设备技术管理的基础，也是设备运行管理中极其重要的工作。为了建立故障分析模型，企业需要对故障进行编码管理。

由于故障总是发生在设备的某一具体部位，因此故障编码应以设备部位为对象建立（与设备资产树中的部位划分保持一致）。而且，一个部位的不同故障现象可作为一个故障进行编码。由于同类（小类）设备的故障机理大致上相同，故障编码可用一组10位数代码表示。其中，前6位为设备分类代码，中间2位为故障部位，后2位为故障编码。

一个故障编码包含的内容为故障名称、故障编码、故障分类、故障原因、故障程度、故障描述（现象）、故障机理及消除技术方法、修理内容及所需要的备件材料、工种工时、费用等。

计算机系统会将来自于点检、完好检查、定期检查、精度检验、状态监测、保养和维修中的故障或缺陷以及突发故障按统一的故障编码进行管理。当一个故障发生或出现时，对设备故障进行记载，记载内容中必须填写故障原因、故障程度和故障编码。如果该故障已经有编码，可调阅故障代码库中的故障记录；如果故障编码库中没有，则可作为一个新的故障进行编码，有关该故障的管理内容即以标准化的方式被存储在系统中，该故障的维修要求和所需要的备件材料、工种工时、费用等也同时被系统记录和管理。

2. 故障分析计算机模型

如果条件允许，企业应尽量建立比较完善的故障编码体系，特别是建立主要设备的故障代码体系库，以便支持对设备进行故障分析与可靠性管理。

计算机系统的故障分析以设备缺陷记录、设备故障记录、设备事故记录为基础。由于不同设备的故障发生机理不同，建立设备的故障分析计算机模型是一项高难度的工作。但计算机系统可提供一些常规的故障分析方法，如故障概率倾向分析、故障频率分析、故障强度率分析、故障原因分析、典型故障分析等。这些分析可以按设备系统、分厂（车间）、单体设备进行，也可以按设备部位（通常情况下）进行。通过定性和定量分析故障的特点和规律，为找出管理工作中的薄弱环节，采取针对性措施，预防或减少故障，为加强设备预防性维修提供支持。

通过进行深入的故障分析，可预测下一次故障可能发生的时间。这一预测的准确性受故障记录数据采集连续性和准确性的影响较大，并且在一个长时间周期内如果故障发生的频率较低，将影响这种方法的可靠性。图10-6为采用拟合曲线推定方法预测故障可能发生时间的计算机模型。

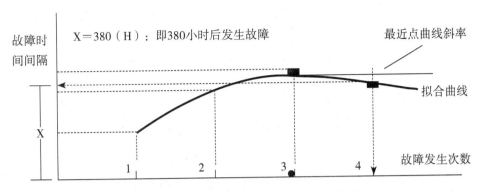

图10-6 故障发生趋势预测计算机模型

三、利用计算机进行可靠性管理

利用计算机对设备进行可靠性管理有两种方法。一是指采用MTBF与MTTR两个评价设备可靠性的指标，对关键设备的可靠性进行动态性评价；二是针对重复性故障提供维修的指导性策略，以期通过改修结合的策略，提高设备运行的可靠性。可靠性管理的重点如下。

①找出重复性故障，通过改进设计加以消除。

②通过性能检验，确保维修后的设备无故障隐患。

③按照严格的精度要求维修和安装。

④辨认和消除各种影响设备寿命的因素。

因此，利用计算机系统进行可靠性管理，主要依赖管理过程中对以下记录和数据信息的处理与分析。

（1）通过故障库的建立，记录、统计和分析单台设备或一类设备相同故障部位的故障，辅助进行故障趋势分析与故障因果分析。

（2）通过MTBF、MTTR的动态计算，掌握反映设备及系统的可靠性参数。

（3）通过维修项目标准库的建立，提供对单台设备或一类设备的相同维修要求的重复性维修技术支持。

（4）建立完整的设备档案与维修历史记录，形成设备与维修的知识库，支持对同类设备在系统及工厂范围内以及企业不同工厂之间进行可靠性比较。

其中，通过MTBF与MTTR数值的计算，将在设备运行记录、故障记录和维修记录的基础上动态地反映在设备卡片中。

MTBF与MTTR的计算方法如下。

$$MTBF = (t_1 + t_2 + t_3 + \cdots + t_{n-2} + t_{n-1} + t_n) / n$$

$$MTTR = (t_{10} + t_{20} + t_{30} + \cdots + t_{n0-1} + t_{n0}) / n_0$$

其中，n 为故障次数（含故障与预防修复排除故障的次数），n_0 为修理次数；t_1、t_2、t_3、……、t_{n-1}、t_n 为观测期内故障间隔时间，即设备的运行时间；t_{10}、t_{20}、t_{30}、……、

t_{n0-1}、t_{n0}为观测期内故障修复时间（含事后修复与预防修复排除）。数据记录的逻辑模型如图10-7所示。

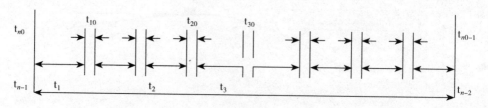

图10-7　MTBF与MTTR数据观测模型（观测期一般为18个月）

四、离线监测资料分析处理与状态监测系统数据接口设计

状态监测作为设备运行预警的主要手段，在企业中已经得到普遍的认可。不少大型企业不仅为关键设备建立了在线监测系统，还配备了比较齐全的离线监测设备开展离线监测。但是，监测数据的分析，特别是在线监测系统的实时数据与管理系统的接口问题，一直比较难以解决。在这里，我们特别介绍解决这两类问题的技术方案。

1. 离线监测数据的分析处理

离线监测数据分析处理的基础是建立监测项目的技术标准，以便可以将实测值与标准值进行比较分析。图10-8为离线监测工作控制过程与数据处理分析的计算机模型。

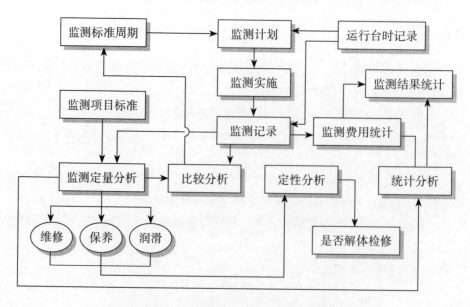

图10-8　离线监测数据分析处理模型

在该模型中，监测周期是用来自动生成离线监测工作计划的，监测项目标准提供了监测项目的技术标准参数。将监测记录录入计算机后，系统将自动进行相关的定量分析、比

较分析与统计分析，用来指导维护维修工作。如设定实测值与标准值、允用值、门阈值之间的逻辑关系，即可由计算机系统定量地判别设备需要维修、保养还是润滑。

2. 实现与状态监测系统的数据接口

通常情况下，状态监测系统是一个数据采集与数据分析的技术系统，与管理系统遵循不同的传输协议，且数据处理速度也不一致，两者之间的数据信息交换必须要有动态数据服务器予以支持。因此，设备管理系统与状态监测系统（或其他在线监控系统，如DCS、PLC等）之间实现数据接口的核心技术，是在两个系统之间配置动态数据服务器，并提供一个动态数据接收分析系统软件。其技术方案如图10-9所示。

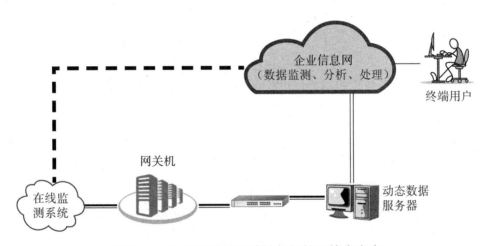

图10-9　与在线监控系统的数据接口技术方案

（1）在企业信息网中配置一台动态数据服务器来采集存放所有的动态数据，同时提供设备管理信息系统读取动态的或者历史的在线监测数据，向信息网的其他用户提供历史数据及实时数据的查询功能。

（2）各在线监测系统向实时数据服务器发送数据的方式如下。在每套在线监测系统网络中配置一台网关机，此网关机有两块网卡，第一块网卡连接到系统网，第二块网卡为以太网卡，连接到管理网上。网关机通过第一块网卡取得在线监测系统的数据后，通过第二块网卡把数据以UDP数据包的方式发送到企业网中的实时数据服务器，在信息网上的管理人员就可以通过访问实时数据服务器来获得在线监测系统的数据。

（3）动态数据接收分析系统安装在动态数据服务器上，用来接收网关机器上传来的实时数据，并且对这些数据进行分析，保存到数据库系统中。这个系统同时能对设备管理系统提供实时的在线监测系统数据。

（4）在设备管理系统中定义数据的分级传递路径，即可实现数据与分析报告的自动上传，如图10-10所示。

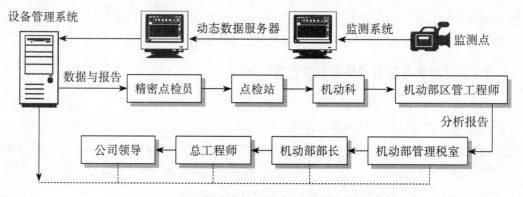

图10-10　状态监测数据与分析报告的自动分级上传

第三节　利用计算机技术建立多元化维修管理体系

一、符合中国实际的多元化维修管理

在推行预防维修的过程中，许多企业还依据自己的实际情况提出并实行了其他维修管理方法，如建立检修与生产共同体，修改结合、持续改进，检、修分离，部件化快速修理，在线检修与在线更换结合，工序系统同步检修，事后维修，计划性大修，仿真社会化维修等。实际上，企业维修工作要求一种能融合各种维修方式的管理体系，该体系能将不同的维修方式通过管理信息系统有机地结合起来。

1. 故障维修

故障维修（Break Maintenance，BM）是指设备发生故障、事故，或者性能、精度降低到合格水平以下时所进行的非计划性修理，也称事后维修。

2. 定期维修或预防性维修

定期维修（Prevention Maintenance，PM）是为了防止设备性能、精度劣化，以时间为依据，预先设定检修工作内容与周期的维修方式。其特点是根据设备的磨损规律，事先确定修理类别、修理要求、修理间隔、修理工作量、需要的备件及材料等。定期维修在现代逐步发展为将事后处理变为事前预测分析，即通常所说的预防性维修体系，也称为计划维修（SM）或周期性维修（TBM）。

3. 状态维修

状态维修（Condition-based Maintenance，CBM）也叫预知性维修（Predictive Diagnostic Maintenance，PDM），它以设备当前的工作状况为依据，通过状态监测手段诊断设备健康状况，从而确定设备是否需要检修及最佳的检修时机。实际上，基于点检、状态监测、故障诊断提供的设备技术状态信息，经过统计分析、处理，来判定设备的性能、性能劣化程度和局部缺陷，并在可能出现故障之前有针对性地进行维修，即为预知维修或状态维修。

4. 可靠性维修

可靠性维修（Reliability Centered Maintenance，RCM）是指为了消除设备的先天性缺陷或频发性故障，对设备的局部结构或零件的设计加以改进，以提高设备可靠性与维修性的措施。系统的可靠性维修来源于故障分析。

5. 零部件更换

零部件更换也称为无维修设计，基于理想设计而在使用过程中无维修要求。设备的局部无维修设计要求在预计到达使用寿命时更换零部件。

6. 设备大修

设备大修是我国企业特有的一种维修管理方式，其来源有两类。一类是定期维修中的大修级别所派生的大修计划，另一类是根据实际工作需要而进行的设备解体检修计划。因大修的管理流程与过程控制比较复杂，很多企业对大修有专门的管理方法或管理方案，将大修与其他维修工作区别开来。

二、以预防维修为主导的多元化维修管理的计算机模型

图10-11是多元化维修管理的计算机模型，如图10-11所示。

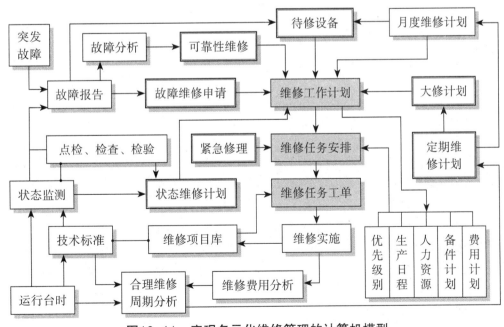

图10-11 实现多元化维修管理的计算机模型

该管理模式的技术实现有三个重点。

（1）定期维修（预防维修）计划的生成，依赖于维修周期标准的制定，而维修周期的分析对定期维修具有重要的管理价值。当维修周期因采纳分析结果而调整时，未进入执行阶段的定期维修计划将需要重新计算生成。因此，定期维修计划与维修周期是一个互动的动态关系，定期维修计划将因维修周期的调整而动态地自动调整。

（2）制定维修工作计划的依据是维修资源的合理安排与平衡。维修资源平衡算法的建立是一项复杂的工作，而且在维修资源平衡过程中所涉及的备件材料计划与资金计划需要进行申报，申报前的维修资源平衡结果在申报批准后有可能会发生变化。

（3）制定维修计划时，备件材料的需求计划将影响到备件的管理，也需要得到备件管理的数据支持。

三、维修标准的制定与合理维修周期分析

1. 维修标准项目库的建立

计算机系统应对维修标准项目库中的维修项目实行编码管理。维修项目编码的属性规定包括以下内容：

（1）维修类型（策略）；

（2）维修级别；

（3）维修优先级别；

（4）维修预备工作时间；

（5）备件清单；

（6）工种工时清单；

（7）维修费用计划；

（8）维修工具清单；

（9）维修合格供方；

（10）维修技术标准；

（11）修理方法；

（12）维修适应的设备与工程项目。

维修标准项目库可支持维修周期定标与维修计划编制，即要求有关维修属性的规定在表现方式和数据域位结构上保持全系统的一致性；同时要求在进行维修周期定标或制定维修计划时，当输入设备编号（工程项目类型）与设备名称后可自动过滤生成一个与该设备（工程）相匹配的维修项目列表，供操作人员选择维修标准项目。

维修标准项目库的建立，实际上是将企业的维修经验和维修实践进行标准化与知识加工的过程，企业可借助标准项目库快速推广好的维修经验，并有效控制维修的质量与费用预算。

2. 定期维修的维修周期标准

维修标准是制定维修计划、考核维修中各种消耗及分析修理活动经济效益的依据。维修周期标准的制定是一个动态的合理化过程，只有定量地分析设备生命周期中不同阶段的合理维修周期，才能确实避免维修不足与维修过度的问题。因此，维修周期的时间标准将根据维修周期的分析结果进行调整。

维修周期标准包括以下内容。

（1）各类设备的不同维修级别的维修周期、工时标准（钳工、机工、电工、热工、仪表及其他）、主要材料标准、费用标准（人工费、材料费、管理费、其他费用、修理费合计）和修理停歇天数标准。

（2）维修技术标准（大修、中修、小修的修理技术方法）。

（3）对工具、安全、动火等的要求与修理后应达到的技术性能要求等。

维修周期标准的具体内容可直接从维修标准项目库中调取。

3. 合理维修周期分析

最小费用周期法是一个实用可行的维修周期分析方法。在系统中对定期维修、故障维修及其他维修分别进行维修费用与维修间隔时间的统计分析，在一个分析期内，一个级别的维修（大修、中修、小修）至少需要五次以上的记录。其分析的数据采集模型如图10-12所示。

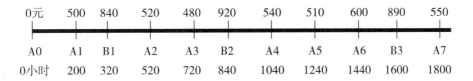

图10-12 数据采集模型

假定：A为周期型维修（小修），共发生了7次；B为故障维修及其他维修，共进行了3次；设备运行总时间TH＝1 800小时，定期维修周期T1＝200小时。

则：计划维修平均费用F＝（500＋520＋480＋540＋510＋600＋550）÷7＝3 700÷7

＝529（元）

平均故障维修费用GF＝（840＋920＋890）÷3＝2 650÷3＝883（元）

假定在发生故障前进行维修，可节省维修费用F1＝（883－529）×3＝1 062（元），则合理维修周期T＝1 800÷（3 700＋2 650－1 062）÷529＝180（小时）。

在计算机系统中，对某设备进行维修周期分析时应先列出纳入分析的设备的所有维修记录，且按维修类型排列每次维修的间隔台时与维修费用，然后计算出合理维修周期的时间推荐值。

四、合理组织维修资源，最大程度地保障企业生产

维修资源包括人力资源、备件材料、资金费用、技术资源（设计）、维修工具及维修供方等。这些资源的系统化组织是实现维修管理计算机化的一个难点，也是降低维修成本、保障生产顺利进行的关键。

1. 维修资源的协调平衡方法

为了合理使用维修资源，企业应确定每一个维修项目的优先级别，以便进行维修工单安排时将待修设备对企业生产的影响降到最低。通常按紧急维修（含抢修）、优先维修、一般维修三个次序来进行维修资源的协调平衡。在计算机系统实现维修资源组织平衡的方法如图10-13所示。

策略一 按维修项目的优先级别排列人力资源，给出各维修任务的维修时间规划，在满足抢修项目的维修时间要求下给出所有非委外项目的最大可支配人力资源分析表

策略二 在按策略一满足抢修项目的前提下，结合企业生产进程计划，以周为单位，计算企业可为优先级的维修项目提供的人力资源总量，并匹配维修项目，以此确定具体的维修时间安排

策略三 在满足前两个策略的前提下，给出其余维修项目的建议维修时间计划，并结合企业生产计划（生产日历）的安排予以调整，形成维修计划时间表

策略四 按维修优先级别和时间（以周为单位）计算分析各维修项目需要的备件材料清单，并与库存备件、维修控制备件、在途预达备件进行比较分析，给出每周需要的备件量、缺少备件量、需要补库的备件量。对缺少备件和需要补库备件，应同时生成备件紧急采购计划和补库计划，在紧急采购不能满足维修需要时（往往因采购周期）调整维修项目或给出备件问题的解决方案

策略五 按维修优先级别统计各维修项目需要的资金费用，形成维修资金计划表，并在资金计划受到限制时调整维修工作计划

策略六 按维修优先级别给出每周的维修工具使用台账，如果现有维修工具不能满足需要时应确定是否申请购买维修工具，或制定一个维修工具使用协调通知（必要时）

策略七　运用以上策略的前提是企业内部的维修资源，因此所有已经确定需要委外修理的维修项目不参与分析计算。但当内部维修资源不能满足维修需要时，可提出委外维修建议

策略八　因生产计划原因或维修资源不能满足维修需要而需要延后或取消维修任务时，生成待修设备清单或停止维修设备清单

图10-13　实现维修资源组织平衡的方法

2. 维修任务工单处理

工单的排程是工单管理的重点。企业在进行工单安排时，一般采用的方法如图10-14所示。系统将同时显示四个窗口，首先显示按工单的优先级别由大到小排列的待处理工单，每一个工单包括子项目附表页、人员安排页、工具页和备件材料页四个附页，这是排程的主窗口。三个辅助窗口分别为按可利用率排序的人员清单、可用的工具清单和备件库存清单。这样，用户在工单排程时将对当时的资源情况一目了然，并可通过从辅助窗口向排程主窗口进行记录的拖放来完成。

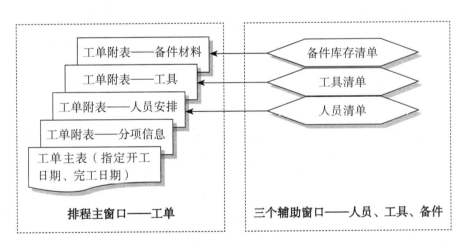

图10-14　工单排程时维修资源处理的主辅窗口

3. 不断优化维修管理体系

通过使用计算机技术，可以对维修管理的工作进行合理的优化，缩短维修周期和提高维修工作效率，最大程度地保障企业生产。

（1）合理延长关键设备的维修周期

企业可依据合理维修周期分析，尽可能地延长关键设备的大修周期。大修周期的合理延长，既延长了设备的连续运行时间，相对增加了设备的生产效能，也在一个较长的时间周期内减少了维修费用，并减少了由修理带来的先进技术水准设备的整体性能的结构性

损伤。

（2）逐步降低周期性计划维修类型的比重

企业可通过强化点检管理，建立点检的专业工程师体制，以量化点检为重要数据基础，采用多元化维修策略，减少、避免和控制设备故障与事故的发生。

（3）按专业化维修要求提高维修质量，控制并降低维修费用

车间或分厂负责中小修的管理、组织实施和维修力量的配置，并以日常修理为自己的主要任务。机动部（设备处）以专业化维修为主配置维修力量，主要负责大修管理和维修费用的分配、使用监督和费用结算审核，并基于计算机强大的数据处理能力实施统一的维修计划管理、费用管理与质量监控。